Simon Akeroyd

GRUNDKURS GARTEN

Basics für Einsteiger ohne grünen Daumen

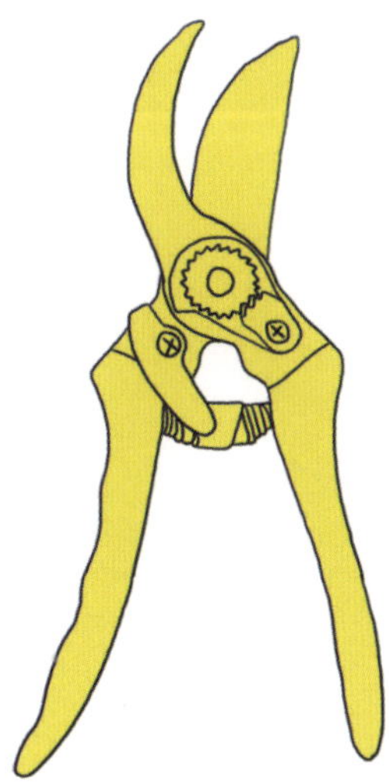

Anmerkung zur Schreibweise (Gendering): Gendergerechtigkeit und Inklusion sind bei uns gelebte Praxis – bei der Auswahl unserer Themen, bei der Recherchearbeit, in der Gestaltung. Unsere Texte meinen alle. Damit unsere Inhalte jedoch gut lesbar bleiben, verzichten wir in diesem Werk auf die jeweilige Mehrfachnennung oder Anpassung der Schreibweise bestimmter Bezeichnungen an die weibliche, männliche oder diverse Form.

MIX
Papier | Fördert gute Waldnutzung
FSC® C008047

Bibliografische Information der Deutschen Nationalbibliothek
Die Deutsche Nationalbibliothek verzeichnet diese Publikation in der Deutschen Nationalbibliografie; detaillierte bibliografische Daten sind im Internet über http://dnb.d-nb.de abrufbar.

Die englische Originalausgabe erschien 2023 unter dem Titel RHS You Will Be Able to Garden by the End of This Book.
Published in Great Britain by Mitchell Beazley, an imprint of Octopus Publishing Group Ltd in association with The Royal Horticultural Society.
www.octopusbooks.co.uk

Wollgrasweg 41, 70599 Stuttgart (Hohenheim)
E-Mail: info@ulmer.de
Internet: www.ulmer.de
Projektleitung: Doris Kowalzik
Übersetzung: Sabine Hesemann
Lektorat: Sabine Drobik
Herstellung: Judith Schumann
Umschlaggestaltung: Marion Schreiber, www.marionschreiber.de
Satz: r&p digitale medien, Echterdingen
Printed in China

ISBN 978-3-8186-2243-5

ulmer

Simon Akeroyd

GRUNDKURS GARTEN

Basics für Einsteiger ohne grünen Daumen

Aus dem Englischen
von Sabine Hesemann

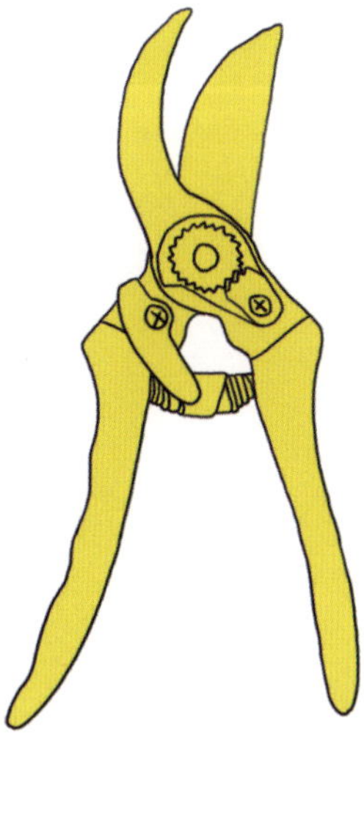

INHALT

Die Welt des Gärtnerns

Willkommen beim „Grundkurs Garten“, einem Buch in 12 Kapiteln, die über und über gefüllt sind mit Gärtnerwissen – wie ein vollgestopfter Gartenschuppen –, damit Sie Ihren Garten anlegen und pflegen können. Egal, ob Sie nur einen kleinen Innenhof besitzen oder etwas Größeres, Sie werden auf den Seiten dieses Buches alles finden, was Sie zur Verwirklichung Ihres Gartentraumes benötigen.

Das Buch nimmt Sie mit auf eine abwechslungsreiche gärtnerische Reise. Auf der ersten Etappe helfe ich Ihnen dabei, das Wachstum der Pflanze in ihrer Umgebung zu verstehen und gebe Ihnen Rat und Inspiration zur Gestaltung Ihres zukünftigen Gartens. Dann geht es weiter mit Anleitungen zum Bepflanzen von Beeten und Rabatten sowie zum Säen und zum Vermehren von Pflanzen. Neben Informationen zur Pflege von Zierpflanzen erhalten Sie auch viel Wissenswertes zum Gemüse-, Kräuter- und Obstanbau. Sie lernen, wie man einen Rasen anlegt und pflegt, Sie entdecken, wie man Tiere in den Garten lockt und Sie erfahren, wie man mit Wasser arbeiten kann. Auf dem nächsten Abschnitt Ihrer Tour durch die Welt des Gärtnerns bekommen Sie Tipps, wie man selbst gezogene Pflanzen pflegt und wie man mit Schädlingen und Krankheiten umgeht, damit die Pflanzen gesund bleiben. Und am Ende schließlich hilft Ihnen das Glossar bei Fachausdrücken des Gärtnerns, die sonst auf Anhieb nur für Eingeweihte verständlich sind.

Während Ihrer abenteuerlichen Reise werden Sie so manche praktische Fähigkeit erwerben, wie zum Beispiel den Rückschnitt von Stauden oder den Heckenschnitt. Beim Gärtnern entfaltet sich immer auch die eigene Kreativität und man entwickelt ein Gespür für Farben, Strukturen und Formen und wie diese Aspekte zur Gestaltung eines schönen Platzes kombiniert werden können. Sie werden sogar in die Lage versetzt, Ihre Freunde mit Grundkenntnissen des Lateinischen zu beeindrucken, weil man diese faszinierende Sprache für die botanischen Pflanzennamen gebraucht. Und ein wenig Unterricht in Bodenkunde sowie Pflanzenanatomie gibt es nebenbei auch noch.

Die Welt des Gärtnerns ist faszinierend und Sie werden merken, dass sich Ihr Können ständig erweitert, so wie ein wachsender Baumstamm, der immer mehr an Umfang zunimmt. Und was vielleicht das Wichtigste ist: Gärtnern hilft dabei, Körper und Geist aktiv und gesund zu erhalten.

Allerdings muss ich diesem Buch auch einen Warnhinweis hinzufügen: Wer einmal mit dem Gärtnern begonnen hat, kann kaum noch aufhören. Hat man einen Garten mit eigener Hand gestaltet, so ist man stolz auf sich selbst und zufrieden mit der Welt. Der Garten fesselt und fasziniert. Er öffnet das Tor zu einer Wunderwelt, die man tagtäglich betreten darf, und alle Sinne werden mit natürlicher Schönheit überschüttet. Sie werden zufrieden in einen knackigen Apfel oder eine süße Erdbeere beißen, mit dem Wissen, dass dies durch Ihr Zutun möglich wurde. Die Luft wird von Vogelgezwitscher und dem Summen von Bienen erfüllt sein. Sie werden erwartungsvoll den Wechsel der Jahreszeiten beobachten und die Anpassung der Pflanzen an den Rhythmus der Natur.

Tatsächlich kommt das Gärtnern niemals zum Stillstand. Es ist immer vorwärts gewandt und manchmal wird es auch zu einer abenteuerlichen Achterbahnfahrt. Sobald Sie damit begonnen haben, werden Sie sich ständig ausmalen, was die Zukunft bringt – mit Hoffnung, Leidenschaft und Antizipation für die großen Dinge, die auf Sie zukommen. Was Sie gepflanzt haben, wird eines Tages blühen und Sie selbst und andere erfreuen.

Ich hoffe, dass Ihnen dieses Buch gefällt und dass es Ihnen helfen wird, die Herausforderungen auf dem Weg zu Ihrem ganz persönlichen Gartenparadies zu meistern. Viel Erfolg und fröhliches Gärtnern!

KAPITEL 1

GRUNDLAGEN

Wenn Sie zum ersten Mal beschlossen haben, Gartenhandschuhe anzuziehen und in den Garten hinauszugehen, dann wird Ihnen dieses Kapitel dazu verhelfen, in Nullkommanichts vom Gartenneuling zum Spezialisten zu werden, denn es vermittelt Ihnen das nötige Grundwissen.

Ein Blick auf die vielen Vorteile für Mensch und Umwelt soll zunächst Motivation und Inspiration für das Gärtnern draußen geben. Sie können anschließend lesen, wie Pflanzen wachsen und was nötig ist, damit sie im Garten gut gedeihen. Denn Pflanzen haben, wie wir auch, bestimmte Vorlieben, was ihren Lebensraum angeht, und sie verkümmern, wenn man sie in einer Umgebung pflanzt, die ihnen nicht entspricht. Weiterhin werden Sie das Wichtigste zur Pflanzenanatomie erfahren, weil das Wissen um die verschiedenen Teile einer Pflanze dabei hilft, richtige Entscheidungen bei Pflanzung, Rückschnitt und Erziehung zu treffen.

Abschließend lernen Sie, welche Werkzeuge und Hilfsmittel zum erfolgreichen Gärtnern dienlich sind. Eine kalendarische Tabelle liefert Ihnen zudem einen Überblick, zu welchem Zeitpunkt welche Arbeit im Garten getan werden sollte.

Gärtnern ist gut für Sie

Es gibt zahlreiche Gründe, warum Menschen mit dem Gärtnern beginnen und sich damit Millionen anderen anschließen, die ebenfalls ihre Pflanzen kultivieren. In vielen Ländern weltweit ist das Gärtnern der beliebteste Zeitvertreib. Niemals gab es einen besseren Zeitpunkt, um die Pflanzschaufel zur Hand zu nehmen und sich der emsigen Gemeinschaft von Menschen unterschiedlichster Gesellschaftsschichten anzuschließen, die gerade die Freuden des Gärtnerns entdecken.

Das geistige und seelische Wohl verbessern

Die Forschung hat gezeigt, dass Gärtnern günstig für die geistige Gesundheit ist und dass die Menschen von den heilenden Kräften der Natur profitieren. Gärtnern entspannt und beruhigt, da es (von einigen wenigen Rückschlägen abgesehen) keine negativen Gefühle verursacht. Stattdessen entsteht in der Gesellschaft von Pflanzen eine erholsame, ausgleichende und kräftigende Wirkung, die auch die Stimmung aufhellen kann. Draußen in der Sonne und bei den Pflanzen zu sein, soll auch den Blutdruck senken. Manche Psychologen verschreiben sogar „Grüntherapie“ als ein Mittel, um Depressionen und Stress zu mildern.

Nahrungsmittel selbst anbauen

Selbst angebaute Nahrungsmittel ernten zu können, ist ein weiterer großartiger Anreiz, um mit dem Gärtnern zu beginnen. Man benötigt nicht viel Platz. Manche Menschen, die in der Großstadt oder Stadt wohnen, bauen tatsächlich Nahrungsmittel in Töpfen oder Balkonkästen auf Balkonen, Dachgärten, auf der Veranda oder im Innenhof an. Durch den eigenen Anbau von Nahrungsmitteln reduziert man nicht nur die beim Einkauf gefahrenen Kilometer quasi auf Null, sondern man spart auch Geld und kann sicher sein, dass das Obst und Gemüse nicht gentechnisch verändert, mit synthetischen Mitteln behandelt oder mit Kunstdünger versorgt wurde.

Schöne Räume anlegen

Genauso wie die Bepflanzung des städtischen Grüns verschönert der Pflanzenanbau im privaten Garten die Umgebung und verbreitet in der Nachbarschaft Freude und Wohlbefinden – beim Anblick eines schönen Vorgartens oder Hausgartens schlägt unser Herz höher. Außerdem können diese Räume den Wert des eigenen Hauses und der umstehenden Häuser steigern. Wohnsiedlungen mit Bäumen oder anderen Pflanzen schaffen ein wesentlich attraktiveres Umfeld als der Betondschungel, der sonst vorhanden wäre.

Wildtiere anlocken

Die Anlage eines Gartens lockt, wenn man es geschickt anstellt, ein breites Spektrum an Leben an: Vögel, Insekten, Fledermäuse und andere Lebewesen, die sich aus der Nähe beobachten lassen. Ein belebter Garten erhöht zudem die Artenvielfalt des angrenzenden Gebietes, was wiederum der Umwelt zugutekommt.

Warum mit dem Gärtnern beginnen?

- Pflanzen tragen zu sauberer, gesunder Luft bei.
- Gärten sind wertvolle Lebensräume für die Tierwelt.
- Gärtnern hält gesund und aktiv.
- Sonnenlicht versorgt mit Vitamin D.
- Man kann Lebensmittel selbst anbauen.
- Das Gärtnern regt alle Sinne an.

Gegenüber: Der Anbau von eigenen Lebensmitteln ist erfüllend und die Produkte schmecken viel besser als das, was man im Laden kaufen kann.
Rechts: Das Kultivieren von Pflanzen verschönert nicht nur das Zuhause, sondern es kann auch den Wert steigern.

Was Pflanzen zum Wachsen brauchen

Wenn man einen Garten, egal welcher Größe, anlegen möchte, sind Grundkenntnisse darüber von Nutzen, welche Ansprüche die verschiedenen Pflanzen haben. So kann man sie richtig versorgen und sie gedeihen gut in unserer Obhut. Zwei Faktoren braucht eine Pflanze am nötigsten: Licht und Wasser. Aber man sollte darüber hinaus auch etwas über die Lebensformen und die Gestalt einer Pflanze wissen, um die richtige Pflanze für den Gartenstandort auszuwählen.

Es werde Licht

Pflanzen benötigen Licht, um energiereiche organische Stoffe aufzubauen. Diesen Prozess nennt man **Fotosynthese**. Dabei wird das Sonnenlicht vom Chlorophyll (ein grünes Pigment) in den Blättern eingefangen, um Wasser und Kohlendioxid zu Zucker (Glukose) und Sauerstoff umzuwandeln. Der nicht direkt (zur Energiegewinnung für den Stoffwechsel oder zum Aufbau von Gerüstsubstanzen) benötigte Zucker wird in Stärke umgebaut und für später gespeichert.

Pflanzen sind je nach Standort der Wildform an unterschiedliche **Lichtintensitäten** angepasst. Beispielsweise benötigt eine Waldpflanze (z. B. ein Farn) schattige Bedingungen, während Steppenpflanzen der nordamerikanischen Prärie Hitze und Sonne brauchen. Lesen Sie daher vor dem Kauf immer die Pflanzenetiketten, um herauszufinden, wie viel Licht eine Pflanze benötigt. Wenn Sie Pflanzen geschenkt bekommen, finden Sie heraus, worum es sich handelt und welche Ansprüche die Pflanzen haben. So können Sie den Neuankömmlingen in Ihrem Garten die richtige Stelle zuweisen.

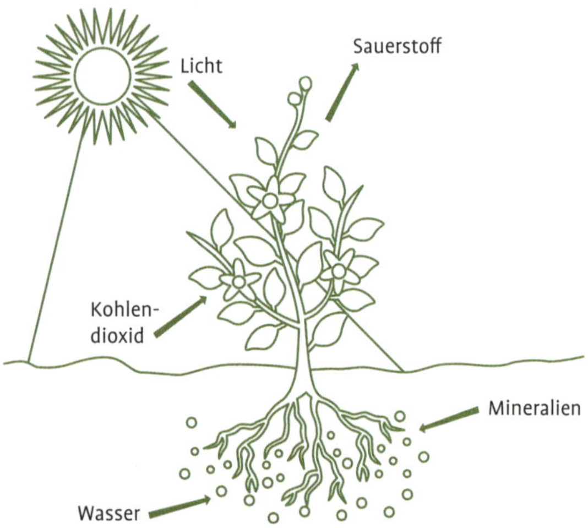

Wuchs und Statur von Pflanzen

Pflanzen haben unterschiedliche Wachstums-„Gewohnheiten“. Hilfreich ist es, wenn man weiß, welche Wuchsform eine Pflanze genetisch bedingt hat, bevor man sie setzt. Kletterpflanzen sollten zum Beispiel an einem Zaun, einer Mauer oder einer Treillage wachsen. Dazu sollte man noch wissen, ob sie sich selbst anheften oder ob man sie anbinden muss. Andere Pflanzen wachsen eher kriechend und sind damit ideale Bodendecker. Auch die Höhe und Breite eines Kandidaten für den Garten gilt es zu bedenken, damit man ihm ausreichend Platz bieten kann. Natürlich sollte man auch bei Bäumen auf unterschiedliche Formen und Größen achten – schmal und hoch, ausgreifend oder hängend?

> **Pflanzen verbessern die Luft**
>
> Wenn Pflanzen Fotosynthese betreiben, nehmen sie Kohlendioxid auf und geben Sauerstoff ab. Manche Pflanzen filtern sogar Feinstaub aus der Luft.

Lebensformen von Pflanzen

In einem Garten können Sie Pflanzen kultivieren, die sich in Größe, Form und Lebensdauer unterscheiden. Im Folgenden finden Sie die gängigsten Typen.

Einjährige Pflanzen, die nur ein Jahr lang leben. Innerhalb dieses Zeitraums bilden sie Wurzeln, Blätter und Stängel, blühen, produzieren Samen und sterben dann ab.

Zweijährige Pflanzen, die zwei Jahre lang leben. Innerhalb dieser Zeit entwickeln sie Blüten und Früchte und sterben schließlich ab. Meist bilden sie im ersten Jahr nur Blätter und im zweiten Jahr die Blüten.

Zwiebelpflanzen Pflanzen mit Zwiebeln, Knollen und Rhizomen, die im Herbst alle Energie in einem verdickten Organ unter der Erde speichern.

Stauden Mehrjährige krautige Pflanzen, wobei mehrjährig bedeutet, dass eine Pflanze mehr als zwei Jahre alt wird; krautig bedeutet, dass sie aus weichem Material besteht (nicht verholzt). Stauden ziehen in der Regel ein, wenn es kalt wird, um dann im Frühjahr wieder neu auszutreiben.

Sträucher Laubabwerfende oder immergrüne Pflanzen mit holzigen Stämmen oder Zweigen. Sträucher sind im Gegensatz zu Bäumen in der Regel kleiner und meist mehrstämmig. Die Übergänge zwischen Baum und Strauch sind fließend.

Bäume Größere Pflanzen mit einem einzigen verholzten Stamm, es gibt aber auch mehrstämmige Exemplare. Wie Sträucher sind auch Bäume entweder laubabwerfend oder immergrün. Es gibt Bäume, die für kleine Gärten geeignet sind, einige können sogar im Kübel gezogen werden.

Aufbau einer Pflanze und Nomenklatur

Eine Vorstellung von den wichtigsten Bauteilen (Organen) ist sehr hilfreich, um zu verstehen, wie Pflanzen wachsen und was sie zum Gedeihen brauchen.
Um Pflanzen eindeutig zu benennen, brauchen wir neben den Volksnamen auch die wissenschaftlichen Namen. Diese Namensgebung wird Nomenklatur genannt.

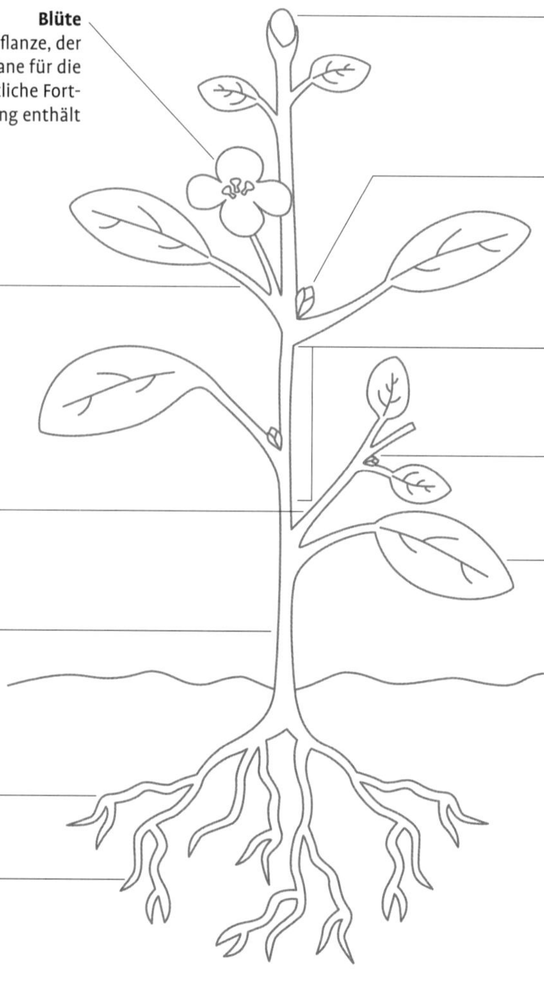

Pflanzennamen

In der Botanik gibt es zwei Arten von Pflanzennamen, den Trivial- oder Volksnamen und den wissenschaftlichen Namen. Als Beispiel seien hier die Namen dreier bekannter Pflanzen genannt.
Trivialname: Brennnessel, Fingerhut, Stiel-Eiche
Wissenschaftlicher Name: *Urtica dioica, Digitalis purpurea, Quercus robur*

Trivialnamen sind zwar nützlich, können aber auch Verwirrung stiften, da verschiedene Länder, ja sogar verschiedene Regionen desselben Landes, verschiedene umgangssprachliche Namen für ein und dieselbe Pflanze haben. Um Missverständnisse zu vermeiden, entwickelte der schwedische Botaniker Carl von Linné im 18. Jahrhundert zur Benennung aller Pflanzen eine internationale Methode, die auf dem Lateinischen basiert und die Pflanzen anhand gemeinsamer botanischer Merkmale in Gruppen einteilt. Es ist dadurch ein System aus großen, mittleren und kleinen Gruppen (sog. Rangstufen) entstanden.

Drei dieser Rangstufen dieses botanischen Benennungssystems sind für die meisten Gärtner relevant, wenn sie Pflanzen kaufen oder über sie sprechen: die **Gattung**, die **Art** und die **Sorte**. Als Beispiel sei hier der Apfel genannt: *Malus* (Gattungsname; Apfel), *Malus domestica* (Artname, bestehend aus Gattungsname und Artepithet; Kultur-Apfel), *Malus domestica* 'Granny Smith' (Sortenbezeichnung; 'Granny-Smith'-Apfel). So kann man sich überall auf der Welt auf eine Pflanze beziehen, ohne dass es zu Verwechslungen aufgrund von Abweichungen bei den Trivialnamen kommt.

Schreibweise von wissenschaftlichen Namen

Die botanischen **Artnamen** (Gattungsname plus Artepithet) von Pflanzen werden immer kursiv geschrieben. Der Gattungsname beginnt mit einem Großbuchstaben und das Artepithet mit einem Kleinbuchstaben. Zum Beispiel: *Salvia nemorosa* (Steppen-Salbei). Die **Sortenbezeichnung** steht immer in einfachen Anführungszeichen, ist nicht kursiv und beginnt mit einem Großbuchstaben. Zum Beispiel bei *Salvia nemorosa* die Sorte 'Caradonna'. Artnamen können mit oder ohne eine Sortenbezeichnung stehen.

Was ist eine Sorte?

Im Gegensatz zu Wildpflanzen sind Sorten immer Pflanzen, die vom Menschen durch Auslese (Selektion), Kreuzung oder durch Gentechnik hervorgebracht wurden. Es sind gärtnerische Züchtungen, die ihre Eigenschaften nach der Vervielfältigung beibehalten.

Was das Artepithet uns verraten kann

Botanische oder lateinische Namen können anfangs recht abschreckend wirken, aber wenn man sich erst einmal mit ihnen vertraut gemacht hat, können sie sehr nützlich sein, da sie etwas über die Pflanze aussagen. Zum Beispiel:
albus – weiße Blüten
campestris – wächst auf Feldern
grandiflorus – großblütig
odoratus – duftend
reptans – kriechende Wuchsform
scandens – kletternde Wuchsform
sinensis – aus China

Nachhaltiges Gärtnern

Meist geht es bei der Gartenarbeit entweder um eine reichhaltige Ernte oder um die Gestaltung schöner Außenbereiche. Mit einem Garten können Sie aber auch einen positiven Einfluss auf Ihre direkte Umwelt nehmen, indem Sie einen Raum schaffen, der beispielsweise Wildtiere anzieht. Wenn Sie außerdem verantwortungsvoll und nachhaltig gärtnern, kann Gartenarbeit zu einem grüneren und gesünderen Planeten beitragen. Befolgen Sie nachhaltige Gartenbaupraktiken und einige einfache Richtlinien und verwandeln Sie Ihren Garten in eine wirklich umweltfreundliche Oase!

Was ist nachhaltiges Gärtnern?
Nachhaltiges Gärtnern ist in erster Linie eine Einstellung und Denkweise. Überlegen Sie zweimal, bevor Sie nicht biologisch abbaubare Materialien wie Plastik in Ihren Garten einbringen, und akzeptieren Sie, dass gelegentlich Unkraut, Schädlinge und Krankheiten auftreten. Versuchen Sie, Gegenstände zu recyceln, legen Sie einen Komposthaufen an, um so viele Gartenabfälle wie möglich zu verwerten, legen Sie einen Teich an, um Wildtiere anzulocken, und gärtnern Sie wassersparend, indem Sie Regenwasser nutzen und trockenheitstolerante Pflanzen wählen.

Eine der wichtigsten Maßnahmen, die Sie für eine gesunde und nachhaltige Umwelt ergreifen können, ist der Verzicht auf Pestizide und Kunstdünger. Viele Insektizide und Fungizide sind giftig für die Tierwelt und können natürliche Ökosysteme zerstören. Verwenden Sie stattdessen natürliche Heilmittel und Pflanzennährstoffe, die weder der Umwelt noch der Tierwelt schaden. Das Besprühen von Pflanzen mit Wasser beseitigt beispielsweise Kriebelmücken, und Schmierseife oder Rapsöl kann bei der Bekämpfung von Läusen helfen. Natürliche Düngemittel können aus Pflanzen wie Brennnessel und Beinwell hergestellt werden, um Kunstdünger zu vermeiden (siehe Seite 104/105) – sie sind außerdem kostenlos. Sie können auch Gründünger verwenden, indem Sie nährstoffreiche Pflanzen auf brachliegenden Beeten aussäen und später einarbeiten, um die Fruchtbarkeit des Bodens zu erhöhen.

Suchen Sie nach alternativen Lösungen für die Unkrautbekämpfung, anstatt zu Herbiziden zu greifen. Die meisten Unkräuter können toleriert werden und nützen der Umwelt. Wenn sie doch entfernt werden müssen, lassen sich viele von ihnen von Hand herausziehen. Das Mulchen des nackten Bodens mit einem natürlichen Material wie einer Maisstärkematte oder sogar normalem Gartenkompost verringert die Zahl der keimenden Unkräuter.

Mit der Umwelt arbeiten

Wählen Sie Pflanzen, die zu den gegebenen Bedingungen passen. Wenn Sie einen sauren Boden in Schattenlage haben, sollten Sie möglichst Pflanzen auswählen, die dafür geeignet sind. So müssen Sie weniger Erde, Kompost und andere Materialien zu ihrer Pflege heranschaffen und können Ihren ökologischen Fußabdruck verringern.

Um der Moore willen

Verwenden Sie immer torffreie Blumenerde. Torf ist eine nicht nachhaltige und immer knapper werdende Ressource, die aus Torflandschaften (Mooren) abgebaut wird, die eine einzigartige Vielfalt an Fauna und Flora beherbergen. Es gibt Alternativen zu Blumenerde auf Torfbasis, achten Sie also auf die Kennzeichnung „torffrei“.

Gegenüber: Eine Regentonne kann Ihnen helfen Wasser zu sparen und sie muss nicht einmal aufdringlich sein.
Rechts: Ein selbst gebauter Komposter genügt schon, um Küchen- und Gartenabfälle verwerten zu können.

Tipps für nachhaltiges Gärtnern

- Arbeiten Sie mit Ihrer natürlichen Umgebung.
- Recyceln Sie Materialien, wann immer möglich.
- Sammeln Sie Regenwasser in Regentonnen, um Wasser zu sparen.
- Verwenden Sie torffreie Blumenerde.
- Stellen Sie Ihren eigenen Gartenkompost her.
- Vermeiden Sie Kunststoffprodukte, auch bei Töpfen und Pflanzenetiketten.
- Stellen Sie selbst flüssige Pflanzendünger her.
- Vermeiden Sie den Einsatz von künstlichen Insektiziden, Herbiziden und Fungiziden.
- Verwenden Sie Handwerkzeuge oder benzinfreie Maschinen.
- Schaffen Sie Bereiche für reges Wildtierleben.
- Kaufen Sie lokal oder regional ein.

Notwendige Gartengeräte

Die richtigen Gartengeräte zu haben, kann einen großen Unterschied machen in Bezug auf die Effizienz und das, was Sie in Ihrem Garten erreichen können. Außerdem werden dadurch Muskeln und Gelenke weniger belastet und das Ergebnis wird insgesamt besser. Beim Kauf von Werkzeugen sollte man sich Gedanken darüber machen, wo man sie lagern möchte, denn sie können ziemlich viel Platz beanspruchen. Sie können auch teuer sein. Achten Sie daher auf eine sichere Aufbewahrungsmöglichkeit.

Spaten

Ist ein wichtiges Werkzeug im Garten und wird zur Bodenbearbeitung, zum Ausheben von Löchern und zum Pflanzen verwendet. Er hat in der Regel ein T- oder D-förmiges Ende und einen Stiel unterschiedlicher Länge. Entscheiden Sie sich für einen Spaten, der sich bequem und ausgewogen anfühlt, wenn Sie ihn benutzen. Spaten mit Edelstahlblättern sind am besten geeignet, da die Erde nicht an ihnen kleben bleibt und sie leicht und angenehm zu benutzen sind.

Schaufel

Sieht ähnlich aus wie ein Spaten, hat aber ein stumpferes und breiteres, gewölbtes Blatt. Eine Schaufel wird nicht zum Graben verwendet, sondern zum Bewegen von losem Material wie Erde und Holzhäcksel.

Grabegabel (Gabelspaten)

Wird zur Lockerung und Kultivierung des Bodens verwendet. Es gibt auch andere Arten von Gabeln wie Mistgabeln und Kartoffelgabeln. Kleinere Grubber sind für die Arbeit auf engem Raum besser geeignet.

Hacke

Hacken werden zum Entfernen von einjährigem Unkraut in Beeten und Rabatten verwendet. Das Blatt wird in der Regel knapp unter die Bodenoberfläche gestoßen oder gezogen, wobei die Pflanze von den Wurzeln abgetrennt wird. Für kleine Flächen kann eine Hacke verwendet werden, die einen kürzeren Stiel hat.

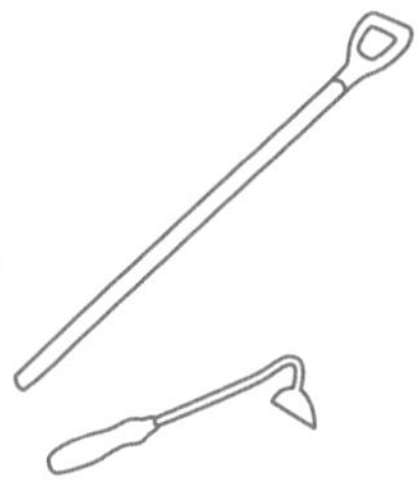

Dreizinkiger Grubber

Ein nützliches Werkzeug zum Auflockern des Bodens. Es wird knapp unter der Erdoberfläche gezogen und bricht alle Verkrustungen oder leichten Verdichtungen auf, die das Eindringen von Feuchtigkeit und Dünger in die Wurzelzone verhindern könnten. Es sind sowohl Versionen mit kurzem als auch mit langem Stiel erhältlich.

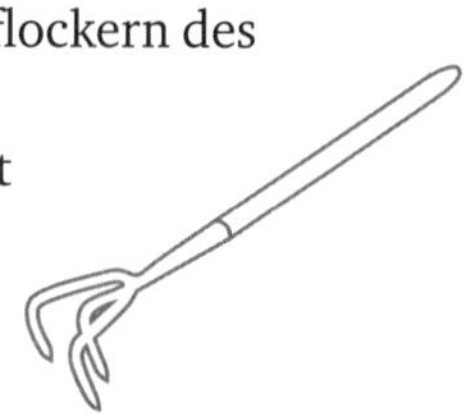

Rechen, Harke

Es gibt viele verschiedene Rechen. Laub- oder Fächerbesen und Laubrechen aus Draht oder Kunststoff werden zum Aufsammeln von Laub oder zum Entfernen von abgestorbenem Gras

(Rasenfilz) auf dem Rasen verwendet. Breitere Gartenrechen oder Gartenharken eignen sich gut zum Einebnen des Bodens, während normale Harken verwendet werden können, um eine feinkrümelige, ebene Bodenschicht für die Aussaat zu schaffen und um Steine und anderes unerwünschtes Material aus Beeten zu entfernen.

Handgabel

Zum Unkrautjäten auf engem Raum und zur Bearbeitung kleiner Flächen, z. B. in einem Hochbeet oder in Kübeln.

Pflanzkelle

Kellen werden zum Setzen von kleinen Pflanzen oder Zwiebeln verwendet. Diejenigen mit längeren Griffen sind hilfreich, wenn Sie unter Rückenproblemen leiden.

Pflanzholz

Man drückt es in die Erde und zieht es wieder heraus, um vor dem Stecken von Samen oder Setzlingen ein Loch zu schaffen.

Gießkanne

Zur Bewässerung von Pflanzen auf kleinen Flächen. Für größere Flächen nehmen Sie besser den Gartenschlauch, der an einem Schlauchwagen befestigt ist (um für Ordnung zu sorgen). Wenn Sie Platz haben, stellen Sie Regentonnen auf, um Regenwasser aufzufangen und für den Garten zu verwenden. Wenn Sie Jungpflanzen gießen, befestigen Sie eine feine Brause am Ende der Gießkanne oder des Gartenschlauchs. Der feinere Sprühstrahl verhindert, dass sie verletzt werden.

Noch mehr Ausrüstung

Möglicherweise müssen Sie sich noch mit weiteren Dingen ausstatten, wie zum Beispiel:

- Knieschoner oder Knieschützer
- Gartenhandschuhe
- Robuste Stiefel
- Werkzeuggürtel oder Holster für die Gartenschere
- Sonnenhut
- Sonnenschutz
- Wasserdichte Jacke und Hose

Gartenschere

Zum Schneiden von dünnen Ästen und dickem krautigem Material. Es gibt zwei verschiedene Arten: Bypass und Amboss. Erstere ermöglichen einen besseren Schnitt, da sie eine Scherenwirkung haben, während Letztere dazu neigen, die Pflanze zu zerdrücken.

Handheckenschere

Zum Schneiden von kleinen Hecken anstelle einer maschinellen Heckenschere oder zum Zurückschneiden von Stauden, die für den Einsatz einer Gartenschere zu großflächig und voluminös sind.

Astschere

Hilfreich für das Zurückschneiden von Ästen. Astscheren mit ausziehbaren Griffen bieten beim Schneiden eine größere Hebelwirkung, während Ratschensysteme noch mehr Druck ausüben. Es gibt sowohl Ausführungen mit kurzem, als auch mit langem Stiel.

Schnittsäge

Diese Sägen sind speziell für das Entfernen von Äste konzipiert, an die man schwer herankommt. Sie sind lang und schmal, so dass man sie auch in schwierigen Winkeln verwenden kann. Einige lassen sich zusammenklappen und in einer Tasche verstauen. Größere Modelle haben Abdeckungen über dem Sägeblatt und können auch an einen Werkzeuggürtel gehängt werden.

Schubkarre

Unverzichtbar in größeren Gärten, um Material von einem Bereich des Gartens zu einem anderen zu transportieren. Eine Schubkarre spart Laufwege und schont den Rücken.

Heckenschere

Anstelle einer manuellen Schere kann eine Motor-Heckenschere zum Schneiden von Hecken verwendet werden. Der Vorteil ist, dass sie eine gerade Klinge (Schwert) hat, mit der man beim Schneiden eine gerade Linie halten kann. Außerdem kommt man mit einer Motor-Heckenschere etwas besser in die Höhe als mit einer Handschere. Es gibt Benzin- oder Akku-Modelle.

Rasenmäher

Wenn Sie einen Rasen haben, brauchen Sie einen Rasenmäher, auch wenn die Menschen heutzutage ihren Rasen seltener mähen, um die Artenvielfalt und die Tierwelt zu fördern. Sichelmäher werden für gröberes Gras verwendet, während Spindelmäher für feine Rasenflächen geeignet sind. Für Besitzer großer Gärten mit einem ordentlichen Budget gibt es ferngesteuerte Mäher oder auch Mähroboter mit Sensoren, die so programmiert werden können, dass sie in einem bestimmten Bereich mähen, während man sich selbst in einem Liegestuhl entspannt und der Maschine die Arbeit überlässt.

Rasentrimmer

Rasentrimmer mit Faden sind sowohl mit Elektro- bzw. Akkubetrieb als auch mit Benzinmotor erhältlich. Mit einem rotierenden Nylonfaden schneiden sie langes Gras und trimmen es bis zu den Rändern von Terrassen und Freisitzen. Wenn der Trimmer auf die Seite gekippt wird, kann er auch als Rasenkantenschneider nach dem Mähen verwendet werden.

Kantenstecher

Das halbmondförmige Blatt wird zum Schneiden der Rasenkanten verwendet. Dieses Werkzeug hat eine flache Klinge und sollte daher ein besseres Ergebnis liefern als ein Spaten, der leicht gebogen ist. Wenn Sie eine Rasenkante abstechen, spannen Sie am besten Schnüre, zwischen zwei Pfosten, um zu sehen, wo Sie schneiden müssen.

Rasenkantenschere

Sie wird zum Trimmen der Rasenkanten verwendet, um verirrte Grashalme zurückzuschneiden und den Rasen ordentlich zu halten. Kantenscheren haben lange Griffe, so dass man sich nicht bücken muss, und der Schnitt erfolgt wie bei einer Schere, bei der eine Klinge über eine andere schneidet.

Grasschnitt wegräumen

Entfernen Sie immer das gesamte Schnittgut am Rand von Beeten und Rabatten nach dem Schneiden, da es dort, wo es landet, zur Aussaat kommen kann. Einige Kantenscheren sammeln das Schnittgut während der Arbeit in einem Behälter auf.

Frühling

Der Frühling ist eine aufregende Zeit im Garten, weil er wieder neue Farben ins Spiel bringt. Aber er ist auch arbeitsreich, und einige Gärtner bezeichnen den Monat Mai (oder den späten Frühling) im Gartenkalender als „Chaoszeit“. Mit ein wenig Planung muss es jedoch nicht so hektisch zugehen. Das Mähen kann beginnen, ebenso die Aussaat und das Auspflanzen in die Beete, nachdem alle Frostgefahr vorüber ist.

- Kälteempfindliche einjährige Pflanzen (z. B. Tomaten) in einem beheizbaren Anzuchtkasten aussäen und auspflanzen, sobald keine Frostgefahr mehr besteht.
- Das erste aufkommende Unkraut entfernen.
- Um neu austreibende Stauden herum mulchen, dabei das Material nicht auf die Pflanzen streuen.
- Bäume und Sträucher ebenfalls mulchen und das Material vom Stamm fernhalten.
- Den Rasen mähen, aber zunächst mit einer hohen Einstellung.
- Spät blühende Sträucher schneiden.
- Rasen in Form von Rollrasen anlegen oder aussäen.
- Empfindliche Pflanzen bei Frostgefahr mit einem Gartenvlies abdecken.

Schneiden Sie jetzt Rosen, um sie in Form zu halten und eine reiche Blüte zu fördern.

Sommer

Der Garten sollte jetzt in vollem Gange sein. Der Sommer ist die Zeit, in der ein Garten anfängt, üppig und dicht zu werden. Wenn Sie einen Rasen haben, können Sie jetzt regelmäßig mähen, aber lassen Sie einige Bereiche für Wildtiere lang. Sollten Sie einen Komposthaufen haben, fügen Sie weiterhin Grasschnitt hinzu, und vergessen Sie nicht, den Kompost alle paar Wochen zu wenden, um die Zersetzung zu beschleunigen.

- Schneiden Sie früh blühende Sträucher nach der Blütezeit zurück.
- Bringen Sie frühzeitig Stützen für einjährige Pflanzen und Stauden an, bevor sie umfallen. Halten Sie die Pflanzen gut feucht, insbesondere frisch gepflanzte Setzlinge.
- Nehmen Sie halbreife und Weichholz-Stecklinge von Sträuchern und Stauden.
- Düngen Sie Obstbäume und einige Fruchtgemüsepflanzen, sobald sie zu blühen beginnen (möglicherweise wöchentlich).
- Entfernen Sie Abgeblühtes von Beetpflanzen, Stauden, Rosen und anderen Sträuchern, damit sie weitere Blüten bilden.
- Mähen Sie den Rasen regelmäßig auf der üblichen Höhe, aber vermeiden Sie das Mähen während längerer Trockenperioden.
- Schneiden Sie Hecken, aber achten Sie auf nistende Vögel.

Wässern Sie Ihre Pflanzen während Trockenperioden gründlich, damit sie gut gedeihen.

Herbst

Der Dichter John Keats bezeichnete den Herbst als „die Jahreszeit der Nebel und der sanften Fruchtbarkeit“, und tatsächlich ist es die Zeit der Ernte, aber auch der spektakulären Herbstfärbungen. Es ist auch die Zeit, in der man Laub sammelt, um daraus wunderbaren Laubkompost herzustellen. Stattdessen können Sie aber auch Laubhaufen für überwinternde Wildtiere anlegen.

- Harken Sie herabgefallene Blätter vom Rasen, damit sie das Gras nicht ersticken. Geben Sie sie auf den Komposthaufen oder stellen Sie Laubhaufen her.
- Besuchen Sie, wenn möglich, einen für seine Herbstfärbung berühmten Park, denn es ist eine spektakuläre Zeit im Jahr.
- Achten Sie auf die Wettervorhersage und halten Sie ein Gartenvlies bereit, um kälteempfindliche Pflanzen abzudecken oder die Wachstumsperiode zu verlängern.
- Bringen Sie empfindliche Kübelpflanzen ins Haus, um sie vor der Kälte zu schützen.
- Pflanzen Sie frühlingsblühende Zwiebeln.
- Schneiden Sie Stauden eventuell jetzt zurück, aber denken Sie daran, dass Wildtiere davon profitieren, wenn Sie damit bis zum zeitigen Frühjahr warten.
- Mähen Sie den Rasen weiter und führen Sie nach dem letzten Schnitt im Herbst Pflegemaßnahmen wie Vertikutieren und Belüften durch.
- Der Herbst ist eine der besten Zeiten zur Pflanzung von Bäumen und Sträuchern, da der Boden vom Sommer noch warm ist.
- Schneiden Sie Ihre Hecke.

Die beste Zeit zum Pflanzen von Frühlingsblühern ist der Herbst.

Winter

Selbst im Winter gibt es einiges zu tun. Der Kompost, der auch als Herz des Gartens oder das schwarze Gold des Gärtners bezeichnet wird, sollte gewendet werden, um seine Zersetzung zu beschleunigen. Halten Sie Ausschau nach Wildtieren und stellen Sie Vogelfutter und frisches Wasser auf (vor allem, wenn das Wasser gefriert), damit die Tiere die kalten Monate überleben.

- Beginnen Sie mit der Planung für die neue Anbausaison. Im Winter hat man meist Zeit, sich hinzusetzen, in den Saatgutkatalogen zu stöbern und Bestellungen aufzugeben.
- Jetzt ist auch der ideale Zeitpunkt, um den Schuppen gründlich aufzuräumen und das Gewächshaus, wenn Sie das Glück haben, eines zu haben.
- Während die Pflanzen ruhen, sollten Sie Holzstecklinge (Steckhölzer) von Bäumen, Sträuchern und Rosen für die Vermehrung schneiden.
- Obstbäume und -sträucher wie Äpfel, Birnen, Stachelbeeren, Heidelbeeren und Schwarze Johannisbeeren -können jetzt geschnitten werden. Schneiden Sie Steinobst wie Kirschen, Pflaumen und Aprikosen erst, wenn der Saft aufsteigt.
- Kontrollieren Sie Stützpfähle und ersetzen Sie alle, die zu faulen begonnen haben.
- Überprüfen Sie die Bindestricke an den Bäumen und stellen Sie sicher, dass sie nicht zu fest um die Stämme sitzen.

Sorgen Sie dafür, dass die Vogelfutterstellen im Winter aufgefüllt sind, damit die Vögel nicht verhungern.

KAPITEL 2

VON DER IDEE ZUR UMSETZUNG

Es ist immer aufregend, darüber nachzudenken, welchen gärtnerischen Stempel man seinem Außenbereich aufdrücken möchte. Dieses Kapitel wird Ihnen helfen, Ihren Traumgarten zu planen, auf den Weg zu bringen und ihn in die Realität umzusetzen. Es gibt so viele verschiedene Gartenstile und -themen, die Sie gestalten können. Egal ob Sie nun einen trockenen Garten voller Kräuter und trockenheitstoleranter Pflanzen oder mit einem üppigen subtropisch anmutenden Beet einen Hauch von Mittelmeer herbeizaubern wollen oder sich von den wunderschönen Gärten Japans inspirieren lassen, es gibt für jeden Geldbeutel und Geschmack den passenden Gartentyp.

Doch bevor Sie mit dem Pflanzen beginnen, sollten Sie Ihren Raum erst einmal vollständig bewerten. So müssen Sie beispielsweise prüfen, wie viel Sonne er bekommt und ob der Boden lehmig oder sandig ist. Ist er dem Wind ausgesetzt, so dass ein Windschutz erforderlich ist, oder gibt es besonders kalte Stellen, an denen empfindliche Pflanzen vor Frost geschützt werden müssen? Sobald Sie Ihren Garten beurteilt haben, können Sie loslegen. In diesem Kapitel erfahren Sie, was Ihr Garten braucht, um zu gedeihen.

Welcher Typ von Garten soll es sein?

Die Planung eines Gartens ist eine der aufregendsten Aufgaben beim Einzug in ein neues Haus. Der Garten ist der Raum, den Sie ganz nach Ihren Bedürfnissen, Ihrem Geschmack und Ihrem Lebensstil gestalten können. Bevor Sie jedoch beginnen, sollten Sie sich überlegen, welche Art von Garten Sie haben möchten. Es gibt zwar keine festen Regeln für die Gestaltung eines Außenbereichs, doch kann es hilfreich sein, die verschiedenen Gartentypen zu kennen, die es gibt.

Familiengärten

Mit ein paar wenigen Maßnahmen erschaffen Sie einen Familiengarten, der allen, unabhängig vom Alter, Vergnügen bereitet. Ein abwechslungsreicher Raum wird z. B. auch Kinder nach draußen locken. Und mit ein wenig „grüner Therapie" steigern Sie das Wohlbefinden von Erwachsenen und Kindern. Beachten Sie bei der Anlage eines Familiengartens die folgenden Faktoren:

- Ausgedehnte Rasenflächen – sie bieten Kindern eine weiche Spielfläche.
- Robuste Pflanzen – wählen Sie große, widerstandsfähige Pflanzen, die es aushalten, wenn sie von Bällen getroffen werden.
- Sitzbereiche – hier kann die Familie zusammensitzen und den Garten genießen.
- Sicherheit – sorgen Sie dafür, dass Kinder nicht versehentlich auf die Straße laufen können, und zäunen Sie Teiche ein, wenn kleine Kinder den Garten nutzen.
- Essbare Pflanzen – der Anbau von Lebensmitteln ist eine gute Möglichkeit, Kinder ins Freie zu locken. Versuchen Sie es mit süß schmeckenden Zuckererbsen, Erdbeeren oder Himbeeren.

Schaukeln sind ein großer Spaß für kleinere Kinder und sie können abgehängt werden, so dass sie nicht viel Platz einnehmen.

Haustierfreundliche Gärten

Nicht nur Menschen lieben einen Platz im Freien. Auch die meisten Haustiere halten sich gerne im Garten auf, aber man sollte einige Dinge beachten:

- Sorgen Sie für Schatten, insbesondere Schutz vor der Mittagssonne, z.B. durch Bäume und Sträucher oder Pergolen und Sonnensegel.
- Grenzen Sie Ihren Garten durch eine Hecke oder einen Zaun ab, damit Hunde nicht davonlaufen können.
- Hundeurin kann den Rasen verbrennen. Manche Hunde graben auch im Rasen. Ziehen Sie alternative Materialien wie Holzdielen oder Natursteinplatten in Betracht, wenn dies ein Problem wäre.
- Wenn der Garten groß genug ist, sollten Sie einen ausgewählten Bereich des Gartens „opfern", in dem Hunde ihr Geschäft verrichten und toben können, ohne den Rest des Gartens zu verwüsten.
- Zäunen Sie Teiche ein, damit die darin lebenden Wildtiere nicht gestört werden.

Balkongärten

Auch wenn der Platz auf einem Balkon begrenzt ist und große Bäume und Sträucher nicht in Frage kommen, gibt es doch viele Möglichkeiten, Einjährige, Stauden, Sukkulenten und viele andere Pflanzen in Kübeln zu kultivieren. Auch die meisten Obst- und Gemüsekulturen lassen sich in Töpfen anbauen. Achten Sie nur darauf, dass die Kübel nicht zu sehr dem Wind ausgesetzt sind – ein Windschutz kann sehr hilfreich sein. Auch wenn der Balkon eher im Schatten liegt, gibt es Pflanzen, die unter diesen Bedingungen wachsen können. Versuchen Sie es auch einmal mit Hängekörben an der Wand oder mit kletternden Pflanzen an den Geländern des Balkons.

Stadtgärten und Innenhöfe

In städtischen Gebieten sind die Gärten in der Regel kleiner. Es gibt jedoch viele Möglichkeiten, bei kleinen Grundstücken auch den vertikalen Raum zu nutzen, da sie in der Regel von Mauern und Zäunen umgeben sind, an denen man Kletterpflanzen ziehen kann. Auch Hauswände oder Stellagen können mit Töpfen bestückt werden.

Größere Kübel und Hochbeete sind die perfekte Lösung, wenn Sie Pflanzen in erdlosen städtischen Umgebungen wie Innenhöfen und Höfen anbauen möchten. Da in städtischen Gärten die umliegenden Gebäude zu bestimmten Tageszeiten oftmals das Licht abhalten, lohnt es sich, nach Pflanzen zu suchen, die für den Schatten geeignet sind.

Kleine Höfe können gemütlich, intim und entspannend gestaltet werden, wenn sie von viel Grün umgeben sind.

Ein Garten nur für Sie

Obwohl Gärten grob in formale und informelle Gärten eingeteilt werden, können Sie zahlreiche Stile in einen Außenbereich integrieren. Formale Gärten sind eher streng und werden von manchen als Versuch gesehen, die Natur zu bändigen oder zu kontrollieren, während informelle Gärten eher natürlichen, fließenden Formen folgen. Es gibt viele Variationen dieser beiden Stile, wobei die meisten Gärten eine Mischung aus formellen und informellen Elementen darstellen. Gärten entwickeln sich im Laufe der Zeit weiter und spiegeln die Persönlichkeit ihres Besitzers wider. Schauen Sie sich hier die wichtigsten Unterschiede an und finden Sie heraus, was Sie anspricht.

Formale Gärten

- Die Bepflanzung und andere Gartenelemente weisen ausgewogene Formen auf.
- In der Regel sind gerade Linien, sich wiederholende Muster und viel Struktur vorhanden.
- Immergrüne Hecken aus Buchsbaum oder Eibe werden oft verwendet und häufig in Form geschnitten.
- Teiche und Wasserspiele sind oft symmetrisch gestaltet.
- Rasenflächen sind sehr gepflegt, oft mit Streifenmuster.
- In größeren Gärten gibt es schnurgerade Alleen.
- Die Beetbepflanzung ist monothematisch, z. B. ein Beet voller Rosen.
- Sehr oft wird das Laub und dessen Texturen in Kontrast gesetzt zu leuchtenden Blumen.
- Gemüsegärten bestehen aus geraden Reihen.

Informelle Gärten

Zu den informellen Gärten gehören z. B. Bauerngärten oder naturnahe Gärten. Ob beabsichtigt oder nicht, viele Gärten zeigen informelle Merkmale, darunter z. B.

- weniger Struktur als in formalen Gärten,
- unregelmäßige Beete mit einer Mischung aus verschiedenen Pflanzen,
- lockere, fließende Bepflanzungsschemata,
- viele Farben und oft leuchtendere als in formalen Gärten,
- geschwungene Wege mit wenig Symmetrie,
- naturnahe Teiche in unregelmäßiger Form,
- hochwachsende Gras- und Wildblumenwiesen oder (in kleineren Gärten) Wildblumenbeete,
- artenreiche Gemüsebeete und Mischkultur in Nutzgärten.

Gegenüber: Dieser Garten kombiniert gerade, formale Linien mit informeller Bepflanzung.
Rechts: Ein typischer Cottage-Garten mit geschwungenem Weg und einer lockeren, unregelmäßigen Bepflanzung.

Cottage-Gärten

Cottage-Gärten werden in der Regel als informelle Gärten mit vielen „aufgelockerten" Mischpflanzungen angesehen. Sehr oft gibt es rustikale Elemente wie Pergolen, Lauben und Steinmauern, die alle aus traditionellen Materialien bestehen. Wege aus alten Backsteinen, verschlungene Wege und traditionelle Cottage-Garten-Pflanzen werden verwendet, um eine nostalgische Atmosphäre zu schaffen. Unter den Pflanzen finden sich oft Kletterrosen, die an Mauern und Zäunen wachsen, sowie sich selbst versamende Stauden und Einjährige wie Stockrose, Königskerze, Rittersporn, Fingerhut, Lupine, Borretsch und Kornblume.

Bauen Sie Obst & Gemüse selbst an

Viele Menschen beginnen mit der Gartenarbeit, weil sie ihre eigenen Lebensmittel anbauen möchten. Dadurch können sie nicht nur eine größere Auswahl an köstlichen, frischen Produkten genießen als im Supermarkt, sondern der eigene Anbau ist auch besser für unseren Planeten, da man Transportwege einspart und damit weniger CO_2 erzeugt. Durch den Anbau von Obst und Gemüse lässt sich außerdem Geld sparen und man kann sicher sein, dass keine Kunstdünger oder Pestizide verwendet wurden.

Ein Nutzgarten kann genauso schön aussehen wie ein Ziergarten. Viele Nutzgärten bringen bunte Blüten, Beeren und Früchte hervor. Die Blätter von Gemüsearten wie Kopfsalat, Kohl, Spargel und Artischocken sind ein ebensolcher Blickfang wie Zierpflanzen mit dekorativem Laub. Und die Struktur von gut geschnittenen Obstbäumen gehört zu den schönsten Merkmalen eines jeden Gartens.

Kleingärten

Wenn Sie keinen Platz haben, um Ihre eigenen Pflanzen anzubauen, können Sie auch einen Kleingarten pachten. Die Pachtpreise können sehr günstig sein, und es gibt in der Regel genug Platz, um eine große Menge an Lebensmitteln anzu-

Ein perfekter „Potager“

Der Begriff „Potager“ (franz. Aussprache) stammt vom französischen Wort „*potage*“ ab, was wörtlich „Suppe“ bedeutet. Er wird im Allgemeinen aber zur Beschreibung eines attraktiven Küchengartens verwendet, dessen Bestand sowohl schön als auch essbar ist. Dabei werden Obst, Gemüse und Kräuter kombiniert, die kontrastierende Texturen und Blüten besitzen.

bauen. In den meisten Anlagen können Sie auch einen Schuppen oder ein Gewächshaus aufstellen. Es macht nicht nur Spaß, dort Lebensmittel anzubauen, sondern es ist auch ein Ort, um Gleichgesinnte zu treffen. Und man kann von den Kleingartennachbarn lernen und mit ihnen Tipps oder sogar Saatgut austauschen.

In einigen Parzellen ist der Anbau von Obstbäumen nicht erlaubt, daher sollte man vorher in die Satzung schauen. Da der Eigenanbau von Lebensmitteln immer beliebter wird, könnte es sein, dass Sie für eine Parzelle auf einer Warteliste landen. Wenden Sie sich an Ihre Gemeindeverwaltung, um eine Liste der Kleingartenanlagen in Ihrer Gegend zu erhalten. Wenn Sie nicht sicher sind, ob Sie eine große Parzelle bewirtschaften können, sollten Sie überlegen, nur eine halb so große Parzelle zu pachten oder sogar eine mit jemandem zu teilen.

Gartengestaltung mit Obst, Gemüse und Kräutern

- Verwenden Sie Blattgemüse oder Salate, um einen Teppich von Texturen zu schaffen, z. B. die gekräuselten Blätter des Wirsingkohls oder die fiederteiligen Blätter des Rucola.
- Schaffen Sie Struktur mit aufrechten Pflanzen wie Obstbäumen, die als Spalier, Kordon oder Stepover (siehe Seite 136) gepflanzt werden.
- Säumen Sie Gartenwege mit duftenden Kräutern wie Lavendel oder Heiligenkraut.
- Integrieren Sie immergrüne Elemente, indem Sie Kräuter wie Rosmarin, Salbei, Thymian und Lorbeer pflanzen.
- Anstelle eines herkömmlichen Rasens können Sie auch die Römische Kamille verwenden.
- Wenn Sie in Ihrem Garten keine Erde haben, können Sie mit dekorativen Hochbeeten einen einfachen Gemüsegarten anlegen.

Gegenüber: Hochbeete eignen sich für den Anbau von Gemüse in kleinen Gärten.
Rechts: Die meisten Gemüsesorten lassen sich erfolgreich in Kübeln anbauen und sind nicht nur essbar, sondern sehen auch noch schön aus.

Essbare Schönheit

Vergessen Sie nicht, dass auch viele Blumen essbar sind. Pflanzen Sie etwas Kapuzinerkresse, Staudenphlox oder Stiefmütterchen für eine farbenfrohe und leckere Dekoration.

Die Freuden von Licht und Schatten

Bei der Beurteilung eines Gartens müssen Sie feststellen, welche Bereiche von der Sonne beschienen werden und welche im Schatten liegen. In der nördlichen Hemisphäre geht die Sonne im Osten auf und im Westen unter. Ein nach Süden ausgerichteter Garten bekommt das meiste Sonnenlicht, während nach Norden ausgerichtete Gärten am wenigsten Sonnenlicht erhalten (auf der Südhalbkugel sind die Lichtverhältnisse genau umgekehrt). Ein nach Osten ausgerichteter Garten erhält kühleres Morgenlicht und nach Westen ausgerichtete Gärten erhalten wärmere Abendsonne. Im Sommer wird der wärmste, heißeste Teil eines Gartens nach Südwesten ausgerichtet sein. Auch für sehr sonnige oder sehr schattige Gärten gibt es viele schöne Pflanzen, die dort gut gedeihen.

A: Wandernder Schatten den ganzen Tag
B: Etwas Schatten am Morgen bzw. am Nachmittag
C: Nie im Schatten

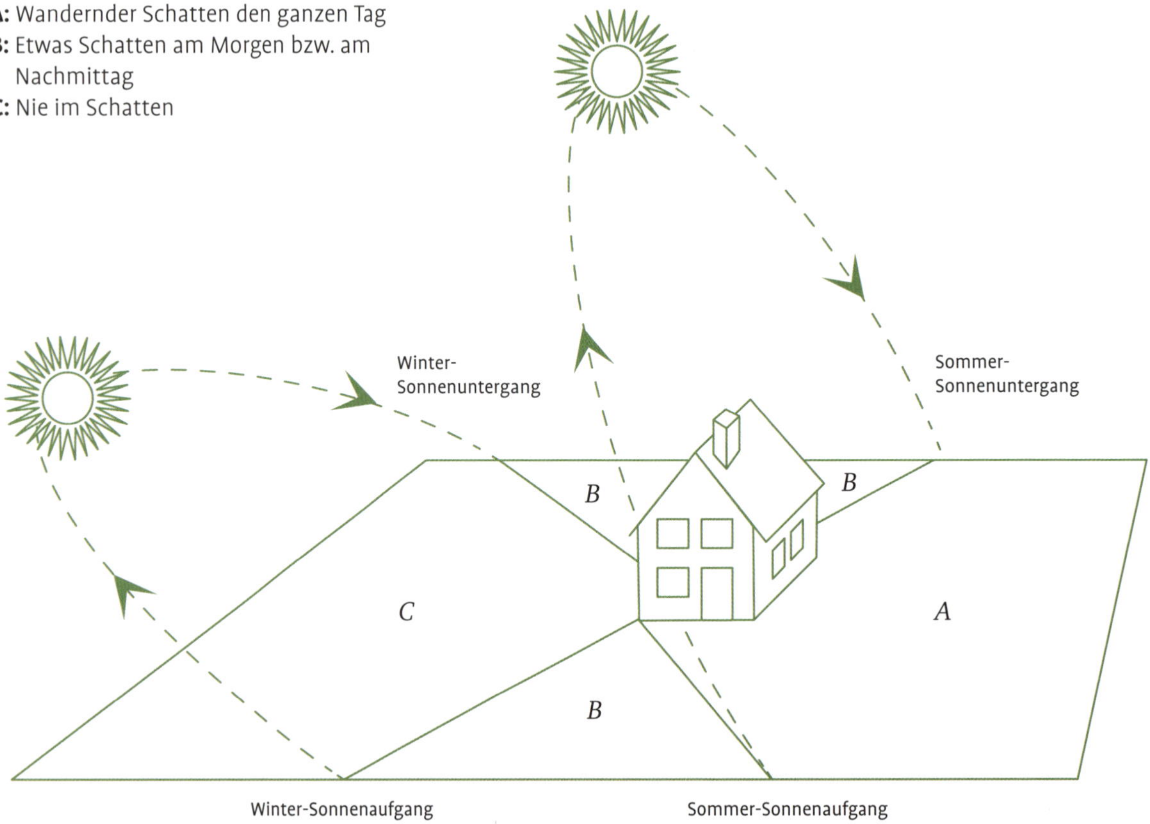

Nicht nur die Ausrichtung eines Gartens spielt eine Rolle wenn es darum geht, wie viel Licht er erhält. Umliegende Gebäude, Zäune oder Pergolen sowie große Bäume und hohe Hecken werfen selbst in den südlichsten Gärten viel Schatten. An den benachbarten Häusern können Sie wenig ändern, aber Bäume und Hecken können zurückgeschnitten werden, um mehr Licht in den Garten zu lassen.

Um die Lichtverhältnisse zu beurteilen, sollten Sie zu verschiedenen Tageszeiten in den Garten gehen, denn die Sonne wandert in einem Bogen über den Himmel. Das heißt, dass sich das Licht ständig ändert. Außerdem steht die Sonne im Winter viel tiefer als im Sommer, was sich ebenfalls auf die Lichtverhältnisse auswirkt. Verzweifeln Sie nicht, wenn Sie einen nach Norden ausgerichteten oder sehr schattigen Garten haben, denn es gibt viele Pflanzen für diese Situation, wie auch für lichten Schatten oder Halbschatten. In diesen Gärten herrschen im Sommer angenehmere Temperaturen, und sie müssen weniger gegossen werden.

Wählen Sie für eine Stelle unter einem Blätterdach schattenverträgliche Pflanzenarten.

Was im Schatten wächst

Der Schattenwurf von laubabwerfenden und immergrünen Bäumen ist unterschiedlich. Während immergrüne Bäume das ganze Jahr über Schatten spenden, werfen laubabwerfende Bäume erst später in der Saison nach ihrem Blattaustrieb einen Schatten. Einige Pflanzen, wie z. B. das Hasenglöckchen (*Hyacinthoides non-scripta*), machen sich dies zunutze und blühen in natürlichen Wäldern früh, so dass sie genug Licht erhalten. Versuchen Sie im Garten spätwinterliche und frühlingsblühende Zwiebeln wie Winterlinge, Traubenhyazinthen, Hyazinthen, Schneeglöckchen und Krokusse zu pflanzen, um dem Laubaustrieb der Bäume zuvorzukommen.

Groß- und kleinräumiges Klima

Einer der wichtigsten Faktoren für die Auswahl der Pflanzen, die Sie in Ihrem Garten anbauen können, ist das Klima. Die meisten von uns wissen, dass bedingt durch die Sonneneinstrahlung die Temperaturen umso höher sind, je näher man dem Äquator (also nach Süden) kommt, und dass man dort eher wärmeliebende und kälteempfindliche Pflanzen anbauen kann. Die kleinräumigeren Klimabedingungen sind jedoch oft genauso einflussreich. Beispielsweise gibt es nördlicher gelegene Orte, wo das Klima aufgrund warmer Winde milder ist als an weiter südlich gelegenen Orten.

Makroklima

Das Makroklima (oder Großklima) und betrifft große Gebiete wie einen Kontinent oder sogar eine kontinentenübergreifende Zone auf der Erdkugel. Das Klima dieser Zonen wird beeinflusst durch die geografische Breite, Entfernung vom Meer, Meeresströmungen, die Zirkulation der Atmosphäre usw.

Gebiete mit gleichem Klima fasst man z. B. in **Klimazonen** zusammen (polare, subpolare, gemäßigte, subtropische und tropische Zone). Die Kenntnis des Makroklimas Ihrer Region ist unentbehrlich, denn sie gibt Ihnen Hinweise darauf, welche Pflanzen sich dauerhaft anbauen lassen. Eine andere für Gärtner wichtige Einteilung ist die in **Winterhärtezonen**. In den USA beispielsweise sind es 13. In Deutschland kommen dagegen nur die Winterhärtezonen 6a bis 8b vor.

Mesoklima

Der Bereich des Mesoklimas liegt zwischen dem Makro- und dem Mikroklima. Beispielsweise können zwei Städte, die nur wenige Kilometer voneinander entfernt sind, unterschiedliche Mesoklimate haben. So kann es in der einen Stadt um einige Grad wärmer sein, da sie auf einem Hügel liegt, während die andere Stadt weiter unten in einem Frostloch liegt. Zu den Faktoren, die sich auf das Mesoklima auswirken, gehören z. B. die Höhenlage (Meter über dem Meeresspiegel), die Neigung des Geländes und die Ausrichtung (Himmelsrichtungen). Wenn Sie wissen wollen, welche Pflanzen Sie anbauen können, schauen Sie sich Gärten in der Nähe an. Sie werden ein ähnliches Mesoklima haben.

Mikroklima

Verschiedene Mikroklimate unterscheiden sich in winzigen Unterschieden hauptsächlich der Temperatur (aber auch der Feuchtigkeit und der Windverhältnisse) in bodennahen Schichten. In der Nähe des Hauses kann es beispielsweise ein paar Grad wärmer sein als ein paar Meter weiter weg. Oder vielleicht ist die Temperatur in der Nähe des Teiches milder als an einer nach Norden ausgerichteten Mauer. Das Mikroklima kann den Unterschied ausmachen, ob eine Pflanze einen Frost überlebt oder nicht, oder ob es ihr warm genug ist, um zu blühen. Deshalb sollte man unbedingt wissen, wo im eigenen Garten die wärmeren und kälteren Bereiche liegen.

Die gute Nachricht ist, dass man das Mikroklima bis zu einem gewissen Grad beeinflussen kann. So kann man z. B. Schatten erzeugen, indem man einen Baum pflanzt oder einen Schuppen aufstellt, während man die Sonneneinstrahlung erhöht, indem man eine Hecke einkürzt oder einen schattenwerfenden Ast entfernt. Um das Mikroklima im Garten geringfügig zu manipulieren, können Sie weiße Kieselsteine als Mulch unter die Pflanzen legen, um mehr Licht zu reflektieren. Wenn Sie eine Pflanze an einer frostgefährdeten Stelle anbauen, können Sie Schiefer um die Pflanze verteilen, der tagsüber Wärme absorbiert und nachts die Temperatur so hochhält, dass die Pflanze überleben kann.

Gegenüber: Die meisten Obstbaumarten wachsen am liebsten an warmen, nach Süden oder Südwesten ausgerichteten Wänden. *Unten:* Schiefer kann als Mulch auf der Oberfläche von Kübeln verwendet werden.

Mikroklimatisch wichtige Elemente Ihres Gartens

Es ist wichtig, dass Sie die Bedingungen in den verschiedenen Teilen Ihres Gartens kennen (Licht, Temperatur, Wind usw.). Wählen Sie die richtigen Pflanzen für diese Bereiche aus, die wärmsten und am besten geschützten Stellen sind für empfindlichere Arten reserviert. Zu den wichtigsten zu berücksichtigenden Bereichen bzw. Elementen des Gartens gehören:

- Hausseite (Bereich zwischen zwei Häusern), hier kann ein Windkanal entstehen.
- Kältesenken oder warme Mauern erfordern eine individuell passende Bepflanzung.
- Beete mit robusten hohen Pflanzen können Schutz vor Kälte und Wind bieten.
- Hochbeete haben eine bessere Dränage, so dass sich der Boden schneller erwärmen kann.
- Terrassen können aufgrund der kalten Oberfläche länger brauchen, um sich zu erwärmen.

Tipp: Mulchen Sie die Bodenoberfläche im Winter, um empfindliche Stauden zu schützen, die sich unter die Erde zurückgezogen haben. Die zusätzliche Isolierschicht sollte ihnen helfen, im nächsten Frühjahr wieder auszutreiben.

Frost und Wind

Unabhängig von der Größe des Gartens bestimmen verschiedene klimatische Faktoren, ob eine Pflanze darin gedeiht oder nicht. Dazu gehören z. B. die Ausrichtung des Gartens, Erhebungen und Senken, die Windexposition oder die Winterhärtezone Ihrer Region. Wenn Ihr Garten windexponiert oder in einer kühlen Senke gelegen ist, sollten Sie nach Pflanzen suchen, die unter diesen Bedingungen gut gedeihen – und die Schönheit eines frostigen Gartens im Winter genießen.

„Frostschutz"

Um Ihren Garten vor Frost zu schützen, können Sie unter anderem Folgendes tun:

- Warten Sie so lange wie möglich, bevor Sie junge Sämlinge auspflanzen.
- Härten Sie Sämlinge für einige Tage an einer geschützten Stelle oder in einem Frühbeet ab, bevor sie ins Freiland gepflanzt werden.
- Bedecken Sie empfindliche Pflanzen mit Vlies oder Glocken, wenn Frost vorhergesagt ist.

Frost kann Pflanzen schädigen. Wählen Sie daher besonders winterharte Sorten, wenn Ihr Garten an einer windigen oder kalten Stelle gelegen ist.

Frost

Frost kann ein echter Killer sein, wenn es um das Überleben von Pflanzen im Garten geht. Die kritischste Zeit für Pflanzen ist das Frühjahr, wenn neue Sämlinge aus dem Boden kommen und die Knospen aus ihrer Winterruhe hervorbrechen. Scharfe kalte Fröste im Frühjahr können sie zerstören, vor allem wenn die Pflanzen in den vorangegangenen Wochen wegen eines ungewöhnlich warmen Wetters zu früh hervorgelockt wurden.

Manche Gärten sind anfälliger für Fröste als andere. Das liegt zum Teil an den regionalen Witterungsbedingungen, aber ein Garten kann auch frostgefährdete Stelle und Kaltluftsenken aufweisen. Da warme Luft in der Regel aufsteigt, sind Gartenbereiche in Senken oder Tälern in der Regel am stärksten von ausgeprägtem Frost betroffen. Wenn Ihr Garten also am Fuße eines Hangs oder Hügels liegt, ist er besonders gefährdet. Manchmal verzieht sich der Frost bzw. die kalte Luft in tiefer gelegene Bodenpartien (wenn vorhanden), aber Bäume, Hecken, Mauern, Zäune und Gebäude können das Abfließen der kalten Luft verhindern. In der Nähe von Wasserflächen wie Flüssen, Seen und sogar Teichen können die Temperaturen leicht ansteigen.

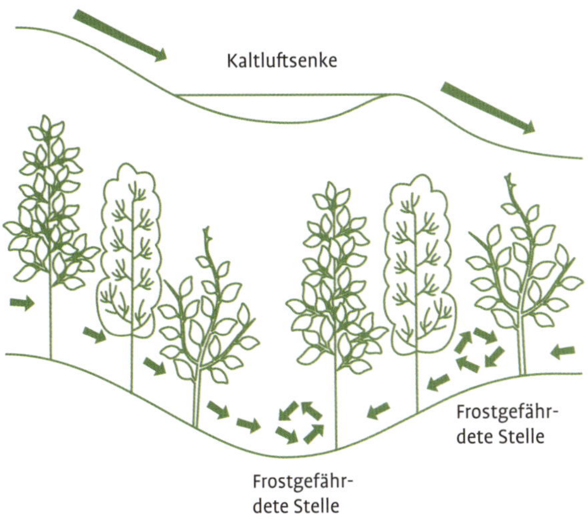

Wind

Starker oder kalter Wind kann eine empfindliche Pflanze schnell schädigen. Es lohnt sich, einen Garten vor der Bepflanzung auf die vorherrschende Windrichtung hin zu überprüfen und zu schauen, ob der Standort völlig ungeschützt ist oder wenigstens ein paar windstillere Plätze hat. Vielleicht möchten Sie einige Hecken als Windschutz anlegen.

Manche Pflanzen sind anfälliger für Windschäden als andere, daher sollten Sie sich vor dem Kauf informieren. Das feine Laub des Fächer-Ahorns z. B. wird bei starkem Wind zerfetzt und man sollte darauf in einem exponierten Garten verzichten. Pflanzen wie Weißdorn, Schlehe und andere Heckenpflanzen sind dagegen vollkommen unempfindlich und können auch den schlimmsten Witterungsbedingungen trotzen.

Pflanzen leiden nicht nur oberirdisch unter dem „Wind-Zausen", wenn sie hin und her geschüttelt werden, auch das Wurzelsystem wird geschädigt. Deshalb schneidet man Pflanzen wie z. B. Rosen im Herbst leicht zurück, damit sie nicht so viel Angriffsfläche bieten, wenn der Winterwind sie erfasst.

Windschutz für Pflanzen

Hecken sind am besten als Windschutz geeignet, da sie den Wind „weicher" brechen, seine Geschwindigkeit bremsen und die Auswirkungen der Schäden verringern. Mauern und Zäune mögen auf den ersten Blick einen besseren Schutz bieten, aber sie verursachen sehr oft mehr Schäden, da der Wind über die Mauerkrone geht und auf der abgewandten Seite, wo die schutzbedürftigen Pflanzen stehen, einen Sog mit schnellen Wirbeln erzeugt. Man kann auch Windschutzzäune installieren, die den Wind abbremsen sollen, ihr Aussehen ist aber Geschmackssache.

SCHRITT FÜR SCHRITT

LERNEN SIE IHREN BODEN KENNEN

Es ist wichtig zu wissen, welche Art von Erde Sie im Garten vorfinden, denn davon hängt das Gedeihen der Pflanzen ab. Eine Pflanze, die in der falschen Erde wächst, wird kränklich und kann sogar zugrunde gehen. Bevor Sie etwas in den Boden pflanzen, sollten Sie die Beschaffenheit des Bodens testen, um festzustellen, ob es sich eher um sandigen, schluffigen oder tonigen Boden handelt, denn das entscheidet, ob der Boden beispielsweise wasserdurchlässig oder fruchtbar ist. Sie können auch den Säuregehalt des Bodens testen, der ebenfalls Einfluss darauf hat, welche Pflanzen Sie erfolgreich anbauen können.

Ein Boden wird bezüglich der Korngrößen seiner Bodenpartikel in drei Kategorien eingeteilt – Sand-, Schluff- und Tonboden. Tonboden hat die kleinsten Partikel und entwässert daher schlecht, hält aber Nährstoffe gut zurück. Sandige Böden sind das Gegenteil, sie haben größere Partikel, die eine gute Dränage ermöglichen, aber die Nährstoffe werden nicht gut festgehalten. Schluff liegt zwischen den beiden Bodenarten. Eine Mischung aus Ton, Schluff und Sand in etwa gleichen Anteilen ist Lehm. Mit einem Texturanalyse-Test (siehe nebenstehend) können Sie feststellen, welche dieser Bestandteile ihr Boden hauptsächlich hat.

Sie können alle drei Bodenarten verändern oder verbessern, indem Sie organische Stoffe einarbeiten. Dadurch werden die Räume zwischen den winzigen Partikeln in Tonböden geöffnet, was die Dränage und Belüftung verbessert. Bei sandigen oder schluffigen Böden verbinden die organischen Stoffe die großen Bodenteilchen und helfen ihnen, Wasser zu absorbieren und Nährstoffe länger zu speichern. Man könnte meinen, die Zugabe von Splitt zu einem Tonboden würde die Dränage verbessern, aber das Gegenteil kann passieren: Die winzigen, klebrigen Partikel verbinden sich mit dem Splittsteinchen und der Boden verfestigt sich wie Beton.

Böden können auch auf ihren Säuregehalt hin getestet werden. Einige Pflanzen bevorzugen einen leicht sauren Boden, während andere neutrale oder alkalische Bedingungen bevorzugen. Der Säuregehalt des Bodens wird mit pH-Testsets für Böden gemessen (im Gartenhandel erhältlich). Diese sind einfach zu handhaben und liefern recht zuverlässige Werte. Wenn Sie jedoch viel Zeit und Geld in Ihren Garten investieren, können Sie Bodenproben an ein Labor für Bodenuntersuchungen schicken, um genauere Ergebnisse zu erhalten. Ein pH-Wert von 7 ist neutral, während ein niedrigerer Wert als sauer und ein höherer als alkalisch gilt. Der ideale Boden sollte im pH-Wert zwischen 6,5 und 7,5 liegen. Pflanzen mit einer Vorliebe für leicht sauren Boden (pH 5 bis 6,5) sind unter anderem Rhododendren, Kamelien, Magnolien, Heidelbeeren und einige Heidepflanzen. Zu den Pflanzen, die in alkalischen Böden (pH-Wert über 7) gut gedeihen, gehören Flieder, Lavendel, Perückenstrauch, Maiglöckchen, Geißblatt und Königskerze.

Um den pH-Wert des Bodens anzuheben, wird häufig Kalk verwendet, wobei die auf der Packung angegebene Dosierung zu beachten ist. Holzasche ist eine natürliche Alternative, aber nicht so lange wirksam. Bringen Sie etwa eine Schaufelladung pro Quadratmeter aus.

1. Entnehmen Sie eine Handvoll Erde aus dem Bereich des Gartens, den Sie testen möchten, und geben Sie sie in eine Untertasse. Fügen Sie etwas Wasser hinzu, um die Erde leicht anzufeuchten, und rühren Sie sie um, bis eine feuchte Paste entsteht.

2. Formen Sie die Bodenprobe zu einer Kugel – etwa in der Größe eines Tischtennisballs – und lassen Sie sie einige Minuten lang trocknen.

3. Drücken Sie die Kugel leicht zwischen Zeigefinger und Daumen. Wenn sie sofort zerbröckelt, ist die Probe ein Sandboden. Zerbröckelt sie nicht, können Sie weitertesten.

4. Versuchen Sie als Nächstes, die Kugel in eine Band- oder Wurstform zu bringen. Wenn die Form zerbröckelt, handelt es sich bei der Probe um einen schluffigen Boden.

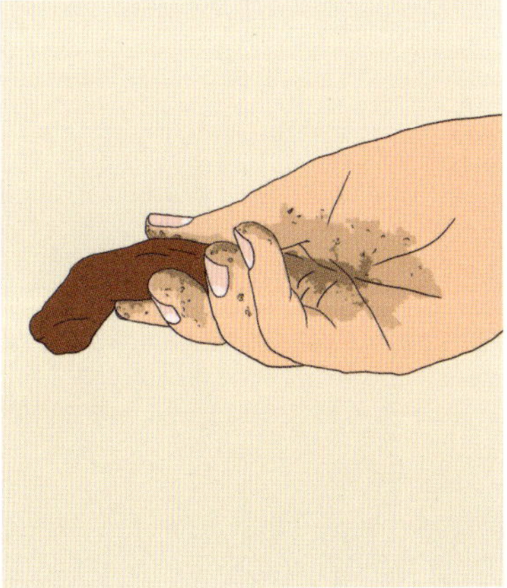

5. Behält der Boden seine Wurstform, handelt es sich um einen Tonboden.

Heidekräuter

Die klassischen Pflanzen von Heidelandschaften mit ihren sauren Böden sind die Heidekräuter (Gattung *Erica*), die zur großen Familie der Heidekrautgewächse (Ericaceae) gehören. Wenn Sie Heidekräuter kultivieren möchten, aber alkalischen Boden haben, sollten Sie sie in Pflanzkübeln mit torffreier Rhododendron- oder Moorbeeterde anbauen.

Einige Heidepflanzen, wie *Erica carnea* und *E.* × *darleyensis* gedeihen jedoch besser in neutralen oder alkalischen Böden.

KAPITEL 3

GARTEN-GESTALTUNG

Dieses Kapitel zeigt Ihnen im Detail, wie man sich raffinierter, fachmännischer Tricks zur Gestaltung des perfekten Gartens bedienen kann. Zuerst widmen wir uns dem Garten als dreidimensionalem Raum und dem Konzept der Perspektive. Es ist erstaunlich, wie sich der Blick auf einen Garten durch die Positionierung von Pflanzen oder Objekten im Vordergrund, im Hintergrund oder in einer Reihe verändert. Die sorgfältige Platzierung von Kernbausteinen wie Wegen, Lauben, Freisitzen, Hochbeeten, Gartenschuppen und sogar Komposthaufen lässt sich nutzen, um einen Raum einladend und angenehm erscheinen zu lassen.

Außerdem erfahren Sie, wie man dekorative Beete und Rabatten gestaltet und verschiedene Blickwinkel mit einbezieht. Wir widmen uns dann der Schlüsselrolle von Farbe und Textur für die Stimmung eines Gartens – er kann anregend oder beruhigend wirken, je nach der Farbpalette, die man auswählt.

Es gibt Vorschläge, wie man eine versteckte Ecke anlegen kann, sofern man sich nach einem ruhigen Sitzbereich im Garten sehnt. Außerdem finden Sie Tipps, wie man die Vertikale gestaltet, denn, seien wir ehrlich, nicht alle von uns haben viel horizontalen Platz zur Verfügung. Und schließlich wird Schritt für Schritt erklärt, wie man einen Gestaltungsplan erstellt, damit all diese Elemente miteinander vernetzt werden können.

Ihr Garten als Raum in 3D

Bei der Anlage eines Gartens sollte man daran denken, dass es sich um einen dreidimensionalen Raum handelt, der eine Länge, Breite und Höhe hat. Es lohnt sich, dies zu berücksichtigen und dazu noch die Perspektive des Betrachters zu beachten, d. h. wie der Garten aus verschiedenen Blickwinkeln aussieht. Mit einigen grundlegenden Gestaltungstricks lässt sich die räumliche Wirkung eines Gartens verändern. Breite Gärten können zum Beispiel länger und schmaler, schmale Gärten breiter wirken. Selbst die kleinsten Räume können viel größer erscheinen, wenn sie geschickt gestaltet sind.

Die meisten Menschen sehen ihren Garten von der Rückseite des Hauses aus oder wenn sie ihn durch die Hintertür betreten. Diese Stelle eignet sich daher gut, um zu entscheiden, wie die Form und die Sichtachsen Ihres Gartens gestaltet werden sollen und welche Elemente Sie einbeziehen möchten, z. B. Wege und Terrassen, Solitärbäume oder andere Strukturen wie Bögen, Lauben und Pergolen. Sie sollten aber auch darüber nachdenken, wie der Garten aus anderen Blickwinkeln aussieht. Versuchen Sie z. B. ihn von einem Schlafzimmer oder Arbeitszimmer aus zu betrachten, in dem Sie viel Zeit verbringen. Aussichtspunkte (von oberen Stockwerken) bieten nicht nur einen schönen Blick aus der Vogelperspektive, sondern Sie können auch Formen gestalten, die aus der Vogelperspektive attraktiv aussehen. Spiegelungen in Teichen z. B. lassen sich von oben besser bewundern. Denken Sie auch daran, wie der Anblick des Gartens von den Sitzplätzen oder einer Laube aus erscheint.

Vergessen Sie zudem bei der Auswahl der Pflanzen die jahreszeitliche Veränderung des Gartens nicht. Sie könnten einen Laubbaum wie die Eberesche (*Sorbus aucuparia*) oder den Holz-Apfel (*Malus sylvestris*) wegen der Frühjahrsblüte, der Herbstfärbung und des Beerenschmucks pflanzen.

Länge und Breite

Perspektive bedeutet, wie ein Garten aussieht, wenn man ihn von verschiedenen Positionen aus betrachtet. Glücklicherweise kann man die Perspektive mit optischen Tricks manipulieren, um das Erscheinungsbild des Gartens zu verändern.

Wenn ein Garten lang und schmal ist, kann man ihn breiter erscheinen lassen, indem man die Breite betont. Eine niedrige Hecke oder ein Weg, der von einer Seite zur anderen führt, lenkt den Blick auf den Rand des Gartens und nicht auf das Ende, so dass der Raum breiter wirkt. Oder ein breiter Garten kann länger wirken, indem man Wege und Pflanzenreihen anlegt, die durch den Raum führen.

Um die Länge eines Gartens zu betonen, können Sie versuchen, einen Weg zum Ende hin zu verjüngen, oder Sie platzieren sich wiederholende Elemente wie Rosen oder aufrechte Bäume entlang der gesamten Fläche, dabei stehen niedrigere Exemplare in der Nähe des Hauses und die höheren wachsen zur Grenze hin in immer größer werdenden Exemplaren. Wenn Sie die Perspektive verkürzen wollen, weil der Garten zu lang ist, gehen Sie einfach den umgekehrten Weg, indem Sie im vorderen Bereich höhere Pflanzen und im hinteren Bereich niedrigere Pflanzen verwenden.

Ein Garten kann größer wirken, wenn Teile verdeckt sind. Hier scheint sich der Garten um die Ecke fortzusetzen und lädt die Besucher zum Erkunden ein.

Farbtricks

Sie können Farben im Garten einsetzen, um die Vorstellung von Distanz zu verändern. Wenn Sie strahlende oder warme Farben wie Rot, Rosa und Orange im Beet verwenden, wirken sie, als wären sie näher am Haus als sie tatsächlich sind. Umgekehrt wirken kühlere Farben wie Weiß, Blau und Grün weiter entfernt.

Folge dem Weg ...

Wege sind praktisch, denn sie ermöglichen es, von einem Gartenbereich zum anderen zu gelangen, aber sie sind weit mehr als nur funktional. Sie können auch ein wichtiger Teil der Gestaltung sein, indem sie verschiedene Teile des Gartens visuell miteinander verbinden. Wege lassen sich nutzen, um von einem interessanten Bereich zu einem anderen zu leiten und dem Garten spannende Muster und Formen hinzuzufügen.

Lange, verschlungene, kurvige oder gewundene Wege können dazu dienen, die Wanderung durch einen Garten zu verlängern. Sie können das Gefühl von mehr Raum noch verstärken, indem Sie einen Weg anlegen, der außer Sichtweite führt. Selbst wenn das Ziel nur ein versteckter Komposthaufen ist, so entsteht dadurch nicht nur ein Gefühl des Geheimnisvollen, sondern der Garten scheint an anderer Stelle weiterzugehen und wirkt daher viel größer, als er tatsächlich ist.

Gerade Linien hingegen geben der Gestaltung ein strukturiertes Rückgrat. Viele großartige Gärten sind um eine gerade Achse herum konzipiert, die den Raum an wichtigen Punkten halbiert. Versuchen Sie, einen Weg quer durch den Garten zu führen, um ein Gefühl von Breite zu schaffen und den Blick nach draußen zu lenken.

Materialien für Wege

Die für einen Weg verwendeten Materialien können die Attraktivität von Pflanzen und anderen Elementen verstärken. Die Wahl des Materials kann sogar die Atmosphäre eines Gartenraumes beeinflussen.

Holzhäcksel Wege aus Hackschnitzel oder Häcksel sind ideal für informelle Gärten, vor allem unter einem Blätterdach oder zwischen Zwiebelpflanzen in den Gehölzpflanzungen größerer Gärten. Das Material ist außerdem preiswert und Hackschnitzelwege sind einfach zu bauen. Ebnen

Sie einfach den Boden an der Stelle, an der der Weg verlaufen soll, ein und verteilen Sie die Hackschnitzel etwa 6 cm hoch. Der Weg muss alle ein bis zwei Jahre nachgefüllt werden, da sich das Material langsam zersetzt. Wenn Sie den Weg auf beiden Seiten mit Ästen einfassen, verhindern Sie, dass sich die Holzstückchen in Beeten und Rabatten ausbreiten.

Splitt Geeignet für formale und informelle Gestaltungen, gibt es Splitt in verschiedenen Materialien und Farben, wobei die Körnung etwa 8–16 oder 16–32 mm betragen sollte. Im Vergleich zu Pflaster- und Steinbelägen ist er relativ günstig in der Anschaffung. Um einen Weg anzulegen, muss der Splitt auf einer Folie oder einem Gartenbauvlies verteilt werden, damit er nicht im Laufe der Zeit im Boden verschwindet. Es ist ratsam, einen Splittweg mit einer Einfassung zu versehen, z. B. aus Ziegeln oder Holz, damit der Splitt nicht woanders hinwandert.

Gras Ein grüner Grasweg ist weich beim Begehen und angenehm für das Auge. Er ist auch recht einfach und billig anzulegen, entweder man sät Grassamen oder verlegt Rollrasen. Er muss aber regelmäßig gemäht werden. Wählen Sie eine Mischung aus strapazierfähigen Gräsern, die mit der Begehung zurechtkommen.

Naturstein und Ziegel Wege aus Stein oder Ziegeln sind am haltbarsten und auch pflegeleicht. Natursteinplatten oder Pflaster gibt es in unterschiedlichen Preislagen zu kaufen. Recycelte Ziegelsteine vermitteln das Gefühl eines Landhausgartens, während neuere Ziegelsteine und Pflastersteine sehr modern wirken.

Gegenüber: Splitt- oder Kieswege sind einfach zu verlegen und verleihen einem Raum ein informelles Flair.
Rechts: Holz ist ein warmes, natürliches Material, das sowohl in modernen als auch in traditionellen Gärten gut eingesetzt werden kann.

Hochbeete

Hochbeete werden häufig zum Anbau von Gemüse und Kräutern verwendet, aber auch viele andere Pflanzen lassen sich darin kultivieren. Sie bieten eine wesentlich bequemere Höhe für die Gartenarbeit als der Anbau direkt im Boden, da man sich nicht bücken und den Rücken belasten muss. Hochbeete sind ideal für Menschen mit Mobilitätseinschränkungen oder einfach für diejenigen, die es bei der Arbeit bequemer haben wollen.

Ein Hochbeet ist einfach ein erhöhter Bereich für den Anbau von Pflanzen, der normalerweise von einem Holzrahmen eingefasst und mit Erde gefüllt ist. Wenn Sie sich dafür entscheiden, Pflanzen auf diese Weise anzubauen, hat das viele Vorteile:

- Die Erde in Hochbeeten wird nicht verdichtet, weil sie nicht betreten wird.
- Substrat oder Kompost erwärmen sich schneller als im offenen Garten, da das Beet weit über dem Bodenniveau liegt.
- Die Arbeit ist bequemer.
- Ränder von Hochbeeten müssen im Gegensatz zu Rasenflächen nicht ständig gepflegt werden, damit kein Gras hineinwächst.
- Sie eignen sich als Gestaltungselement, das dem Garten Struktur verleiht.
- Hochbeete haben eine bessere Dränage und sind eine gute Lösung, wenn Ihr Garten einen schlechten Boden hat oder Probleme mit Schädlingen und Krankheiten auftreten.

Hochbeete können im oberen Bereich mit Mutterboden, Universal-Blumenerde oder selbst gemachtem Gartenkompost gefüllt werden. Sie können also eine Erde wählen, die sich für Ihren geplanten Pflanzenbestand eignet. Wenn Sie z. B. Kräuter anbauen möchten, können Sie der Erde viel Splitt hinzufügen, um die Dränage zu verbessern. Wenn Sie Preiselbeeren oder Heidelbeeren anbauen wollen, können Sie torffreie Blumenerde verwenden, die Sie mit verrotteten Kiefernnadeln mischen, um den pH-Wert zu senken.

Wenn Ihr Garten von einem besonders lästigen, mehrjährigen Unkraut wie Acker-Winde oder Giersch heimgesucht wird oder der Boden von Krankheitserregern wie dem Verursacher von Kohlhernie befallen ist, kann der Bau eines Hochbeetes abseits dieser Bereiche eine Lösung für den Anbau in frischer, neuer Erde sein.

Hochbeete bringen in der Regel auch einen höheren Ertrag als der Anbau direkt in Boden, weil sich das Substrat schneller erwärmt und eine bessere Dränage hat, d. h. es bleibt nicht lange nass und kalt. Außerdem kann man sie auch auf harten Oberflächen wie Terrassen oder Beton aufbauen, doch sie entwässern wesentlich besser, wenn sie direkt über der Erde oder auf einem Rasen angelegt werden.

Bau eines Hochbeetes

Einige Hochbeete sind tatsächlich nur so hoch wie ein breites Holzbrett, also etwa 20 cm. Wenn Sie jedoch Bewegungseinschränkungen oder einen lädierten Rücken haben, sollten Sie ein höheres Beet wählen. Die Höhe eines Tisches ist wahrscheinlich für die meisten Menschen die bequemste Position. Bedenken Sie jedoch, dass Sie umso mehr Erde benötigen, je höher das Beet ist.

Idealerweise ist ein Hochbeet nicht breiter als 1,50 m. Damit sollten Sie von allen Seiten bequem in das Beet hineinreichen können, um die Pflanzen zu versorgen. Sie können Hochbeete als Bausatz kaufen und vor Ort aufbauen, aber sie lassen sich auch leicht von Grund auf neu bauen.

- Eine billigere Alternative zu einem Bausatz ist der Bau eines eigenen Hochbeetes, indem man behandelte Holzbretter an vier Eckpfosten schraubt, um ein rechteckiges Beet zu erhalten.
- Hochbeete lassen sich auch aus Ziegelsteinen oder Betonsteinen bauen, obwohl es ein gewisses Maß an Geschick erfordert, das Material mit Mörtel aufzumauern.
- Für kleinere Flächen eignen sich auch etliche wiederverwendete Materialien zum Bau mobiler Beete, die dann mit Erde gefüllt werden. Dazu gehören Stapel von Gummireifen, große Müllsäcke (aus Polypropylen) oder Holzpaletten, die zusammengeschraubt und mit einem durchlässigen Geotextil ausgekleidet werden.

Gegenüber: Hochbeete können aus verschiedenartigen Materialien hergestellt werden, auch aus Beton.
Unten: Die charakteristischen hölzernen Obstkisten lassen sich zu einer Reihe kleiner Hochbeete umfunktionieren.

Kultur im Schlüsselloch-Beet

Ein Schlüsselloch-Beet ist eine Variante eines traditionellen Hochbeets. Von oben betrachtet hat es die Form eines Schlüssellochs, in dessen Mitte sich ein Komposthaufen befindet. Bei diesem nachhaltigen Anbausystem müssen die Pflanzen weniger bewässert oder gedüngt werden als in einem offenen Garten. Schlüsselloch-Beete sind kostengünstig und erfordern nur minimale Heimwerkerfähigkeiten. Als Resultat erhalten Sie einen fruchtbaren Boden, der sowohl für Gemüse als auch für Zierpflanzen geeignet ist. Ein Schlüsselloch-Beet ist auch ein tolles Gesprächsthema im Garten.

Schlüsselloch-Beete werden oft aus Feldsteinen aufgeschichtet, aber andere Materialien, darunter Holz oder wie in diesem Beispiel Ziegelsteine, eignen sich ebenfalls.

Ein Schlüsselloch-Beet ist in der Regel rund und hat einen kuchenstückförmigen Zugang oder einen Weg, der aus der Kreisform herausgeschnitten ist. Über diesen Zugang kann man leicht in die Mitte des Beets gelangen. Der Komposthaufen ist das Herzstück dieses nachhaltigen Systems, weil er nach und nach die Nährstoffe in den umgebenden Boden des Hochbeets abgibt und so den Düngerbedarf reduziert. Durch die Feuchtigkeit des Haufens verringert sich auch der Bedarf an Bewässerung.

Die Idee des „*Keyhole Gardening*" stammt ursprünglich aus Lesotho in Südafrika, wo die Menschen auf unfruchtbaren Böden ihre schlüssellochförmigen Beete anlegten, wozu sie kostenlose, in der Umgebung aufgefundene Materialien wie Felsbrocken oder Steine nutzten. Der Komposthaufen in der Mitte des Beetes wurde regelmäßig mit organischem Material aufgefüllt. Daraus sickerten Stoffe in den Boden, erhöhten so die Fruchtbarkeit und verringerten den Bedarf an Wasser.

Traditionell bestand der „Korb" (die Umrandung) des Komposthaufens aus einem durchlässigen Material wie Schilf oder Stroh, aus dem die Nährstoffe langsam ausgewaschen wurden. Heutzutage können diese Beete aus jedem Material hergestellt werden, auch aus Ziegeln oder Holz, aber das übliche Material ist Stein, weil es sich leicht stapeln und in der Form eines Schlüssellochs auslegen lässt. Die Größe des Beetes lässt sich an die Abmessungen Ihres Gartens anpassen.

Wie man ein Schlüsselloch-Beet baut

1. Markieren Sie einen Kreis mit einem Durchmesser von 3 m und „trennen" Sie dann ein dreieckiges Segment in Form eines Kuchenstücks von außen nach innen heraus.
2. Stecken Sie drei oder vier Holzpfähle aufrecht ins Zentrum des Kreises, um hier einen runden Komposthaufen mit einem Durchmesser von etwa 50 cm zu schaffen. Wickeln Sie für den Komposthaufen ein 60 cm hohes Stück Hühnerdraht um die Pfosten. Schneiden Sie mit einer Drahtschere eine 20 × 20 cm große „Klappe" bodennah in den Draht, damit Sie den Kompost bei Bedarf entleeren können.
3. Verwenden Sie z. B. Natursteine oder Ziegelsteine, um die äußere Stützmauer bis zu einer Höhe von 50 cm aufzuschichten. Die Steine lassen sich einfach übereinander stapeln, sind aber stabiler, wenn sie mit Mörtel verbunden werden. Stapeln Sie auch Steine auf beiden Seiten des Weges, der zum zentralen Kompostbehälter führt, bis zu einer Höhe von 50 cm.
4. Füllen Sie das Beet außen mit organischem Material wie Gartenkompost und Erde auf. Die Oberfläche dieses Materials sollte in der Mitte höher und in der Nähe der Stützmauer niedriger sein, damit die Nährstoffe nach außen und nach unten wandern können.
5. Füllen Sie den Komposthaufen (innen) mit kompostierbarem Material auf und fügen Sie immer wieder organische Abfälle hinzu (siehe Seite 100–101). Wenn der Kompost reif ist, verteilen Sie ihn auf der Oberfläche des Substratrings außen.
6. Pflanzen Sie junge Gemüsepflanzen ein und kultivieren Sie sie wie gewohnt, meist brauchen sie weniger Wasser und Dünger.

Dekorative Beete und Rabatten

Eine der wichtigsten Überlegungen bei der Gestaltung eines Gartens betrifft die Form der Beete und Rabatten. Die meisten kleinen bis mittelgroßen Gärten haben lange, schmale, rechteckige Beete, die den Rand eines Hofes oder einer Rasenfläche rahmen. Es gibt aber auch viele weitere spannende Formen, mit denen Sie Leben in Ihren Garten bringen können.

Eine Kurve als Beetbegrenzung einfügen

Anstelle einer geraden Beetumrandung könnten Sie eine schwungvolle Kurve schaffen. Damit dieser Ansatz gut funktioniert, müssen Sie mutig sein und die Linie übertreiben. Eine sanfte Biegung bleibt entweder unbemerkt oder es sieht so aus, als ob Ihre geraden Linien krumm geraten wären.

Ziehen Sie also eine ausladende Kurve quer durch den halben Garten in Betracht, so dass das Beet im hinteren Teil breiter beginnt und zum Haus hin viel schmaler wird. So entsteht ein Beet mit viel spannender Tiefe und eine schöne breite Ecke im hinteren Teil des Gartens, in die Sie hochwachsende Pflanzen setzen können.

Großzügige Beete

Legen Sie die Beete in Ihrem Garten groß genug an. Wenn möglich, dürfen sie fast die Hälfte der Fläche einnehmen. Mit räumlich tiefen Rabatten entsteht der Eindruck, mitten in den Blumen zu sitzen. Große und kühn geformte Beete verändern die Gartenerfahrung in Ihrem Garten völlig.

Inselbeete

Blumenbeete müssen nicht am Rand des Gartens abgedrängt sein, so als hätte irgendeine Kraft sie zur Seite geschoben. Legen Sie stattdessen Inselbeete an, um die man herumgehen und die man erkunden kann. So wirkt der Raum dynamischer. Legen Sie versuchsweise ein Stück Gartenschlauch auf dem Rasen aus, bevor Sie das Beet ausheben, um herauszufinden, welche Form Sie bevorzugen oder was am besten in den Gartenraum passt.

Blickfang

Ein Garten profitiert in der Regel davon, einen oder mehrere Blickfänge zu haben. Dabei wird der Blick auf ein gezielt platziertes Objekt oder Merkmal gelenkt und der umgebende Bereich darauf abgestimmt. Ganz gleich, ob man auf den Zielpunkt einer Blickachse zugeht oder ihn nur von fern ansieht, er gibt dem Auge einen Ruhepunkt. So entsteht Bedeutung und Verankerung in einem ansonsten leeren Raum.

Platzierung eines Blickfanges

Blickfänge können eine Gartengestaltung zusammenhalten. Sie lenken den Blick in bestimmte Richtungen, was der Dynamik des Gartens und seiner Wahrnehmung zugutekommt. Sie können auch gezielt von etwas anderem ablenken. Gibt es im Garten z. B. einen unansehnlichen Schuppen oder Komposthaufen, so lenkt ein interessanter Blickfang auf der anderen Seite die Aufmerksamkeit von der Hässlichkeit weg.

Einer der wirkungsvollsten Orte für einen Blickfang ist das Ende eines Weges. Wenn stattdessen ein Weg einfach in einer Sackgasse endet, kann sich der Spaziergang sinnlos anfühlen. Sie können einen Blickpunkt auch dort platzieren, wo zwei oder mehr Wege zusammentreffen, oder am Ende eines Beetes, als Element auf einer Rasenfläche oder in der Mitte eines Inselbeetes.

Ideen für Blickfänge

Ein Blickfang kann alles sein, solange er deutlich ins Auge fällt und strategisch so platziert ist, dass er die Aufmerksamkeit auf sich zieht. Statuen z. B. werden schon seit Jahrhunderten als Blickfang verwendet. Aber eine Statue muss nicht groß und prächtig sein – sie kann auch bescheiden und klein sein und gerade genügen, um die Aufmerksamkeit auf sich zu ziehen. Weitere Ideen für Blickpunkte sind: Sonnenuhr, Gartenteich oder Wasserfontäne, Topfpflanze oder Pflanzengruppe, beeindruckende Solitärpflanze, Solitärbaum in der Rasenfläche (vielleicht in Trauer- oder Säulenform oder mit schöner Herbstfärbung), Bank oder Stuhl, an der Wand oder am Zaun befestigtes Bild oder Wasserspiel, freistehende Skulptur oder Kunstwerk, Vogelfutterstelle oder -tränke.

Gegenüber: Kurven in einem Weg machen einen ansonsten geradlinigen Entwurf interessanter.
Rechts: Der Blickfang am Ende des Weges erweckt Aufmerksamkeit.

Freude an Farbe und Textur

Farbe im Garten zählt zu den wichtigsten Faktoren, die uns Freude machen. Aber auch die Textur (die Oberflächenbeschaffenheit) ist wichtig. Daran sollte man unbedingt denken, wenn man versucht, ein bestimmtes Ambiente oder eine bestimmte Atmosphäre zu schaffen. Denn natürlich sorgen nicht nur Blumen für Farbe. Auch Materialien, die zur Gestaltung des Gartens verwendet werden, wie z. B. für Wege, Mauern und Zäune, oder Elemente wie Wasserspiele tragen zu Farbe und Textur bei. Durch eine sorgfältige Planung der Bepflanzung können Sie einen Garten schaffen, der Sie entweder anregt oder beruhigt.

Der Farbkreis

Verwenden Sie bei der Gestaltung eines Gartens einen Farbkreis, um zu sehen, welche Farben sich ergänzen und welche sich gegenseitig stören. Ein Farbkreis basiert auf drei Primärfarben (Rot, Gelb und Blau). Dazwischen stehen die Sekundärfarben (Orange, Grün und Violett) und die Tertiärfarben (Rotorange, Gelborange; Gelbgrün, Blaugrün; Blauviolett, Rotviolett). Zwei Farben, die sich im Farbkreis gegenüberstehen, nennt man Komplementärfarben, sie erzeugen einen starken Kontrast.

Pflanzgruppen wirken am besten in Dreiergruppen oder anderen ungeraden Zahlen. Versuchen Sie also, ein Trio von Farben zu verwenden, eine aus jedem Drittel des Farbkreises, und in gleichmäßigen Abständen zu setzen, um eine attraktive Farbkombination zu schaffen. Vergessen Sie nicht, dass auch Früchte Farbe in den Garten bringen. Das Laub von immergrünen Sträuchern oder Rasenflächen können einen neutral grünen Hintergrund bieten, um Farben zur Geltung zu bringen.

In den nebenstehenden Beispielen können Sie sehen, welche Farbauswahl welche Stimmung erzeugt, Sie können sich also für eine beruhigende oder eine lebhaftere Farbpalette entscheiden. Wenn Sie genügend Platz haben, können Sie beide Paletten ausprobieren, indem Sie mit beruhigenden Farben beginnen und zu kräftigen Farben übergehen, bevor Sie die ruhige Stimmung sanft wiederherstellen. Spielen Sie mit den Farben, um zu sehen, wie sie sich auf Ihre Stimmung auswirken.

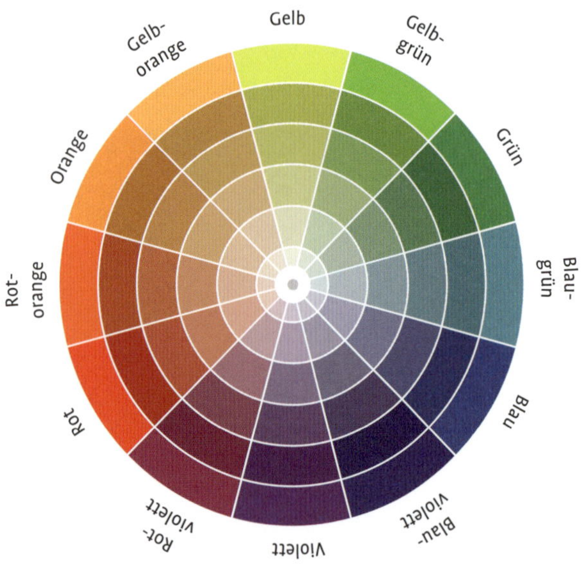

Die Verwendung eines Farbkreises bei der Auswahl von Pflanzen kann Ihnen helfen, sich vorzustellen, welche Farben miteinander kollidieren oder sich ergänzen werden.

Erstellen eines Pflanzplanes

Sie können die Kraft der Farben nutzen, um die Stimmung eines Gartens zu beeinflussen, z. B. können Sie mit warmen Farben eine fröhliche oder mit gedämpften Farben eine beruhigende Atmosphäre schaffen. Berücksichtigen Sie die Auswirkungen der Jahreszeiten auf das Farbschema sowie die Wirkung der Textur.

Ruhe Pastellfarbene oder gedämpfte Farben haben im Allgemeinen eine entspannende, beruhigende Wirkung im Garten. Verwenden Sie weiche Nuancen von Weiß, Creme, Grün, Blau und Mauve, um Gelassenheit und Ruhe zu vermitteln. Vermeiden Sie grelle Farbkontraste und pflanzen Sie in Blöcken, die sanft und allmählich ineinander übergehen.

Lebendigkeit Verwenden Sie kräftige Farben, um aufregende Blumenrabatten zu schaffen, die für Begeisterung sorgen. Dazu gehören Rot- und Orangetöne, Gelb- und Pinktöne. Je leuchtender, desto besser. Scheuen Sie sich nicht, die Farben zu mixen, um etwas Lebendigkeit zu erzeugen.

Saisonalität Berücksichtigen Sie bei der Farbplanung die Jahreszeiten. Pflanzen mit Herbstfärbung und Früchten kommen erst später im Jahr zur Geltung, während andere im Frühjahr ihren Zauber entfalten und dann wieder in der Bedeutungslosigkeit versinken. Um sich vorzustellen, welche Farben wann erscheinen, muss man sorgfältig planen. Es kann einige Jahreszeiten dauern, bis man sieht, wie die Pflanzen und ihre Farben im Laufe des Jahres zusammenwirken.

Textur Auch diese kann in einem Beet wirkungsvoll eingesetzt werden. Ob stachelige Kakteen, die filigranen Samenstände von Ziergräsern oder die federartigen Wedel von Farnen – Pflanzen, die in Gruppen gesetzt bestimmte Oberflächenbeschaffenheiten präsentieren, können die Pflanzung zusammenhalten.

Ein Garten zum Entspannen

Ein Garten bedeutet nicht nur körperliche Arbeit. Er lädt uns auch ein, zu entspannen und zu genießen. Sinnvoll ist es, dafür einen ansprechenden Sitzbereich zu schaffen. Egal ob Tische und Stühle für Mahlzeiten im Freien, Holzbank, Hängematte, Liegestuhl oder Gartensofa und Sitzsäcke aus strapazierfähigem Outdoor-Stoff – erlaubt ist, was gefällt und dem Wetter trotzt.

Sitzplätze

Stellen Sie die Sitzgelegenheiten so auf, dass Sie die beste Aussicht auf den Garten haben. Selbst in einem kleinen Garten oder Innenhof ist es viel angenehmer, auf ein Blumenbeet, einen Blumenkübel oder auf einen zentralen Blickfang zu schauen. Bänke lassen sich auch aufstellen, um Wildtiere zu beobachten, z. B. Vögel am Futterhäuschen. Achten Sie darauf, dass eine gewisse Distanz vorhanden ist, um sie nicht zu stören.

Wenn der Garten groß genug ist, können Sie mehrere Bereiche strategisch so platzieren, dass sie zum Frühstück oder zum Genuss einer Tasse Kaffee die Morgensonne einfangen, und andere Stellen nach Süden oder Südwesten ausrichten, um abends zu entspannen und sich zu unterhalten. Für Mahlzeiten im Freien erleichtert es das Leben sehr, wenn sich der Sitzbereich in der Nähe des Hauses befindet, so dass Teller, Besteck, Speisen und Getränke bequem nach draußen und wieder nach drinnen gebracht werden können.

Ein Baldachin über dem Kopf

Überlegen Sie, ob Sie lieber in der Sonne oder im Schatten sitzen möchten. Eine Pergola oder Laube über einem Sitzplatz eignet sich gut als sommerlicher Schattenspender gegen die Mittagssonne. Man kann auch Kletterpflanzen an den Pfosten hochwachsen lassen. Die Bepflanzung mit nachts duftenden Blumen wie Nachtkerze (*Oenothera biennis*), Berg-Tabak (*Nicotiana sylvestris*) oder vielleicht Sternbalsam (*Zaluzianskya ovata*) kann das magische Erlebnis noch verstärken, wenn man an einem warmen Sommerabend draußen sitzt.

Geschützte Sitzecken

Durch die Abschirmung eines Sitzplatzes können Sie eine schöne heimelige Ecke schaffen. Wenn Sie irgendwo in Ihrem Garten eine nette Stelle haben, könnten Sie diese mit einer Hecke umgeben, um ein Gefühl der Geborgenheit zu schaffen. Alternativ ließe sich auch eine lebende Weidenlaube anlegen, indem man junge Triebe im Abstand von 10 cm um den Sitzplatz herum in den Boden steckt. Sobald sie wachsen, können die Zweige geflochten und oben zusammengezogen werden, um ein kleines Dach zu bilden. Für einen sofortigen Sichtschutz können Sie Zäune und Spaliere errichten.

Ist im Garten eine tiefe Hecke oder ein Bambusdickicht vorhanden, können Sie eine Sitzgelegenheit schaffen, indem Sie eine Nische mit einer Schere oder Säge ausschneiden. Dieses Element muss regelmäßig gepflegt werden, damit die Pflanze nicht nachwächst und den Sitzbereich überwuchert.

Eine ruhige Ecke lässt sich ganz einfach schaffen, indem man eine Bank mit einigen attraktiven Pflanzen umgibt.

Optimale Nutzung der Vertikalen

Einer der wichtigsten Schritte bei der Gestaltung eines Gartens ist es, optisch etwas Höhe zu schaffen. Ohne sie kann ein Raum flach und langweilig wirken. Vertikale Elemente lenken den Blick nach oben und lassen den Garten größer und dynamischer erscheinen. Das Hinzufügen von Höhe ist nicht nur eine gute Gestaltungspraxis, sondern kann auch eine praktische Lösung sein, um mehr Platz für die Bepflanzung zu schaffen. Dies ist besonders in kleinen Gärten nützlich, wo die Bodenfläche begrenzt ist.

Betrachten Sie die Umgebung des Gartens, einschließlich der Zäune, Mauern und sogar der Rückseite des Hauses. Diese Flächen lassen sich für den Anbau von Pflanzen nutzen. Sie können dort entweder Kletterpflanzen direkt an den Wänden wachsen lassen oder Module für sogenannte Vertikale Gärten an den Wänden befestigen und einzelne Pflanzen in diesen Taschen anbauen. Pflanzmodule für Wände gibt es in verschiedenen Größen und einige haben sogar eine computergesteuerte Tropfbewässerung.

Am gängigsten ist aber die Pflanzung eines Baumes oder Strauches, um eine Wirkung von Höhe zu erzielen. Wählen Sie einen Baum mit einem schmalen, säulenförmigen Wuchs, wenn Platz in der Breite knapp ist.

Nicht nur Bäume und Sträucher können für mehr Höhe sorgen. Auch viele hohe Stauden haben eine auffällige Wirkung. Pflanzen wie Sonnenblumen, Rittersporn und Stockrosen lassen sich im Hintergrund als Kulisse eines Beetes verwenden und füllen den vertikalen Raum gut aus. Wiederholen Sie die Stauden regelmäßig über die gesamte Länge des Beetes, um die Gestaltung zu unterstreichen. Gelegentlich holen Sie einige höhere Pflanzen nach vorne,

um die Gestaltung interessanter zu machen.

Schlingpflanzen können an Wigwams hochgezogen werden. Platzieren Sie diese strategisch in regelmäßigen Abständen in einem Beet, um eine maximale Wirkung zu erzielen.

Torbögen, Lauben und Pergolen sind ebenfalls geeignete Strukturen, um dem Garten mehr Höhe zu verleihen. Torbögen bieten auch zusätzlichen Platz, um Pflanzen nach oben und entlang der Bögen zu ziehen. Außerdem sind sie nützlich, um Besucher von einem Bereich des Gartens in einen anderen zu locken und eine Aussicht einzurahmen. Wenn Sie regelmäßig durch einen Torbogen gehen, sollten Sie dort allerdings dornige Pflanzen wie Kletterrosen vermeiden. Weinreben und Kiwipflanzen oder duftende Pflanzen wie Akebie (Schokoladenrebe, *Akebia quinata*), Sternjasmin (*Trachelospermum jasminoides*) oder schlingende Geißblattarten (*Lonicera*) sind jedoch ideal.

Gegenüber: Rustikale Spaliere machen eine ansonsten unscheinbare Ecke interessant. *Links:* Bepflanzte Torbögen bieten zusätzliche Anbaufläche und sind auch für sich genommen attraktiv.

Arbeitsplatz Garten

Für die meisten von uns geht es bei der Gestaltung eines Gartens nicht nur darum, einen schönen Raum zu schaffen, sondern er sollte in der Regel auch funktional sein. Wir müssen an Wege, Terrassen und Abstellflächen für Werkzeuge, Fahrräder und andere Materialien denken, vielleicht in einem Schuppen oder in abschließbaren Boxen. Auch Komposthaufen, Gewächshäuser, Gemüsebeete, Mülltonnen, Wäschespinnen und Parkplätze sollten wir im Hinterkopf behalten. Bei sorgfältiger Planung müssen diese Einrichtungen die Schönheit des Gartens nicht beeinträchtigen.

Schöne Gartenhäuser

Für jeden Garten, der größer als ein Innenhöfchen ist, sind Schuppen zur Aufbewahrung von Werkzeugen und anderen Utensilien unerlässlich. Diese Bauten lassen sich sowohl schön als auch praktisch gestalten und müssen daher nicht unbedingt in einer Ecke versteckt werden. Sie können in einer Farbe gestrichen werden, die die Bepflanzung des Gartens unterstreicht. Mit verzierten Giebeln, Stroh- oder Ziegeldächern und vielen anderen attraktiven Elementen lassen sie sich wunderbar in Szene setzen.

Sie können auch Pflanzen an den Wänden eines Schuppens kultivieren. Rambler-Rosen, Blauregen (*Wisteria sinensis*) oder Berg-Waldrebe (*Clematis montana*) verwandeln einen tristen Schuppen schnell in ein schönes Objekt. Im Herbst können Sie den Schuppen mit Wildem Wein (*Parthenocissus quinquefolia*) begrünen, der sich im Herbst auffallend karminrot färbt.

Rechts: Erlauben Sie den Zugang zu Stellen mit Schuppen, Mülltonnen oder Ähnlichem durch befestigte Wege.
Gegenüber links: Sorgen Sie dafür, dass ein Kompostbehälter von der Küche oder vom Garten aus leicht zu erreichen ist.
Gegenüber rechts: Rotierende Komposter sind so konzipiert, dass sie den Kompost leicht umwälzen und die Zersetzung beschleunigen.

Komposthaufen platzieren

Kompostierung ist für die meisten Gärten unverzichtbar, da das in einem Komposthaufen anfallende Material als Nährstoff für den Boden ideal ist. Außerdem ist die Kompostierung eine umweltverträgliche Art der Wiederverwertung von Gartenabfällen oder Obst- und Gemüseschnipseln aus der Küche. In den meisten Gärten sind die Komposthaufen irgendwo im hinteren Teil des Gartens versteckt, wo man sie nicht gleich sieht. Wenn der Haufen aus Holzpaletten besteht, die mit ein paar Nägeln zusammengezimmert wurden, ist das vielleicht der beste Platz dafür. Es gibt jedoch auch etliche moderne Komposttonnen, die schick aussehen und als eigenständige Gartenelemente verwendet werden können. Man kann auch rotierende Trommeln in leuchtenden, attraktiven Farben kaufen, die einen stolzen Platz auf der Terrasse vertragen.

Wenn Sie irgendwo einen Komposthaufen aufschichten wollen, sollte dieser in der Nähe des Hauses angelegt werden, damit Sie mit den Küchenabfällen nicht zu weit laufen müssen. Es lohnt sich auch, einen befestigten Weg aus Ziegelsteinen oder Terrassenplatten anzulegen, der direkt zum Komposthaufen führt, so dass man Gartenabfälle leicht mit dem Schubkarren dorthin transportieren kann.

Sichtschutz

Wenn Sie unattraktive Dinge Ihres Gartens verbergen wollen, wäre ein fertiges Sichtschutzelement die schnellste Lösung. Alternativ ließe sich ein Rankgestell mit einer immergrünen Kletterpflanze aufstellen. Immergrüne Hecken sind auch eine gute Lösung, aber es dauert ein paar Jahre, bis sie sich etabliert haben, es sei denn, die ersten Pflanzen sind schon groß.

SCHRITT FÜR SCHRITT

EINEN GARTENPLAN ERSTELLEN

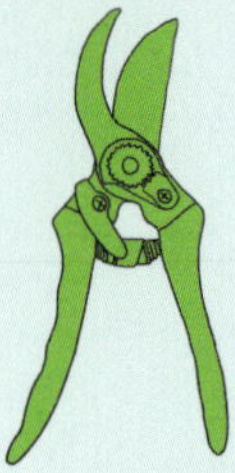

Am liebsten würde man ja gleich loslegen, aber es ist besser, wenn man sich vor dem ersten Spatenstich einen Plan macht. Sollten Sie einen fertigen Garten „geerbt" haben, dann lohnt es sich, ihn ein ganzes Jahr lang zu beobachten. Vielleicht stehen darin Pflanzen, die sich nur zu bestimmten Zeiten zeigen. Auch ist es ratsam, abzuwarten und zu überlegen, wie Sie den Platz nutzen wollen, denn in den ersten Monaten kann sich einiges ändern.

Ein völlig leerer Garten ist in der Regel am einfachsten zu kultivieren, da Sie quasi eine leere Leinwand vor sich haben und vor dem Start keine Elemente beseitigen müssen. Ein Garten lässt sich auch leichter planen, wenn er komplett leer ist. In bestehenden Gärten kann es jedoch durchaus besondere Elemente geben, die Sie beibehalten möchten, oder vielleicht auch einige schöne Solitärpflanzen, die auf jeden Fall erhaltenswert sind.

Sie benötigen

- Notizblock und Stift
- Großes Blatt Papier
- Pinnwand und Bilder für ein Moodboard
- Maßband
- Liste geeigneter Pflanzen

Die Erstellung eines Moodboards kann Ihnen helfen, sich für ein Gesamtdesign oder einen Stil und für ein Thema zu entscheiden.

1. Machen Sie eine Liste mit allen wichtigen, für den Garten nötigen Dingen, wie Wäschespinnen, einen Schuppen, Komposthaufen, Fahrradabstellplätze und Regentonnen, und wo Sie Wege und Sitzplätze haben möchten.

2. Entscheiden Sie, welchen Gartenstil Sie bevorzugen, ob formal, modern oder pflegeleicht oder vielleicht einen Bauern- oder Nutzgarten. Ein Moodboard kann Ihnen dabei helfen, den Überblick über alle Ihre Gestaltungsideen zu behalten.

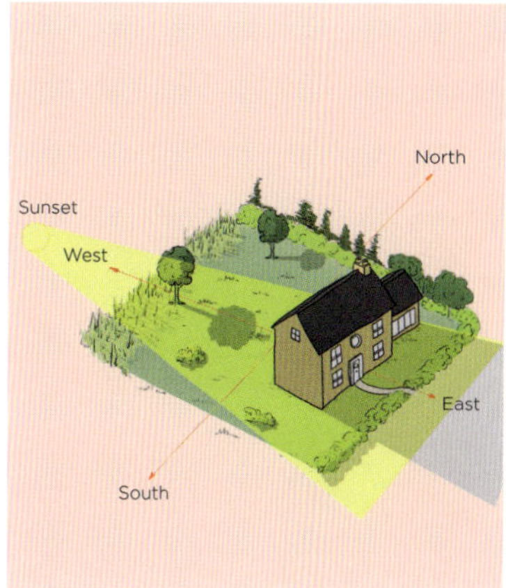

3. Machen Sie als Nächstes die Bereiche mit Sonnenlicht und Schatten (siehe Seite 34) aus. Achten Sie darauf, die Lichtverhältnisse zu verschiedenen Tageszeiten zu prüfen. Recherchieren Sie Pflanzen, die für den Garten geeignet sind, und fügen Sie sie Ihrer Liste hinzu.

4. Skizzieren Sie auf einem großen Blatt Papier grob die Gestaltung der Außenanlagen, z. B. Terrassenflächen, Wege und Hochbeete. Sobald Sie wissen, wie das Grundgerüst des Gartens aussieht, können Sie mit der Planung der Bepflanzung beginnen.

5. Nachdem Sie den Gartenplan erstellt haben, sollten zunächst die gesamten Bauarbeiten der Gartengestaltung durchgeführt werden, bevor Sie mit dem Kauf von Pflanzen beginnen.

6. Wenn die Gestaltung der baulichen Anlagen abgeschlossen ist, können Sie mit der Bepflanzung beginnen. Stellen Sie alle Pflanzen mit ihren Töpfen in Position, um zu prüfen, ob die Planung gut aussieht, bevor Sie sie einpflanzen.

KAPITEL 4

DIE RICHTIGE PFLANZE AM RICHTIGEN ORT

Die Auswahl von Pflanzen für den Garten ist eine der schönsten Tätigkeiten – dabei ist einer der faszinierendsten Aspekte, dass es für jeden Standort die passende Pflanze gibt. Egal, ob Ihr Garten in der Sonne oder im Schatten liegt, für fast alle Standorte gibt es eine Fülle von Pflanzen. Es sind sogar so viele Arten und Sorten im Angebot, dass man gar nicht weiß, wo man anfangen soll.

In diesem Kapitel erhalten Sie Vorschläge, welche Pflanzen Sie wählen können, wenn Ihr Garten den ganzen Tag in der Sonne brät. Aber auch wenn Ihr Garten im Schatten liegen sollte, finden Sie hier Inspiration und Tipps. Schließlich gibt es fast genauso viele prächtige Schattengewächse wie Sonnenanbeter.

Um ein guter Gärtner zu werden, muss man auch die Jahreszeiten mit einbeziehen und wissen, was wann blühen wird. Auf diese Weise lässt sich die Abfolge der Blumen über die Jahreszeiten hinweg planen und in Ihre Gestaltung integrieren. In diesem Kapitel finden Sie – spezifisch für sonnige oder schattige Standorte – Vorschläge für eine Vielzahl von Farben und Texturen. Es folgen Blühpflanzen für alle vier Jahreszeiten, so dass Sie sich nie wieder grämen müssen, dass Ihr Garten in einem bestimmten Monat öde aussehen könnte. Und am Schluss erhalten Sie noch Tipps für den Einkauf von Pflanzen und Anregungen, wie Sie Wildtiere unterstützen können.

Pflanzen für die Sonne

Viele Pflanzen gedeihen in einem heißen, sonnigen Garten. Sie stammen in der Regel aus trocken-heißen Gebieten wie Wüsten, aus dem Mittelmeerraum, Südafrika oder den nordamerikanischen Prärien. Es gibt viele geeignete Arten, darunter Kakteen und Sukkulenten, Kräuter und viele silberblättrige Pflanzen, die sich gerne sonnen und wenig Pflege benötigen.
Viele sonnenliebende mediterrane oder tropische Pflanzen haben ein üppiges Laub und üppige Blüten und benötigen einen fruchtbaren, feuchten Boden, damit sie gut aussehen.

Mulchzauber

Das Mulchen von Beeten und Rabatten mit Splitt oder Kies trägt dazu bei, die Wasserverdunstung sowie das Unkrautaufkommen zu verringern. Beete ausschließlich mit Schotter zu bedecken, ist allerdings ökologisch nicht sinnvoll.

Für die Hitze ausgelegte Blätter

Einer der besten Indikatoren für das Gedeihen einer Pflanze unter heißen Bedingungen sind ihre Blätter. Alles, was schmales, silbriges, behaartes, stacheliges oder duftendes Laub hat, wird sich wahrscheinlich in der Hitze wohlfühlen. Klassische Beispiele sind Lavendel, Rosmarin, Salbei, Schmucklilien (*Agapanthus*), Zierlauch und Zistrosen.

Wärmeliebende Pflanzen

Der **Woll-Ziest** (*Stachys byzantina*) ist mit seinem weichen, flauschigen, silbrigen Laub und den rosa-violetten Blütenähren ideal für den vorderen Rand einer sonnigen, warmen Rabatte.
Der **Raue Sonnenhut** (*Rudbeckia hirta*) bevorzugt einen nährstoffreicheren Boden als die meisten anderen Sonnenanbeter, liebt aber einen vollsonnigen Platz. Die Blüten sind meist gelb, aber auch rot, orange und haben eine dunkle Mitte.
Aeonium **'Zwartkop'** ist eine beeindruckende Sukkulente mit rötlich-violettem Laub. Sie ist ideal für einen Kübel auf einer sonnigen Terrasse oder als Blickfang in einem Kiesbeet (ebenfalls im Topf, da sie im Winter hereingeholt werden muss).

Tropische Anleihe

Viele tropische Pflanzen mit ihren großen, üppigen Blättern, wie Canna, Palmen, Strelitzien und Bananenpalmen, lieben ebenfalls die Sonne, müssen aber bei uns in Kübeln kultiviert werden und brauchen Winterschutz. Ihr architektonisches Laub verleiht einem Beet sofort eine besondere Note. Setzen Sie horstig wachsenden Bambus dazu und farbenfrohe Blumen wie Dahlien, Salbei und Scheinsonnenhut in den Vordergrund. Pflanzen mit riemenartigen Blättern wie Agaven, Yuccas, Schmucklilien, Kolbenlilien und Neuseelandflachs eignen sich ebenfalls für einen tropischen Look.

Sommerbeetpflanzen

Viele Beetpflanzen sind empfindlich und stammen aus warmen Klimazonen. Das heißt, sie sind Sonnenanbeter, müssen jedoch regelmäßig gegossen werden, besonders wenn sie im Kübel oder in einer Blumenampel wachsen. Zu den zuverlässigen Beetpflanzen gehören Zinnien, Petunien, Ringelblumen, Geranien und Buntnesseln.

Wussten Sie schon? Sonnenblumen stammen ursprünglich aus Südamerika und lieben heiße, sonnige Bedingungen – so sehr, dass ihre Blütenköpfe dem Lauf der Sonne folgen.

Gegenüber: Viele mediterrane Kräuter und Pflanzen mit silbrigem Laub bevorzugen warme, sonnige Standorte.
Rechts: *Aeonium*-Sukkulenten sind perfekt für trockene Bedingungen.

Maximaler Schatten

Viele Gärten, insbesondere in städtischen Gebieten, haben schattige Bereiche, sofern sie von anderen Gebäuden umgeben sind. Benachbarte Bäume können ähnliche Auswirkungen haben. Zum Glück ist das kein Problem, denn es gibt viele Pflanzen, die sich für schattige Plätze eignen. Verzweifeln Sie also nicht, wenn Ihr Garten keine Sonnenfalle ist.

Die Palette der für schattige Standorte geeigneten Pflanzen reicht von Kletterpflanzen über Stauden bis hin zu Bäumen und Sträuchern. Versuchen Sie, helle Blüten und Blätter für einen schattigen Platz zu wählen, da dunkle Farben die Dunkelheit noch verstärken können.

Es gibt einige schöne Blattschmuck- und Strukturpflanzen, die für diese Bedingungen geeignet sind. Das Gute an schattigen Plätzen ist, dass Sie die Pflanzen im Allgemeinen nur selten gießen müssen, weil die Verdunstung nicht so stark ist. Ausnahmen sind vielleicht Phasen extremer Trockenheit oder Stellen, an die wenig Regen hinkommt.

Mittel gegen Trockenheit im Schatten

Wenn Ihr Garten im trockenen Schatten liegt, sollten Sie versuchen, etwas organisches Material wie torffreie Universal-Blumenerde in den Boden einzuarbeiten. Dies hilft, einen Teil der Feuchtigkeit zu speichern.

Es gibt eine Vielzahl von Pflanzen, die für schattige Standorte geeignet sind. Hier finden Sie einige Vorschläge:
Der **Hirschzungenfarn** (*Asplenium scolopendrium*) gedeiht in feuchten, schattigen Ecken und Winkeln. Er hat glänzende, aufrechte, grüne Wedel und bringt den Zauber des Waldes in jeden Garten.
Kleines Immergrün (*Vinca minor*) ist wahrscheinlich eine der vielseitigsten Pflanzen, die es gibt. Sie gedeiht in der Sonne, im Schatten, unter feuchten oder trockenen Bedingungen, ist aber am glücklichsten in feuchten, gut durchlässigen Böden. Sie ist ideal als Bodendecker für schwierige Böschungen. Dieser Halbstrauch hat attraktive Frühlingsblüten in Blau, Weiß oder Rosa. Es gibt auch panaschierte Formen.
Funkien (*Hosta* sp.) sind den meisten Gartenbesitzern vertraut und haben große, eindrucksvolle Blätter. Sie sind mehrjährige Stauden und ideal für ein schattiges Beet. Allerdings sind leider Schnecken daran interessiert.
Der **Fächer-Ahorn** (*Acer palmatum*) ist ein kleiner bis mittelgroßer Baum mit außergewöhnlichem, z. T. intensiv rotem Laub und spektakulärer Herbstfärbung – es gibt zahlreiche Sorten. Er bevorzugt einen geschützten, schattigen Platz in einem feuchten, aber gut durchlässigen Boden.
Der **Australische Taschenfarn** (*Dicksonia antarctica*) verleiht jedem Garten einen „Wow-Effekt". Diese aus Australien stammenden Farne haben faserige Stämme und dramatische Wedel. Ideal für einen halbschattigen Platz im Kübel unter einem Baum.

Gegenüber: Funkien haben attraktives, z. T. gemustertes Laub und üppige Blütenstände. Sie gedeihen an schattigen Standorten.
Rechts: Das Kleine Immergrün (*Vinca minor*) ist eine nützliche Bodendeckerpflanze unter einem Blätterdach.

Kletterpflanzen

Zu den Kletterpflanzen, die sich für den Schatten eignen, gehören die meisten Efeuarten, von denen es auch Sorten mit schönem panaschiertem oder farbigem Laub gibt wie *Hedera helix* 'Buttercup', *H. helix* 'Midas Touch' und *H. helix* 'Silver Queen'. Weitere schattenliebende Kletterpflanzen sind das Geißblatt *Lonicera periclymenum* 'Serotina', eine herrlich duftende Schlingpflanze, die Kletter-Hortensie (*Hydrangea petiolaris*), die mit Haftwurzeln an Mauern und Wänden emporwächst, und die Chinesische Jungfernrebe (*Parthenocissus henryana*), die im Herbst wunderbar rötliches Laub trägt.

Weitere interessante Pflanzen

Fingerhut (*Digitalis purpurea*)
Japanischer Ysander (*Pachysandra terminalis*)
Wald-Frauenfarn (*Athyrium filix-femina*)
Mahonia × media 'Charity'
Schlüsselblume (*Primula vulgaris*)
Schwalbenwurz-Enzian (*Gentiana asclepiadea*)

Besondere Pflanzen für den Winter

Es mag überraschen, dass der Winter eine sehr spannende Jahreszeit im Garten sein soll. Aber wenn viele Bäume und Sträucher ihr Laub abgeworfen haben und die Stauden oberirdisch abgestorben sind, rücken dekorative Winterpflanzen in den Mittelpunkt. Es gibt wunderschöne Baumstämme, farbenfrohes winterliches Geäst, Zwiebelpflanzen, die aus dem Rasen sprießen, und Blüten mit berauschenden Düften.

Die weißen Stämme von Birken sehen im Winter sehr effektvoll aus.

Bäume mit schönen Stämmen

Es gibt Bäume mit außergewöhnlichen Stämmen, die sich für einen kleinen Garten eignen und die einzeln oder in einer Gruppe gepflanzt einen echten Blickfang darstellen. Eine der beliebtesten und schönsten ist die Weißrindige Himalaya-Birke, *Betula utilis* var. *jacquemontii*. Ihr strahlend weißer Stamm hebt sich deutlich vom grünen Hintergrund eines Rasens ab. Beliebt sind auch einige Zierkirschenarten wie die Mahagoni-Kirsche (auch Tibetische Kirsche, *Prunus serrula*) mit ihrem spektakulären, tiefrotbraunen Stamm und die Himalaya-Kirschen *P. himalaica* und *P. rufa*, die beide schokoladenfarbene Stämme haben. Beeindruckend sind auch die Schlangenhautahorne mit ihren gestreiften Stämmen. Zu den beliebtesten gehören Davids Ahorn (*Acer davidii*), Grossers Schlangenhautahorn (*A. grosseri*) und Roter Schlangenhautahorn (*A. capillipes*). Für noch mehr Baumstamm-Dramatik im Wintergarten bietet sich der Zimt-Ahorn (*Acer griseum*) mit seiner farbenfrohen, abblätternden Borke an.

Sträucher mit farbenfrohen Trieben

Aus der Ferne kann ein Strauchbeet mit den leuchtend bunten Trieben besonderer Hartriegel-

Sorten (*Cornus* sp.) fast so aussehen, als würde der Garten brennen. Einige der leuchtendsten Sorten sind *C. sanguinea* 'Midwinter Fire' und 'Winter Beauty' mit gelben, orangefarbenen und roten Trieben. Auch Weiden-Arten und -Sorten (*Salix* sp.) können mit ihren kahlen Wintertrieben in Grün, Schwarz und Orangegelb sehr schön aussehen. Die beste Farbe bei beiden Gattungen erhalten Sie, wenn Sie die Triebe jedes Jahr im Spätwinter bis auf Bodenhöhe zurückschneiden.

Duftende Sträucher

Wenn Sie sich im Winter nach draußen wagen, können Sie sich von den berauschenden Düften der winterblühenden Sträucher verzaubern lassen. Zu den besten gehören die Niedere Himalaya-Schleimbeere (*Sarcococca hookeriana* var. *humilis*), der Seidelbast (*Daphne bholua* 'Jacqueline Postill') und die Chinesische Winterblüte (*Chimonanthus praecox*).

Zwiebeln und Knollen

Ob im Rasen, am Fuße von Bäumen oder verstreut in Beeten – Zwiebelblumen können im winterlichen Garten richtig Eindruck schinden. Schneeglöckchen (*Galanthus nivalis*) sind oft als Frühlingsboten bekannt, aber sie zeigen ihre weißen, nickenden Köpfe bereits ab Mitte des Winters. Weitere Blumenzwiebeln, die es wert sind, gepflanzt zu werden, sind der Kleine Winterling (*Eranthis hyemalis*) mit seinen gelben Blüten, die selbst die trübsten Wintertage aufhellen, und das winterharte Alpenveilchen (*Cyclamen coum*) mit seinen hübschen, herzförmigen Blättern und seinen lebhaften Blüten in verschiedenen Farben, darunter Weiß, Rosa und Violett.

Oben rechts: Die kahlen Triebe des Hartriegels zeigen sich im Winter in verschiedenen Farben, darunter Orange, Gelb und Rot.
Unten rechts: Alpenveilchen sind ein farbenfroher Winterblüher.

Schönes für den Frühling

Dies ist die Jahreszeit, in der der Garten in neuer Farbe erstrahlt. Es ist schwer zu sagen, welche Pflanzen die größte Wirkung haben: die leuchtenden, auffälligen Frühlingszwiebeln oder die frühlingsblühenden Sträucher. In jedem Fall ist ein spektakulärer Anblick garantiert. Die meisten Blumenzwiebeln und Sträucher können in Kübeln kultiviert werden, und wenn diese in der Nähe des Hauses aufgestellt werden, kann man ihr farbenfrohes Schauspiel auch mit Blick aus dem Haus genießen.

Blütenbäume

Die eindrucksvollste Frühlingsblüte bieten wohl Zierkirschen-Sorten (*Prunus* sp.). Die Farbe der Blüten reicht von leuchtendem Rosa bis zu reinstem Weiß und kann wie zarte Wolken aussehen, die am blauen Frühlingshimmel schweben. Viele der schönsten Sorten stammen aus Japan, wo die Schönheit der Frühlingsblüte mit einer Reihe von Festen und Veranstaltungen namens *Hanami* gefeiert wird.

Eine weitere Gruppe von Bäumen mit beeindruckender Blüte sind die Zieräpfel. Sorten wie *Malus* × *zumi* × 'Golden Hornet' und *M.* 'John Downie' sind zwei der beliebtesten.

Blühende Sträucher

Frühlingsblühende Wald- oder Waldrandsträucher können im Frühlingsgarten für einen bunten Farbrausch sorgen. Dazu zählen Rhododendren und Azaleen, Kamelien, Magnolien, Prachtglocken (*Enkianthus* sp.), Lavendelheide (*Pieris* sp.) und viele andere – in manchen Fällen zeigen sie geradezu knallige und laute Farben. Die gute Nachricht ist, dass man nicht unbedingt viel Platz braucht, um sich an diesen Sträuchern zu erfreuen. Von den meisten von ihnen gibt es kleine und kompakte Versionen. Manche können auch in Kübeln wachsen. Viele dieser Pflanzen benötigen jedoch einen sauren Boden, so dass es meist notwendig ist, sie in spezielle Pflanzenerde (Rhododendron- oder Moorbeeterde) zu setzen.

In normalem (nicht saurem) Boden können auch andere frühlingsblühende Sträucher wie Sorten von Schwarzem Holunder (*Sambucus nigra* 'Black Beauty'), Pfeifenstrauch (*Philadelphus* 'Virginal'), Weigelie (*Weigela* 'Bristol Ruby') und Forsythie (*Forsythia* × *intermedia* × 'Spectabilis') einen Farbakzent im Frühling setzen.

Zwiebeln

Für viele Menschen ist die beeindruckende Blütenpracht der Zwiebelgewächse im Frühling der Höhepunkt der Saison. Es gibt Hunderte von Blumenzwiebeln, aber die folgenden gehören zu den beliebtesten:

- Krokus (*Crocus* sp.)
- Narzissen (*Narcissus* sp.)
- Atlantisches Hasenglöckchen (*Hyacinthoides non-scripta*)
- Hyazinthen (*Hyacinthus* sp.)
- Gewöhnliche Schachblume (*Fritillaria meleagris*)
- Tulpen (*Tulipa* sp.)

Gegenüber: Der Pfeifenstrauch (*Philadelphus*) ist ein frühlingsblühender Strauch mit süßem Duft.
Rechts: Tulpen sind die klassischen Frühlingsblüher unter den Zwiebelpflanzen, ob im Kübel oder im Freiland.

Pflanzenfülle für den Sommer

Der Sommer ist der Höhepunkt des Gartenjahres, weil wir nun unsere Außenanlagen so richtig genießen können. Viele Pflanzen blühen und duften, Kletterpflanzen wachsen über Stützen und Bienen taumeln summend umher. Denken Sie daran, dass der Sommer eine zweigeteilte Saison ist: Der Frühsommer ist eine Fortsetzung des Frühlings, später im Sommer entwickelt der Garten dagegen eine andere Vielfalt an interessanten Pflanzen.

Sommerbeetpflanzen

Für diejenigen unter Ihnen, die einen Soforteffekt bevorzugen, fällt die Wahl ohne Zögern auf farbenfrohe Beetpflanzen als Blumen für den Sommer. In der Regel handelt es sich um Einjährige oder empfindliche exotische Pflanzen, die nur ein Jahr überdauern, bevor sie dem Frost zum Opfer fallen.

Es gibt eine Fülle von Beetpflanzen in verschiedenen Farben, die sich für Kübel und Ampeln eignen. Sie können auch zur Gestaltung von Rabatten und Blumenbeeten verwendet werden. Zu den beliebtesten Sommerbeetpflanzen gehören Fleißige Lieschen, Begonien, Lobelien, Petunien, Gazanien, Stiefmütterchen und Ringelblumen, aber es gibt noch viele andere. Sie können die Bepflanzung farblich harmonisch abstimmen, Muster bilden oder mit vielen leuchtenden und kontrastreichen Farben für Abwechslung sorgen.

Beetpflanzen lassen sich aus Samen ziehen, aber dazu braucht man in der Regel ein warmes Gewächshaus oder Platz auf der Fensterbank, was für die meisten Menschen unpraktisch ist. Am einfachsten ist es, Beetpflanzen im späten Frühjahr im Gartencenter zu kaufen und sie zu pflanzen, sobald die Frostgefahr vorüber ist.

Die hohen, stattlichen Blütenstände des Rittersporns sind im Sommer ideal für den hinteren Teil des Beetes.

Kälteunempfindliche Einjährige

Diese Pflanzen gedeihen und blühen innerhalb eines Jahres und sterben dann ab. Sie sind widerstandsfähiger als Beetpflanzen und können daher in der Regel im zeitigen Frühjahr ausgesät werden. Es gibt viele interessante Pflanzen zur Auswahl, darunter Sonnenblumen, Duftwicken, einjähriger Mohn, Kapuzinerkresse, Jungfer im Grünen (*Nigella damascena*) und die Douglas-Sumpfblume *Limnanthes douglasii*.

Stauden

Hier haben Sie die Qual der Wahl. Zu den beliebtesten Arten gehören Phlox, Rittersporn mit seinen hohen Blütenständen und Fingerhut, der massenhaft Blüten trägt. Bevorzugen Sie die Pflanzen, die zu Ihrem Farbschema und Ihrem Standort passen. Achten Sie auch auf ihre Höhe und ihre architektonischen Qualitäten. Wenn Sie die verwelkten Blüten abschneiden, können Sie ihre Saison bis in den Herbst hinein verlängern.

Kletterpflanzen

Umgeben Sie sich mit Blumen, indem Sie Kletterpflanzen an Spalieren und zeltförmigen Stützen sowie an Mauern, Zäunen und in Bäumen emporwachsen lassen. Rambler- und Kletterrosen sind eine gute Wahl, aber Sie können auch blühfreudige Arten wie Clematis, Passionsblumen und die Akebie (*Akebia quinata*) ausprobieren.

Kleine Bäume

Nach der auffälligen Frühjahrsblüte stehen im Sommer weniger Bäume in Blüte, aber einige Highlights sind der Chinesische Hartriegel (*Cornus kousa* var. *chinensis*) mit seinen auffälligen weißen Hochblättern, der Chinesische Storaxbaum (*Styrax hemsleyanus*) mit den langen weißen Blütentrauben und die immergrüne *Magnolia grandiflora* mit ihren großen weißen Blüten und ihrem himmlischen Duft nach Zitrus und Vanille.

Sträucher

Rosen sind die offensichtliche Wahl für den Sommer, aber auch Fuchsien, Zistrosen, Strauchveronika, Säckelblume, Lavendel und Schmetterlingsflieder sind eine Überlegung wert.

Kletter- und Rambler-Rosen können an Rankgittern gezogen werden – ihre Farbe und ihr Duft sind eine echte Bereicherung für den Garten.

Farbe für den Herbst

Der Herbst ist oft ein Kaleidoskop der Farben, da die Pflanzen neben den Blüten auch Früchte und wunderbares Laub präsentieren. Das Herbstlaub steht zu dieser Jahreszeit im Mittelpunkt, denn viele Bäume und Sträucher zeigen ein letztes Mal leuchtende warme Farben, bevor sie ihre Blätter abwerfen und in die Winterruhe gehen. Aber auch Früchte, Kletterpflanzen, Stauden und Zwiebelpflanzen gibt es zu dieser Zeit zu bewundern.

Herbstlaub von Gehölzen

Zu den Gehölzen mit schöner Herbstfärbung gehören *Cotinus* 'Grace' mit seinen leuchtenden Kupfertönen und der Essigbaum (*Rhus typhina*). Es gibt auch farbenfrohe Fächer-Ahorn-Züchtungen, zwei der beliebtesten Sorten sind *Acer palmatum* 'Sango-kaku' mit purpurroten und gelben Blättern und der leuchtendrote *A. palmatum* 'Bloodgood'. Für größere Gärten eignen sich besonders Amerikanischer Amberbaum (*Liquidambar styraciflua*) und Wald-Tupelo (*Nyssa sylvatica*). Die Blätter des Katsurabaums (*Cercidiphyllum japonicum*) haben nicht nur eine spektakuläre Herbstfärbung, sondern auch einen wunderbaren Duft nach Karamel.

Früchte

Im Herbst gibt es Früchte im Überfluss. Die Eberesche (*Sorbus aucuparia*) trägt leuchtend orangefarbene Fruchtstände und auch die Stechpalme (*Ilex* sp.) fängt an, sich bis in den Winter hinein mit Steinfrüchtchen zu schmücken. Es gibt weitere Sträucher mit roten, gelben und orangefarbenen Früchten, darunter *Cotoneaster conspicuus*, *Pyracantha coccinea* und *Berberis darwinii*, aber der vielleicht schönste von allen ist der Liebesper-

Links: Bienen lieben die Blüten der Schönen Fetthenne (*Sedum spectabile*) am Ende der Saison. *Gegenüber:* Laubbäume mit herbstlich roten, goldfarbenen, orangefarbenen und gelben Blättern.

lenstrauch (*Callicarpa bodinieri*) mit violetten kleinen Steinfrüchten.

Kletterpflanzen

Wilder Wein (*Parthenocissus quinquefolia*) ist im Herbst mit seinem beeindruckenden, purpurroten Laub an Mauern, Zäunen und an Hauswänden der unbestrittene Renner. Es gibt auch einige echte Weinreben wie *Vitis vinifera* 'Purpurea', deren Anbau sich lohnt. Sie haben nicht nur farbenfrohe Blätter, sondern bringen auch Trauben hervor, die man zu Wein verarbeiten kann.

Stauden

Spät blühende Stauden wie Dahlien, Chrysanthemen und Astern kommen mit ihren beeindruckenden Blüten vom Sommer bis in den Herbst hinein zur Geltung. Die Schöne Fetthenne (*Sedum spectabile*) ist eine weitere schöne Staude mit sukkulentem Laub und rötlich-rosafarbenen Blütenständen. Um ein herbstliches Beet zu bereichern, bietet sich der Rote Sumpfspaltgriffel (*Hesperantha coccinea* 'Major') an, dessen leuchtend rote Blütenstände über dem Laub schweben.

Zwiebelpflanzen

Näher am Boden gibt es einige beeindruckende Blüten von Zwiebel- oder Knollenpflanzen für den vorderen Bereich eines Beetes oder vielleicht am Fuß eines besonderen Baumes. Zu den Highlights gehören die Nerinen mit ihren exotischen, trompetenförmigen, rosafarbenen Blüten. Auch die Herbst-Zeitlosen (*Colchicum autumnale*) und winterblühende Krokusse wie der Echte Safran (*Crocus sativus*) sind eine gute Wahl. Außerdem gibt es das farbenfrohe Efeublättrige Alpenveilchen (*Cyclamen hederifolium*) mit seinen rosa-violetten und manchmal violetten Blüten im Herbst.

Was man beim Kauf beachten sollte

Betrachten Sie den Besuch im Gartencenter als eine Gelegenheit, sich gut beraten zu lassen, Pflanzen nebeneinander zu stellen, um Farbkombinationen auszuprobieren und neue Pflanzen zu entdecken. Sie sollten immer prüfen, ob die Pflanzen, die Ihnen gefallen, für die Bedingungen in Ihrem Garten geeignet sind, weil sie sonst verkümmern würden. Aber es gibt noch mehr, was Sie vor dem Kauf berücksichtigen sollten. Viele Menschen stellen fest, dass neue Pflanzen nach ein paar Wochen eingehen, weil sie nicht gesund waren. Das lässt sich leicht vermeiden, wenn man weiß, worauf man achten muss.

Sehen Sie sich die Pflanze vor dem Kauf immer genau an. Wenn möglich, nehmen Sie die Pflanze aus dem Topf und untersuchen Sie die Wurzeln, um festzustellen, ob sie verknäulte Wurzeln hat. Sollte das der Fall sein, könnte die Pflanze Schwierigkeiten haben, sich richtig zu etablieren, da die Wurzeln nach dem Einpflanzen nicht orderntlich nach unten wachsen. Das zeigt auch, dass die Pflanze lange Zeit im Topf verbracht und wahrscheinlich zu wenige Nährstoffe hat.

- Wählen Sie Sommerbeetpflanzen nicht zu spät aus, da sie nur noch wenige Wochen halten.
- Meiden Sie Pflanzen, die einen Nährstoffmangel zeigen – achten Sie dabei auf gelbe Blätter oder verkümmertes Wachstum.
- Halten Sie Ausschau nach großen Exemplaren. Üppig-dichte Stauden können geteilt werden, um mehr Pflanzen zu erhalten.
- In Multi-Topfplatten mit Gemüsesetzlingen könnte es in jedem Töpfchen mehr als eine Pflanze geben. Das sind kostenlose Pflanzen, die man abstauben sollte.

Überprüfen Sie die Pflanzen vor dem Kauf sorgfältig, um sicherzugehen, dass sie gesund und frei von Krankheiten sind.

Invasive Pflanzen

Einige Pflanzen werden von den Behörden offiziell als invasiv eingestuft, können aber trotzdem im Handel problemlos gekauft werden. Lesen Sie immer das Etikett und machen Sie sich zuerst (im Internet) über die Pflanzen kundig. Die Teppich-Zwergmispel *Cotoneaster dammeri* und die Fächer-Zwergmispel (*C. horizontalis*) beispielsweise sind zwar attraktiv, können aber aufgrund ihrer Ausbreitung wirklich zum Problemfall werden. Einige Bambusarten können auch zu einem Ärgernis werden, wenn ihre Rhizome sich zu stark ausbreiten.

Schäden durch Kletterpflanzen

Wenn Sie eine Kletterpflanze für die Hauswand kaufen, sollten Sie darauf achten, wie sie wächst, denn sie könnte das Gebäude beschädigen. Kletterpflanzen wachsen hauptsächlich auf zwei Arten. Einige bilden Haftwurzeln aus und nutzen diese, um sich an einer Oberfläche festzuhalten und zu klettern, während andere die Stütze eines Spaliers oder einer anderen Struktur und regelmäßiges Anbinden benötigen. Wenn Sie sich für eine Kletterpflanze aus der ersten Gruppe entscheiden, sollten Sie beachten, dass sie das Mauerwerk und die Mörtelfugen beschädigen können, wenn sie sich zu sehr festhalten. Die Kletterpflanzen, die die meisten Schäden an Gebäuden verursachen, sind Efeu und Wilder Wein (*Parthenocissus henryana*), aber es gibt noch mehr.

Bestäubung

Prüfen Sie, ob die Bäume einen anderen Bestäuber benötigen, um Früchte oder Beeren zu tragen. Dies ist häufig bei einigen Obstbäumen der Fall, kann aber auch Zierpflanzen wie Sanddorn und Stechpalmen betreffen, bei denen nur eine weibliche Pflanze, die von einer männlichen in der Nähe bestäubt wird, Früchte trägt.

Lebensdauer

Prüfen Sie, wie lange die Pflanzen leben. Einjährige sterben nach einem Jahr ab, müssen also jedes Jahr ersetzt werden. Zweijährige bilden im ersten Jahr nur Laub und blühen im zweiten Jahr, an mehrjährigen Pflanzen (Stauden) haben Sie viele Jahre Freude.

Ausschau nach lokalen Besonderheiten

Sollte es bei Ihnen ungewöhnliche lokale Pflanzensorten geben, lohnt sich der Kauf für den Garten. Sie dürften gut an das lokale Klima und den Boden angepasst sein. Wenn es sich um seltene Pflanzen handelt, können Sie vielleicht sogar durch die Anpflanzung in Ihrem Garten den Fortbestand sichern. Dies gilt insbesondere für einheimische Apfel- oder andere Obstsorten, aber auch für einheimische Zierpflanzen.

Pflanzenauswahl

- Wie hoch und breit wird die Pflanze werden?
- Braucht sie eine Kletterhilfe, an der sie sich hochwinden oder festhalten kann?
- Bevorzugt sie Licht oder Schatten?
- Welche Blumenerde benötigt die Pflanze?
- Ist sie einjährig, zweijährig oder mehrjährig?
- Wächst sie schnell oder langsam?
- Wuchert sie und breitet sich aus?
- Ist sie immergrün oder laubabwerfend?

SCHRITT FÜR SCHRITT

WILDTIERE UNTERSTÜTZEN

Eine der großen Freuden eines Gartenbesitzers ist es, seinen Lebensraum mit Wildtieren zu teilen. Man kann vieles tun, um die tierischen Gartenmitbewohner zu unterstützen, z. B. ein Vogelfutterhaus oder einen Vogeltisch aufstellen, Holzhaufen anlegen, Wildblumen säen oder eine Vielzahl von Pflanzen anbauen, die zu unterschiedlichen Zeiten blühen. Kultivieren Sie auch Pflanzen in verschiedenen Größen, da die Tiere in unterschiedlichen Höhen nach Nahrung suchen.

Das Beste, was Sie zur Unterstützung der Tierwelt tun können, ist die Aussaat von Wildblumen, die Insekten wie Schmetterlinge und Bienen anlocken. Vorschläge sind unter anderem:

- Gewöhnlicher Hornklee (*Lotus corniculatus*)
- Schwarze Flockenblume (*Centaurea nigra*)
- Kornblume (*Centaurea cyanus*)
- Saat-Wucherblume (*Glebionis segetum*)
- Fingerhut (*Digitalis purpurea*)
- Gänseblümchen (*Leucanthemum vulgare*)
- Natternkopf (*Echium vulgare*)

Mit ein paar einfachen Maßnahmen können Sie auch andere Tiere wie Vögel, Kröten und Igel in Ihren Garten locken.

Sie benötigen:

- Baumstämme oder Äste und heruntergefallenes Laub
- Vogelfutterhäuschen oder Vogeltisch, Vogel- und Fledermauskästen
- Immergrüne Sträucher
- Wasserquelle, wie z. B. Teich, Vogeltränke oder Untersetzer

Wenn Sie viele Wildblumen säen oder pflanzen, locken Sie die heimische Tierwelt in Ihren Garten.

Legen Sie einen Holzstapel in einem schattigen Teil des Gartens an. Wenn Sie die Stämme zu einem Haufen aufschichten, lockt das Kröten und vielleicht sogar eine Blindschleiche an. In einem Haufen aus Ästen und Laub in einer ruhigen Ecke könnte sich auch ein Igel niederlassen.

Integrieren Sie ein Vogelfutterhaus, einen Vogeltisch oder einen Vogelkasten im Garten. Dies lockt eine Vielzahl von Vögeln zur Nahrungsaufnahme und zum Nisten an. Es gibt Vogelkästen für Vögel unterschiedlicher Größe. Suchen Sie also die Kastentypen aus, die zu den lokal auftretenden Vogelarten passen. Mit einem Fledermauskasten können Sie auch Fledermäuse anlocken.

Pflanzen Sie einige immergrüne Sträucher, denn sie sind besonders nützlich, um im Frühjahr Nistmöglichkeiten z. B. für Vögel zu schaffen. Sie bieten auch für den Rest des Jahres Schutz, so dass sich die Tiere im Garten sicher fühlen.

Legen Sie einen Gartenteich an, da dies Wildtiere zum Trinken, zur Futtersuche und zum Baden anlockt. In kleineren Gärten reicht eine Vogeltränke oder ein mit Wasser gefüllter Untersetzer aus.

Früchte kultivieren

Vögel werden von Früchten im Garten angezogen. Versuchen Sie es mit Brombeeren (*Rubus fruticosus*), Holunder (*Sambucus nigra*), der unten abgebildet ist, Gewöhnlichem Schneeball (*Viburnum opulus*), Stechpalme (*Ilex* sp.) und Eberesche (*Sorbus aucuparia*). Der Efeu ist eine hervorragende Quelle für Früchte im späteren Jahresverlauf, und seine Blüten im Spätherbst sind für Bienen lebenswichtig, da sie in dieser Zeit, in der es nur wenige blühende Pflanzen gibt, auf Nektarsuche gehen.

Insektenfreundliche Blumen

Wählen Sie Pflanzen aus, die das ganze Jahr über blühen, da sie eine wertvolle Nektarquelle für Bienen und andere Insekten darstellen. Verwenden Sie keine Pflanzen mit gefüllten Blüten, da Bienen hier nur schwer Zugang zum Nektar finden.

Schwarzer Holunder (*Sambucus nigra*)

KAPITEL 5

WIE MAN EINEN GARTEN BEPFLANZT

Wie so viele andere Dinge im Leben, benötigen auch Pflanzen zum Wachsen einen bestmöglichen Start. Deshalb gibt Ihnen dieses Kapitel eine Vielzahl von Techniken an die Hand, darunter das fachgerechte Pflanzen von Bäumen, Sträuchern, Stauden und Zwiebelblumen. Nur wenn man es richtig macht, werden die Pflanzen auch gut gedeihen. Denn der kritischste Zeitpunkt im Leben einer Pflanze ist die Phase der Anpassung an einen neuen Standort.

Das fachgerechte Pflanzen hat nicht nur Auswirkungen darauf, ob der Garten gut aussieht, sondern es geht auch darum, Pflanzen in praktischer und zugleich ansprechender Weise zu platzieren, so dass sie ihre Wirkung entfalten. Bei der Gestaltung einer Rabatte oder eines Kübels sollten Sie neben Wuchshöhe, Ausbreitungsdrang, Farbe und anderen Faktoren stets berücksichtigen, wann eine Pflanze besonders attraktiv ist. In diesem Kapitel stecken daher Empfehlungen, wie man Pflanzen am besten in Szene setzt.

Damit auch die Wildnis ein wenig Berücksichtigung findet, wird gezeigt, wie man eine kleine Wildblumenwiese anlegt. Dadurch kann sich die lokale Fauna ebenso an Blüten und Fruchtständen erfreuen wie Sie selbst.

Planen und pflanzen

Die Zusammenstellung von Pflanzen für eine gutaussehende Beetgestaltung ist eine große Kunst. Man muss zahlreiche Faktoren berücksichtigen, darunter die Farbpalette, unterschiedliche Wuchshöhen, saisonale Attraktivität und vieles mehr. Allerdings gibt es ein paar Grundregeln, deren Einhaltung ein Beet schön und farbenfroh aussehen lassen.

Bepflanzung von Rabatten

Bei langgestreckten Beeten sollte man sich darauf einlassen, Pflanzen in einem Schema zu wiederholen, da auf diese Weise ein rhythmisches Muster der Bepflanzung entsteht.

Links: Eine naturalistische oder freie Pflanzgestaltung erfordert Planung und Können, damit das Ergebnis nicht gezwungen oder chaotisch wirkt.
Gegenüber: Vermeiden Sie möglichst Gefäße aus Kunststoff und suchen Sie nach Alternativen wie Töpfe aus Holz- oder Kokosfasern oder Pappe.

Pflanzung in Dreiergruppen

Bei der Zusammenstellung einer Gruppe von Pflanzen bevorzugen die meisten Gestalter Dreiergruppen. Für größere Pflanzflächen werden ebenfalls ungerade Zahlen verwendet, z. B. Gruppen von fünf oder sieben. Gerade Zahlen wie zwei und vier wirken eher konstruiert und sind nicht so ansprechend für das Auge.

Mut zum Mix

Blumenrabatten müssen nicht nur aus Stauden und einjährigen Pflanzen bestehen. Auch Sträucher können einbezogen werden. Dann spricht man von gemischten Beeten. Sträucher können zur Unterstreichung oder Akzentuierung der Gestaltung verwendet werden, wenn sie über das gesamte Bepflanzungsschema verteilt sind. Immergrünes Laub ist das ganze Jahr über interessant, während die Struktur der Äste oder Stämme höherer Sträucher, ob immergrün oder laubabwerfend, ein dauerhaftes Rückgrat für jede Gartengestaltung bildet.

Der richtige Platz

Ordnen Sie die Pflanzen im Beet an, um sicherzustellen, dass Sie mit ihrer Positionierung zufrieden sind. Als allgemeine Faustregel gilt, dass die niedriger wachsenden Pflanzen vorne und die höheren hinten stehen sollten. Sie können jedoch gelegentlich einige der höheren Pflanzen nach vorne stellen, um etwas Abwechslung in die Beete zu bringen. Bei Inselbeeten ist die Bepflanzung in der Regel ähnlich, mit niedrigeren Pflanzen an den Rändern und höheren Pflanzen in der Mitte.

Einpflanzen

Drücken Sie die Pflanze aus dem Topf. Ziehen Sie einige der Wurzeln, die sich um den Wurzelballen gewunden haben, vorsichtig heraus. Graben Sie mit einer Kelle oder einem kleinen Spaten ein Pflanzloch und setzen Sie die Pflanze hinein. Das Loch sollte die gleiche Tiefe wie der Wurzelballen und den doppelten Durchmesser haben.

Stauden profitieren von einer Mulchschicht, die nach dem Einpflanzen um die Pflanze auf dem Boden verteilt wird. Eine gute Wahl für Mulch wäre gut verrotteter Mist oder Gartenkompost. Eine schnelle Methode, um viele Pflanzen nach dem Setzen zu mulchen, wenn sie sich in einem einzigen Beet befinden, besteht darin, das Laub der jungen Pflanzen zurückzuschneiden und dann jede einzelne mit einem Blumentopf abzudecken. So wird verhindert, dass die Blätter in der organischen Masse ersticken. Dann mulchen Sie das gesamte Beet und entfernen anschließend die übergestülpten Töpfe.

Vermeiden Sie Plastiktöpfe

Um den Kauf von Töpfen aus Kunststoff mit all seinen negativen Auswirkungen zu vermeiden, ist es möglich, Pflanzen in Behältern aus Kokosfasern zu kaufen. Dieses Material ist ein natürliches Nebenprodukt der Kokosnussindustrie. Die Töpfe werden direkt in die Erde gepflanzt und zersetzen sich schließlich auf natürliche Weise.

Die Schönheit der Zwiebelblumen

Zwiebel wird als Oberbegriff für verdickte unterirdische Speicherorgane verwendet, zu denen neben den „echten“ Zwiebeln auch Spross- oder Wurzelknollen und Rhizome (verdickte Triebe) gerechnet werden. Zwiebelblumen bieten eine wunderbare Farbenpracht im Garten. Mit einer sorgfältigen Planung können Sie das ganze Jahr über für Farbe sorgen, da in fast jedem Monat verschiedene Zwiebelblumen erscheinen. Sie sind auch ideal für Kübel. Im Winter können Hyazinthen im Haus vorgezogen werden, so dass man ihren Duft in der warmen Wohnung genießen kann, ohne ins Freie gehen zu müssen.

Blumenzwiebeln sind eine gute Investition, da die meisten von ihnen mehrjährig sind und daher, einmal gepflanzt, über Jahre hinweg eine spektakuläre Blütenpracht bieten können. Versuchen Sie Folgendes:

- Winter: Schneeglöckchen, Winterlinge
- Frühling: Narzissen, Hasenglöckchen, Hyazinthen, Frühlingskrokusse, Kaiserkronen, Tulpen
- Sommer: Lilien, Dahlien, Schmucklilien, Cannas, Gladiolen, Montbretien, Ingwerlilien
- Herbst: Herbstkrokusse, Herbst-Zeitlose, Nerinen und Herbst-Alpenveilchen

Wo anpflanzen

Blumenzwiebeln sind ein unglaublich vielseitiges Element der Bepflanzung und können in einer Vielzahl von verschiedenen Bereichen des Gartens gepflanzt werden:

Rasen Um den Eindruck zu erwecken, dass sich die Zwiebeln im Rasen „eingebürgert“ haben, streuen Sie sie über die Fläche und pflanzen Sie sie dann dort, wo sie gefallen sind.

Unter Bäumen Unter Baumkronen gepflanzte Zwiebelblumen können mit ihren leuchtenden Farben Bäume mit markanten und schönen Stämmen wie die Hänge-Birke (*Betula pendula*) und Zierkirschen wie *Prunus serrulata* und *P. maackii* zur Geltung bringen.

Rabatten Zwiebelblumen sind eine fantastische Möglichkeit, Blumenrabatten zu verschönern. Kleinere Arten und Sorten werden in der Regel im vorderen Teil der Rabatte gepflanzt, größere im hinteren Teil.

Kübel Das Pflanzen von Zwiebelblumen in Behältern ist ideal, um eine Veranda oder Terrasse zu verschönern. Wenn sie abgeblüht sind, kann man

Tulpen, die zu den „echten“ Zwiebelpflanzen gehören, bringen leuchtende Farben in den Frühlingsgarten.

sie, sofern Platz vorhanden ist, bis zum nächsten Jahr einfach irgendwo verstauen und dann in der nächsten Saison wieder ein Blumenzwiebel-Arrangement herbeizaubern.

Wie anpflanzen

Für das Pflanzen von Blumenzwiebeln gibt es verschiedene Techniken. Die einfachste Methode besteht darin, einzelne Zwiebeln mit einer Kelle an die gewünschte Stelle zu setzen. Dazu heben Sie einfach ein Loch aus, setzen die Zwiebel in der richtigen Tiefe ein (siehe Kasten rechts) und bedecken sie dann mit Erde.

Es gibt auch spezielle-Pflanzhilfen, die das Graben von ausreichend tiefen Löchern für Blumenzwiebeln erleichtern. Dabei handelt es sich im Wesentlichen um lange, schmale Kellen, die in den Boden gedrückt werden, um ein Loch zu schaffen, in das dann die Zwiebel gesteckt wird. Der Vorteil eines Blumenzwiebel-Pflanzers ist, dass die unmittelbare Umgebung des Rasens oder des Blumenbeets weniger gestört wird, da das Loch kleiner ist. Einige Blumenzwiebel-Pflanzhilfen haben einen langen Stiel und einen Mechanismus, der eine Zwiebel in jedes Loch freigibt, so dass man sich nicht bücken muss, um die Zwiebeln nacheinander zu pflanzen. Wenn Sie viele Blumenzwiebeln pflanzen, heben Sie einen Graben oder ein Loch aus, setzen Sie die Zwiebeln aufrecht ein und füllen es dann mit Erde auf.

Bedürfnisse der Pflanze beachten

Die verschiedenen Arten von Zwiebelblumen stellen unterschiedliche Anforderungen an den Standort. Prüfen Sie daher immer zuerst, was sie in Bezug auf Sonneneinstrahlung, Feuchtigkeit und Bodenstruktur brauchen. Wenn eine Art einen gut durchlässigen Boden benötigt, arbeiten Sie groben Sand oder Feinsplitt in den Boden ein.

Wie tief?

Im Allgemeinen sollte eine Zwiebel in der doppelten oder maximal dreifachen Tiefe ihres Durchmessers eingepflanzt werden.

Wie herum?

Stellen Sie sicher, dass die Zwiebel richtig herum gesteckt wird. Meistens ähneln die Zwiebeln einer kleinen Birne. Die flachere Wurzelplatte sollte unten sein und die dünne Spitze nach oben weisen. Knollen und Rhizome haben eine andere Form. Gewöhnlich haben sie hervorspringende, verdickte Knospen auf der Oberfläche, die nach oben ausgerichtet werden sollten, und ein Wurzelsystem an der Unterseite, das nach unten weisen muss.

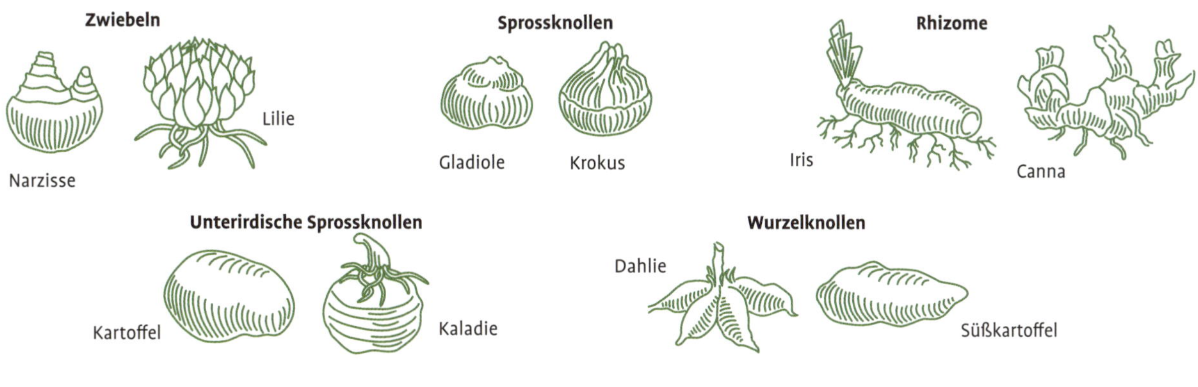

SCHRITT FÜR SCHRITT

BAUM ODER STRAUCH PFLANZEN

Bäume und Sträucher sind eine Bereicherung für den Garten, denn sie bieten Höhe, Struktur und Farbe und sie locken Vögel und andere Tiere an. Das Pflanzen eines Baumes oder Strauches mag einfach erscheinen, aber Fehler bei der Pflanzung sind der häufigste Grund dafür, dass Bäume und Sträucher in den ersten Jahren verkümmern. Sie werden meistens zu tief gepflanzt, wodurch der Stamm fault.

Wenn man ein paar einfache Pflanzregeln befolgt, sollte ein Baum viele Jahre lang leben und Sie wahrscheinlich sogar überleben. Bäume können teuer sein. Daher wäre es doch tragisch, sie vorzeitig absterben zu sehen, weil sie zu Beginn nicht richtig gepflanzt wurden. Vor dem Kauf eines Baums oder Strauches sollten Sie überprüfen, welche Bedingungen das Gewächs zum Gedeihen braucht, um sicherzustellen, dass Sie einen geeigneten Platz in Ihrem Garten haben. Ermitteln Sie die endgültige Größe und Breite, die bevorzugte Bodenbeschaffenheit und die Witterungsbedingungen, die der Baum oder Strauch verträgt (z. B. Windtoleranz und Vorlieben für Sonne oder Schatten).

Pflanzzeit

Bäume und Sträucher werden oft in Töpfen verkauft. Sie können das ganze Jahr über gepflanzt werden, aber extreme Wetterbedingungen wie gefrorener Boden oder Trockenheit sollten vermieden werden. Wenn Sie im Sommer pflanzen, müssen die Pflanzen im ersten Jahr regelmäßig gegossen werden.

Der optimale Zeitpunkt für die Pflanzung der meisten Bäume und Sträucher liegt im Herbst, da der Boden dann noch warm vom Sommer ist und die Pflanzen sich etablieren können, bevor sie im Frühjahr kräftig zu wachsen beginnen. Auch das Frühjahr ist ein guter Zeitpunkt für die Pflanzung, vor allem wenn die Bäume oder Sträucher etwas empfindlich sind und im ersten Winter leiden könnten. Die nebenstehende Anleitung zeigt, wie man einen Baum pflanzt. Dasselbe Verfahren gilt für Sträucher, die allerdings keine Pfosten als Stützen brauchen.

Sie benötigen

- Spaten
- Stock oder Bambusrohr zum Prüfen der Pflanztiefe
- Torffreie Pflanzerde (optional)
- Pfähle und (Vorschlag-)Hammer (wenn es ein Baum ist)
- Baumanbinder (wenn es ein Baum ist)

Schutz für den Baum

Verwenden Sie spezielle Schutzvorrichtungen, um Bäume vor Kaninchen zu schützen, die die Stämme anknabbern, und um Schäden zu vermeiden, wenn der Rasenmäher im Einsatz ist.

1. Nehmen Sie den Baum aus seinem Topf und messen Sie die Tiefe und Breite des Wurzelballens. Eventuell müssen Sie die lose Erde von der Oberseite entfernen, um den oberen Teil des Wurzelsystems und den unteren Teil des Stammes freizulegen.

2. Graben Sie ein Loch, das die gleiche Tiefe wie der Wurzelballen und mindestens den doppelten Durchmesser hat. Vermeiden Sie es, den Boden des Lochs umzugraben, es sei denn, er ist sehr verdichtet, da dies dazu führen kann, dass der Baum nach der Pflanzung absinkt.

3. Kontrollieren Sie den Wurzelballen und lockern Sie Wurzeln, die sich eng umeinander geschlungen haben. Andernfalls wachsen sie weiter im Kreis herum, anstatt nach außen bzw. unten zu wachsen, wo sie Wasser finden würden.

4. Setzen Sie den Baum in das Loch. Legen Sie einen Stock oder ein Bambusrohr über die Oberseite des Lochs, um sicherzustellen, dass der Wurzelballen eben mit der Oberfläche ist. Ist dies nicht der Fall, muss die Tiefe des Pflanzlochs angepasst werden.

5. Füllen Sie den Boden um den Wurzelballen herum mit dem Aushub des Lochs auf und drücken Sie ihn gut an. Wenn der Boden nährstoffarm ist, müssen Sie eventuell etwas Pflanzerde untermischen.

6. Möglicherweise muss der Baum in den ersten Jahren gestützt werden. Schlagen Sie mit einem Hammer einen Pfahl in einem Winkel von 45 Grad (in Süd- oder Nordrichtung geneigt) in den Boden, ohne den Wurzelballen zu beschädigen. Binden Sie den Baum mit einem Baumanbinder an den Pfosten.

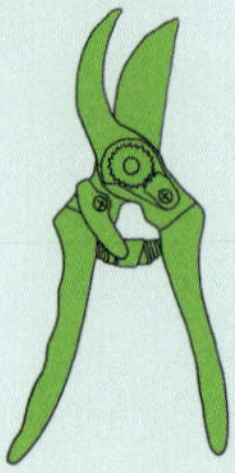

SCHRITT FÜR SCHRITT

EINE WILDBLUMENWIESE SÄEN

Wenn Sie einen bestehenden Rasen in eine Wildblumenwiese umwandeln, werden Sie nicht nur mit einer wunderbaren Blumenpracht belohnt, sondern auch die heimische Tierwelt profitiert davon. Außerdem müssen Sie den Rasen nicht alle ein bis zwei Wochen mähen, denn Wildblumenwiesen werden nur ein Mal im Jahr im Herbst gemäht. Auch ein neuer Bereich Ihres Gartens kann in eine schöne Wildblumenwiese verwandelt werden.

In nährstoffarmem Boden können mehrjährige Wildblumen besser mit den ebenfalls vorhandenen Gräsern konkurrieren. Ist der Boden nährstoffreich werden sie von den Gräsern verdrängt und erstickt. Es kann ein oder zwei Jahre dauern, bis sich eine Wildblumenwiese etabliert, wenn man einen Rasen in eine Wildblumenwiese verwandelt. Aber das Warten lohnt sich. Sie können eine Wildblumensamenmischung aussäen oder Wildblumen-Saatbälle direkt in den Rasen pflanzen. Samenbällchen sind zwar teurer, aber sie lassen sich leichter einpflanzen. Einige Vorschläge für mehrjährige Wildblumen sind:

- Acker-Witwenblume (*Knautia arvensis*)
- Acker-Vergissmeinnicht (*Myosotis arvensis*)
- Wald-Ziest (*Stachys sylvatica*)
- Schwarze Flockenblume (*Centaurea nigra*)
- Echtes Labkraut (*Galium verum*)
- Wiesen-Margerite (*Leucanthemum vulgare*)
- Echtes Mädesüß (*Filipendula ulmaria*)
- Schafgarbe (*Achillea millefolium*)

Schneiden Sie etablierte Wiesen ein Mal pro Jahr im Herbst, sobald die Blumensamen reif sind. Schütteln Sie die Fruchtstände, damit sich die Samen weiter ausbreiten können. Entfernen Sie das Schnittgut, da es sich sonst zersetzt und den Boden düngt, so dass das Gras die Wildblumen verdrängen kann.

Sie benötigen

- Rasenmäher
- Gartenharke
- Grabegabel oder dreizinkigen Grubber
- Wildblumensamen (im Fachhandel erhältlich)
- Fächerbesen
- Gießkanne oder Gartenschlauch mit feiner Brause
- Netz oder alte CDs oder Folienstreifen, Stöcke und Schnur, um die Samen vor Vögeln zu schützen (optional)

Eine alternative Technik

Eine andere Möglichkeit, mehrjährige Wildblumen auszusäen, besteht darin, das vorhandene Gras kurz zu schneiden, das Schnittgut zu entfernen und dann eine 3 cm tiefe Sandschicht über das Gras zu streuen. Säen Sie die Samenmischung in den Sand, die in dem nährstoffarmen Boden gut gedeihen wird.

Der richtige Zeitpunkt

Wenn der Rasen sehr fruchtbar ist, sollten Sie die Aussaat einer Wildblumenmischung um ein Jahr verschieben. Säen Sie stattdessen im Herbst den halbparasitären Gelben Klappertopf (*Rhinanthus minor*) in das Gras, um die Fruchtbarkeit des Bodens zu verringern.

1. Mehrjährige Wildblumen sind in einem nährstoffarmen Boden konkurrenzfähiger. Schneiden Sie das Gras extrem kurz und entfernen Sie das gesamte Schnittgut.

2. Dünnen Sie anschließend mit einem großen Rechen das Gras stellenweise aus, so dass alle 20 cm kahle Stellen von 50 × 50 cm für die Aussaat übrig bleiben. Dies sollte ausreichen, damit sich die Wildblumen im Rasen etablieren können.

3. Brechen Sie den Boden an diesen kahlen Stellen mit einer Gabel oder einem dreizinkigen Grubber auf und harken Sie ihn dann eben.

4. Säen Sie die Hälfte der Saatgutmischung entsprechend der empfohlenen Aussaatmenge auf der Saatgutpackung in eine Richtung und die andere Hälfte in einem Winkel von 90 Grad dazu aus, um eine gleichmäßige Bedeckung mit Saatgut zu gewährleisten.

5. Harken Sie das Saatgut mit einem Gartenrechen in den Boden ein. Bei Trockenheit gießen Sie mit einer Gießkanne oder einem Gartenschlauch mit feiner Brause, um das Saatgut nicht wegzuschwemmen. Sie können die Aussaatstellen vor Vögeln schützen, indem Sie sie mit Netzen abdecken oder Stäbe aufstellen, woran CDs oder Folienstreifen baumeln.

6. Schneiden Sie im Laufe der Saison das Gras um die Wildblumenbeete herum immer wieder kurz, damit sie sich etablieren können.

KAPITEL 6

PFLANZEN-PFLEGE

Es ist wichtig, die Pflanzen zu hegen und zu pflegen, wenn sie gedeihen und gut aussehen sollen. In diesem Kapitel finden Sie Ratschläge, was Sie tun müssen, um dieses Ziel zu erreichen. Es geht auch darum, wie Sie Unkraut effektiv jäten können, damit es nicht den Garten erobert. Obwohl die Unkräuter nicht all Ihre harte Arbeit ruinieren sollten, indem sie die von Ihnen ausgewählten und gepflegten Pflanzen ersticken und mit ihnen konkurrieren, sollten Sie nicht vergessen, dass einige von ihnen für die Tierwelt von Nutzen sind.

Sie finden eine Anleitung, wie man ein Blumenbeet oder einen Baum mulcht, um die Feuchtigkeit zu halten und das Unkraut zu unterdrücken. Einige der Anbautechniken, von denen Sie vielleicht schon gehört haben, wie z. B. das Ausgeizen oder Pikieren, werden hier ebenfalls erklärt. Ein weiterer wichtiger Aspekt, um Pflanzen am Leben zu erhalten, ist natürlich das Gießen und Düngen.

Es gibt Anleitungen zum Schnitt von Bäumen und Sträuchern, um sicherzustellen, dass sie jedes Jahr ein gesundes, frisches Wachstum zeigen. Und wenn Sie sich schon immer gefragt haben, wie man eine Hecke perfekt trimmt, dann ist dies das richtige Kapitel für Sie. Sofern Sie lernen möchten, wie man gärtnert, ohne zu graben, finden Sie am Schluss Informationen über den Nutzpflanzenanbau mit der „No-dig“-Methode.

Unkraut jäten

Es kann sehr befriedigend und therapeutisch sein, sich durch ein Beet oder ein Gemüsebeet zu arbeiten, um das Unkraut zu entfernen. Für manche ist es so angenehm wie das Zerdrücken von Luftpolsterfolie. Ob wir es nun lieben oder verabscheuen, Unkraut zu jäten ist ein wichtiger Aspekt der Gartenarbeit. Obwohl die Gärtner heute viel toleranter gegenüber Unkraut sind als früher, weil es für die Tierwelt von Nutzen ist, ist es dennoch manchmal notwendig, unerwünschtes Kraut unter Kontrolle zu halten.

Es gibt keine eindeutige Definition von Unkraut. Es sind einfach unerwünschte Pflanzen, bzw. solche die an der falschen Stelle wachsen. Das können Bambuspflanzen sein, die sich mithilfe ihres Rhizoms in einem Garten ausbreiten, wuchernde Brennnesseln in einem Beet oder einfach Moos auf der Einfahrt. Es kann sich sogar um Bäume, Sträucher und Kletterpflanzen handeln, z. B. um Götterbäume, die sich in der Stadt oder an Bahndämmen ausbreiten, oder um Efeu, der einen Solitärbaum umschlingt.

Warum jäten wir?

Unkräuter sind geborene Überlebenskünstler und verdrängen, wenn man sie lässt, oft die vorhandenen Gartenpflanzen. Wird Unkraut nicht bekämpft, kann es schnell einen Garten übernehmen. Unkräuter breiten sich auf verschiedene Weise aus, z. B. durch die Luft schwebend, wie die Samen des Löwenzahns, oder indem sie garstige Wurzeln oder Ausläufer ausbilden, wie z. B. der Giersch, die Acker-Winde und die Quecke.
Damit die von Ihnen ausgewählten Pflanzen gedeihen, müssen Sie aus folgenden Gründen einige Unkräuter entfernen:

- Unkraut konkurriert um die Nährstoffe im Boden, die sonst von den Pflanzen genutzt würden, die im Garten gedeihen sollen.
- Unkraut bedrängt auch die umgebenden Pflanzen, wenn es über sie hinausragt, da es das verfügbare Sonnenlicht verringert.

Es gibt sowohl einjähriges als auch mehrjähriges Unkraut. Einjährige Unkräuter breiten sich in der Regel durch Samen aus, während sich mehrjährige Unkräuter in der Regel über ihr unterirdisches Wurzel- oder Sprosssystem ausbreiten. Einige Pflanzen nutzen auch beide Techniken, um so viel Fläche wie möglich zu besiedeln.

Einjährige Unkräuter wurzeln flach und lassen sich oft mit der Hand herausziehen. Bei etwas größeren Unkräutern kann ein Unkrautstecher verwendet werden, um sie herauszuheben. Alternativ kann man eine Hacke knapp unter die Bodenoberfläche stoßen, um die Wurzeln vom Rest der Pflanze abzutrennen. Idealerweise sollte man versuchen, einjährige Unkräuter zu entfernen, bevor sie Samen gebildet haben, damit sie sich nicht weiter ausbreiten. Die Pflanzen kann man nach dem Hacken auf der Bodenoberfläche zum Vertrocknen und Welken liegenlassen. Einjähriges Unkraut, das in den Ritzen von Terrassen wächst, kann mit einem Fugenkratzer entfernt werden. Es darf auch auf den Komposthaufen, sofern sich keine Samen im Unkrautmaterial befinden.

Mehrjährige Unkräuter sind schwieriger zu entfernen als einjährige. Sie haben oft tiefe oder aber flachstreichende Wurzeln, und wenn auch nur ein winziger Teil dieses Systems übrig bleibt, breiten sie sich weiter aus. Die wirksamste Methode zum Entfernen mehrjähriger Unkräuter ist das Ausgraben mit einer Grabegabel. Dabei muss man darauf achten, dass keine Wurzeln zurückbleiben, auch wenn dies nicht immer einfach ist. Vermeiden Sie es, mehrjährige Unkräuter unmittelbar nach dem Jäten auf den Komposthaufen zu werfen, da sie sonst anwurzeln und sich weiter ausbreiten können (siehe Seite 100).

Abdecken zur Eindämmung

Eine der besten Methoden zur Unkrautbekämpfung ist das Bedecken von brachliegenden Stellen oder Beeten, da Unkräuter rasch solche blanken Stellen besiedeln. Idealerweise sollte man den Boden mit pflanzlichem Mulch abdecken. Es geht aber auch organisches Material wie Holzhäcksel, Gartenkompost oder gut verrotteter Mist.

Unkrautarten

Es gibt Tausende von Unkräutern, aber hier sind einige der häufigsten, die Sie vielleicht in Ihrem Garten antreffen.

Vogelmiere (*Stellaria media*)

Einjährige Unkräuter

Einjähriges Rispengras (*Poa annua*)
Vogelmiere (*Stellaria media*)
Weißer Gänsefuß (*Chenopodium album*)
Gewöhnliches Greiskraut (*Senecio vulgaris*)
Viermänniges Schaumkraut (*Cardamine hirsuta*)
Hirtentäschel (*Capsella bursa-pastoris*)

Zaunwinde (*Calystegia sepium*)

Mehrjährige Unkräuter

Quecke (*Elymus repens*)
Löwenzahn (*Taraxacum officinale*)
Acker-Winde (*Convolvulus arvensis*)
Giersch (*Aegopodium podagraria*)
Japanischer Staudenknöterich (*Reynoutria japonica*)
Große Brennnessel (*Urtica dioica*)

Die Magie des Mulchs

Unter Mulchen versteht man das Abdecken von nacktem Boden. Hierfür gibt es eine Reihe von Gründen. Es hilft, die Feuchtigkeit im Boden zu halten, indem es verhindert, dass sie entweder verdunstet oder zu schnell in den tieferen Untergrund abfließt. Dadurch bleibt den Pflanzen mehr Feuchtigkeit erhalten. Mulch saugt aber auch bei starkem Regen die Feuchtigkeit auf und verhindert so, dass die Pflanzen „ertrinken". Außerdem unterdrückt eine Mulchschicht auf der Bodenoberfläche Unkraut und verhindert oder reduziert Bodenerosion bei Starkregen.

Mulchen kann auch dazu beitragen, den Boden wärmer zu halten, so dass die Keimung früher erfolgt und die Pflanzenwurzeln vor der Kälte im Winter und den Frösten im zeitigen Frühjahr geschützt sind.

Materialien

Anorganische oder biologisch nicht abbaubare Materialien können als Mulch auf die Oberfläche gestreut werden. Kies oder Splitt, Muscheln und Schiefer sehen beispielsweise attraktiv aus, wobei dunkleres Material die Wärme aufnimmt und weißes die Sonnenstrahlen auf die Pflanzen zurückwirft. Über nackten Boden können auch Geotextilien, wie z. B. eine Mulchmatte oder Unkrautvlies aus Polyethylen oder Polypropylen ausgebreitet werden.

Diese Methoden tragen zwar dazu bei, die Feuchtigkeit im Boden zu halten und Unkraut zu unterdrücken, verbessern aber nicht den Nährstoffgehalt und den Zustand des Bodens. Aus diesem Grund eignet sich ein **organisches** oder bio-

Dunkel gefärbter Schiefer ist ein anorganisches Material, das auf der Bodenoberfläche zur Unkrautbekämpfung eingesetzt werden kann.

logisch abbaubares Material am besten als Mulch. Dazu gehören reifer Gartenkompost und reifer Mist. Verwenden Sie keinen frischen Mist, da dieser bei seiner Zersetzung die Pflanzenwurzeln „verbrennen“ kann. Auch frische Holzspäne sind nur bedingt geeignet, da die Zersetzung Stickstoff verbraucht. Pappe ist wiederum ein nützliches Material, um Unkraut zu unterdrücken. Der Vorteil von organischen Materialien besteht darin, dass sie den Zustand des Bodens verbessern. Das Material wird langsam in den Wurzelbereich der Pflanzen eingearbeitet, da die Würmer es nach unten ziehen und zerkleinern, feineres Material wird durch den Regen tiefer in den Boden transportiert. Obwohl einige biologisch abbaubare Materialien, wie z. B. Pappe, nicht sehr nährstoffreich sind, sind sie dennoch gut für die Bodenstruktur, so trägt Mulch auch dazu bei, in sandigen Böden Nährstoffe zu binden und in schweren Lehmböden die Dränage zu verbessern.

Wie man Mulch ausbringt

Wenn Sie Gartenkompost oder verrotteten Stallmist ausbringen, sollten Sie diesen etwa 5 cm hoch über die Beete verteilen. Achten Sie darauf, dass der Mulch nicht mit der Basis von Bäumen und Sträuchern in Berührung kommt, da er an deren Stämmen Fäulnis verursachen kann.

Saure Böden

Wenn Sie Pflanzen haben, die saure Böden lieben, wie z. B. Rhododendren, einige Magnolien, Kamelien, Heidekraut und Heidelbeeren, helfen Ihnen einige Mulchmaterialien dabei, den pH-Wert aufrechtzuerhalten. Dazu gehören Hornspäne, Kaffeepulver, Traubentrester, Zitrusschalen, Eichenblätter und Kiefernnadeln oder Kiefernholzhäcksel.

Unten links: Organische Materialien wie gehäckselte Zweige und Stängel können dazu beitragen, die Pflanzen mit Nährstoffen zu versorgen.
Unten rechts: Mulch kann in Blumenbeeten verteilt werden, um die Feuchtigkeit im Boden zu halten.

SCHRITT FÜR SCHRITT

EIN GEMÜSEGARTEN OHNE UMGRABEN

„No-dig-Gardening“ ist eine beliebte Technik, um einen Gemüsegarten anzulegen, ohne dass der Boden bearbeitet werden muss. Stattdessen wird durch die Zugabe von Garten- oder Küchenabfällen und anderen organischen Materialien, die an der Oberfläche verrotten und in die Beete einziehen, ein gesunder Boden geschaffen.

Es heißt, dass beim „No-dig“-Gärtnern weniger Unkraut wächst. Das liegt daran, dass organisches Material, das auf den Boden aufgebracht wird, das Unkraut unterdrückt. Bei der traditionellen Gartenarbeit kann die Bearbeitung des Bodens dazu führen, dass man versehentlich mehrjährige Unkräuter durchschneidet und schlafende Unkrautsamen freilegt, was das Unkrautproblem noch verschlimmert.

Durch das Umgraben des Bodens wird auch seine natürliche Struktur und das Bodenleben (Mikroorganismen, Würmer usw.) gestört. Beim „No-dig-Gardening“ wird der Boden nicht bearbeitet, sondern man verteilt organische Substanz auf dem Boden, was die Würmer in den Wurzelbereich der Pflanzen lockt. Dadurch wird der Boden auf natürliche Weise belüftet.

Das Gärtnern ohne Graben erfordert Geduld, denn es kann ein oder zwei Jahre dauern, bis die Beete vom üblichen Kultivieren mit Umgraben umgestellt sind. Zur Belohnung gibt es ein leichter zu bewirtschaftendes Beet mit weniger Unkraut, ohne Umgraben und mit mehr Gemüse zum Ernten und Genießen. Wenn Sie also die Umstellung auf dieses System in Erwägung ziehen, sollten Sie auch einen Komposthaufen zum Auffüllen der Gemüsebeete anlegen.

Sie benötigen

- Pappkartons
- Gartenkompost, torffreie Universal-Blumenerde oder mit Gartenerde vermischte Holzhäcksel
- Obst- und Gemüseabfälle aus der Küche und Gartenabfälle
- Kelle
- Ihr persönliches Wunschsortiment an Gemüsepflanzen

Pappe und Gartenkompost, die auf ein Beet gelegt werden, unterdrücken nicht nur Unkraut, sondern bilden auch bei ihrer Zersetzung einen gesunden Boden.

1. Wenn Sie ein neues Beet für das Gemüse bereiten wollen, schneiden Sie den vorhandenen Bewuchs mit einem Rasentrimmer bis auf Bodenniveau zurück. Sie können das Schnittgut auf der Fläche liegen lassen, samenhaltiges Material geben Sie aber besser in die Biotonne.

2. Decken Sie die gesamte Fläche lückenlos mit Pappe ab. Bei viel mehrjährigem Unkraut kann es notwendig sein, zwei Lagen zu verwenden.

3. Verteilen Sie eine 6 cm dicke Schicht Gartenkompost auf die Pappe. Wenn Sie keinen Komposthaufen haben, verwenden Sie eine torffreie Universal-Blumenerde oder mit Gartenerde vermischte Holzhäcksel.

4. Geben Sie Küchen- und Gartenabfälle auf die Fläche und lassen Sie den Haufen verrotten. Sobald sich das Material zersetzt hat, fügen Sie weitere Schichten von sog. „grünen" Materialien (weiche Küchen- und Gartenabfälle) sowie „braune" Materialien (gehäckselte Zweige oder Laub) hinzu.

5. Wenn Unkraut in der Mulchschicht auftaucht, ziehen Sie es mit der Hand heraus. Es sollte recht einfach zu entfernen sein, da der organische Mulch locker ist und die Unkrautwurzeln wahrscheinlich nur minimalen Widerstand leisten.

6. Nach etwa einem Jahr sollte die Schicht aus organischem Material auf dem Blumenbeet zum Einpflanzen bereit sein.

Herstellung von Gartenkompost

Der Komposthaufen ist ein Schlüsselelement der nachhaltigen Gartenarbeit. Nicht nur alle im Garten anfallenden Abfälle kann man entsorgen, sondern auch Obst- und Gemüseabfälle aus der Küche finden auf dem Komposthaufen den Weg zur Wiederverwertung. Das Allerbeste daran ist, dass Kompost ein kostenloses Material ist, das man in die Beete ausbringt, um die Qualität des Bodens zu verbessern. Er kann dabei als Mulch auf der Oberfläche verwendet oder in den Boden eingegraben werden.

Achten Sie auf Unkraut

Mehrjährige Unkräuter sollten nicht sofort nach dem Ausgraben auf den Komposthaufen geworfen werden, da sie schnell in dem Material anwurzeln. Stattdessen sollten die Unkräuter einige Wochen lang auf einem Gestell in der Sonne getrocknet werden, damit sie wirklich abgestorben sind. Eine andere Methode besteht darin, sie in Wasser zu ertränken, bis sie sich in einen bräunlichen Schlamm verwandeln, und diesen dann dem Komposthaufen hinzuzufügen. Vermeiden Sie auch die Zugabe von einjährigen Unkräutern, wenn diese Samen enthalten.

Aufsetzen eines Komposthaufens

Wenn möglich, sollten Sie einen Komposthaufen auf nackter Erde anlegen, nicht auf einer harten Oberfläche wie einer gepflasterten Terrasse. Der Grund dafür ist, dass die Würmer aus dem Boden im Idealfall nach oben in den Haufen wandern. Ein Platz im lichten Schatten wäre der perfekte Ort für einen Komposthaufen, da er dort mehr Regen abbekommt als unter einem dichten Blätterdach und an heißen Tagen nicht zu schnell austrocknet.

Arten von Komposthaufen

Geschlossene Komposthaufen sind ideal für kleine Gärten, da sie kompakt sind und nicht zu viel wertvollen Platz beanspruchen. Ein weiterer Vorteil ist, dass sie nagetiersicher sind. Die beliebtesten geschlossenen Systeme sind die sogenannten Schnellkomposter, aber es gibt auch andere Typen. Einige geschlossene Systeme können sogar mit einem Griff gedreht werden, so dass Sie das Material nicht manuell mit einer Gabel umdrehen müssen.

Offene Komposthaufen sind besser für größere Gärten geeignet, da sie mehr Material aufnehmen können. Diese Haufen haben kein Dach und sind daher den Elementen ausgesetzt. Ein einfacher, aber beliebter offener Komposthaufen besteht aus drei zusammengenagelten Paletten, die die Rückseite und zwei Seiten bilden.

Erfolgsgeheimnisse der Kompostierung

Ein Komposthaufen sollte alle paar Wochen gewendet werden. Dadurch wird das Material belüftet und der Zersetzungsprozess beschleunigt. Ein gesunder Komposthaufen sollte zu etwa 60 % aus grünem, also stickstoffreichem Material und zu 40 % aus braunem kohlenstoffreichem Material bestehen. Behalten Sie den Komposthaufen im Auge, um zu prüfen, ob er zu nass oder zu trocken wird. Wenn der Kompost schleimig ist, fügen Sie mehr kohlenstoffhaltiges Material hinzu. Wenn er zu trocken ist, fügen Sie mehr stickstoffhaltige Materialien hinzu.

Zu den stickstoffhaltigen Materialien gehören Grasschnitt und krautiges Pflanzenmaterial sowie Obst- und Gemüseabfälle aus der Küche. Zu den Kohlenstoffmaterialien zählen holzige Äste oder Zweige, die in der Regel vom Baumschnitt übrig bleiben, Holzhäcksel, geschreddertes Papier und Pappe.

Kurz gesagt sind die folgenden Punkte für eine erfolgreiche Kompostierung entscheidend:

- Denken Sie daran, den Kompost regelmäßig zu wenden.
- Lassen Sie den Kompost nicht austrocknen.
- Streben Sie eine gute Mischung aus stickstoff- und kohlenstoffreichen Materialien an.
- Zerkleinern Sie den Abfall in kleine Stücke, bevor Sie ihn auf den Haufen geben.

Ein Kompostbehälter lässt sich leicht und kostenlos aus drei zusammengenagelten alten Holzpaletten herstellen.

Tipps zum Kompostieren

In dieser Liste finden Sie einige Materialien, die Sie auf den Komposthaufen werfen können, und andere, die Sie keinesfalls dort entsorgen sollten.

Hinzufügen

- Krautiges Gartenmaterial
- Grasschnitt
- Gemüse- und Obstabfälle aus der Küche (Zitrusschalen können hinzugefügt werden, aber zu viele davon machen den Kompost sauer)
- Geschredderte Zeitungen und Pappe
- Papier (aber vermeiden Sie glänzendes und farbiges Papier)
- Eierschalen (aber nicht zugeben, wenn der Komposthaufen nicht nagetiersicher ist)
- Einstreu von Kaninchen oder Hamstern
- Holzspäne und Häckselgut von Ästen
- Kaffeesatz

Nicht hinzufügen

- Fleisch oder Knochen
- Eigelb und Eiweiß
- Fisch
- Molkereiprodukte
- Alufolie, Geschenkpapier
- Hochglanzzeitschriften und glänzendes Papier
- Haustierkot (z. B. Katzenstreu)
- Mit Chemikalien behandeltes Material
- Teebeutel, die aus dünnem PET- oder Nylongewebe bestehen (Teeblätter und biologisch abbaubare Teebeutel können hinzugefügt werden)

Bewässern und Düngen

Wasser und Nahrung sind entscheidend für die Gesundheit und das Überleben einer Pflanze. Die meiste Zeit werden die Pflanzen im Garten durch natürliche Niederschläge ausreichend mit Wasser versorgt. In Dürreperioden kommen sie jedoch in Stress, und es kann notwendig sein, sie durch gelegentliches Gießen am Leben zu erhalten. Pflanzen in Kübeln oder Töpfen sind gefährdeter, weil ihre Wurzeln sich nicht frei entfalten können und nicht selbst nach Feuchtigkeit oder Nährstoffen (in der Tiefe) suchen können, wie dies bei Pflanzen der Fall ist, die direkt in der Erde wurzeln.

Wie wässert man

Begießen Sie nicht das Laub der Pflanzen. Topfpflanzen lassen sich effizient bewässern, indem man sie in Untersetzer stellt und diese mit Wasser füllt. So kann die Pflanze die Feuchtigkeit über die Wurzeln aufnehmen.

Einige Anzeichen dafür, dass eine Kübelpflanze gegossen werden muss, sind:

- Die Blumenerde fühlt sich trocken an (stecken Sie Ihren Finger in die Erde, um das zu prüfen).
- Die Pflanze verwelkt.
- Der Topf fühlt sich leichter an.
- Der Topf fällt bei Wind um.

Sammeln Sie nach Möglichkeit Regenwasser, denn die unnötige Verwendung von Leitungswasser lässt den Grundwasserspiegel sinken und kostet in der Aufbereitungsanlage Energie. Außerdem spart man so Geld bei der Wasserrechnung. Die Regentonnen können an die Fallrohre von Haus, Schuppen und Gewächshaus angeschlossen werden.

Düngen Sie die Pflanzen während der Wachstumsperiode alle ein bis zwei Wochen, um sie gesund zu halten und die Blüten- und Fruchtbildung zu fördern.

Wenn Sie verreisen und keinen freundlichen Nachbarn finden, der Ihre Pflanzen gießt, gibt es einige einfache Techniken, die Sie ausprobieren können, um Ihre Pflanzen am Leben zu erhalten:

- Räumen Sie alle Töpfe und Blumenampeln in den Schatten.
- Stellen Sie die Töpfe in Untersetzer mit Wasser, damit sie bei Bedarf Wasser aufnehmen können.
- Geben Sie den Pflanzen vor dem Verlassen des Hauses einen kräftigen Schluck Wasser.

Wie düngt man

Pflanzen profitieren von einer regelmäßigen Nährstoffversorgung während der Wachstumsperiode. Zu Beginn der Saison, wenn sie zu wachsen beginnen, benötigen sie eine Stickstoffzufuhr, da dies das Wachstum und die Blattbildung fördert. Später in der Saison, wenn die Pflanzen anfangen zu blühen oder Früchte zu tragen, benötigen sie mehr Kalium, damit sie intensive Blütenfarben und viele schmackhafte Früchte entwickeln können. Ein organischer Tomatendünger ist reich an Kalium und eignet sich ideal zur Versorgung der meisten fruchttragenden Gemüsepflanzen. Verwenden Sie immer organische Dünger wie Algendünger, Blut-, Fisch- und Knochenmehl-Dünger, Hornspäne oder selbst hergestellte Brennnessel- sowie Beinwelljauchen (siehe Seite 104–105). Im zeitigen Frühjahr können Sie organische Langzeitdünger in den Boden einbringen, die die Nährstoffe im Laufe der Saison allmählich abgeben. Achten Sie bei den gekauften Düngern auf die Angaben auf der Verpackung.

Gezielte Bewässerung

Legen Sie eine runde Senke (Gießrand) mit einem Radius von etwa 20 cm um die Pflanze herum an, um eine Art Reservoir zu schaffen, welches das Gießwasser zurückhält. So wird verhindert, dass das Wasser von der Pflanze wegläuft, und es kann stattdessen in den Wurzelbereich eindringen.

Wie man einen Tropfschlauch herstellt

Obwohl die meisten Pflanzen im Freiland nicht so oft unter Trockenstress geraten wie Kübelpflanzen, bekommen frisch gesetzte Exemplare in Trockenperioden doch oft Probleme. Ein Sicker- oder Tropfschlauch (quasi ein undichter Schlauch) kann dazu beitragen, durch Wassermangel verursachte Schäden zu verringern, wenn Sie abwesend sind oder nicht regelmäßig gießen können. Bringen Sie zwischen Schlauch und Wasserhahn eine spezielle Zeitschaltuhr an, so können Sie ein automatisches Bewässerungssystem einrichten und sicher sein, dass Ihre Pflanzen regelmäßig bewässert werden.

1. Schneiden Sie einige kleine Löcher in ein Stück alten Gartenschlauch, etwa 10 cm voneinander entfernt.
2. Stecken Sie ein geschlossenes Abschlussstück (z. B. Schlauchverbinder mit Wasserstopp) auf das Ende des Schlauchs, um zu verhindern, dass Wasser ausläuft, wenn der Wasserhahn aufgedreht wird.
3. Verlegen Sie den Schlauch knapp unter der Erdoberfläche, um die Verdunstung zu verringern, und richten Sie die Löcher auf die Pflanzen aus, damit das Wasser direkt zu den Wurzeln gelangt.
4. Schließen Sie den Schlauch an einen Außenwasserhahn mit Bewässerungssteuerung (Zeitschaltuhr) an und stellen Sie diese so ein, dass das Wasser jeden Abend für einige Minuten läuft.

SCHRITT FÜR SCHRITT

BRENNNESSELJAUCHE HERSTELLEN

Wenn Sie Ihren eigenen Flüssigdünger herstellen, sparen Sie bei der Versorgung Ihrer Pflanzen Geld, denn er ist völlig kostenlos. Außerdem hinterlassen Sie damit praktisch keinen CO_2-Fußabdruck. Dieser Flüssigdünger kann zu Hause aus organischen Zutaten hergestellt werden, die im Garten vorkommen. Man vermeidet damit überflüssige Verpackungen und die Verwendung von Kunstdünger.

Brennnesseln (*Urtica dioica*) sind reich an Stickstoff und Eisen und eine Jauche daraus kann als Flüssigdünger verwendet werden, um das Blattwachstum der Pflanzen anzuregen. Zur Anwendung im Garten verdünnen Sie die Brennnesseljauche in einer Gießkanne, und zwar im Verhältnis 1 Teil Brennnesseljauche zu 10 Teilen Wasser. Verteilen Sie dann die verdünnte Flüssigkeit in den ersten Monaten der Vegetationsperiode alle ein bis zwei Wochen im Wurzelbereich der Pflanzen, da sie in dieser Zeit den größten Bedarf haben. Mit dem Einsetzen der Blühperiode kann stattdessen eine flüssige Beinwelldüngung verwendet werden. Beinwell (*Symphytum officinale*) enthält viel Kalium, das die Fruchtbildung, Pflanzengesundheit und Blütenfarbe fördert. Beinwelljauche wird auf die gleiche Weise wie Brennnesseljauche hergestellt und an die Pflanzen verabreicht.

Sie benötigen

- Brennnesseln (etwa ein halb gefüllter schwarzer Müllsack)
- Schere oder Gartenschere
- Zwei Eimer und einen schweren Stein/Ziegel
- Sieb, recycelte Plastikflaschen mit Deckel
- Gießkanne

Kaliumquelle

Eine weitere Kaliumquelle zur Pflanzenversorgung ist Holzasche, die Sie aus einem Lagerfeuer oder einem Holzofen gewinnen können. Streuen Sie die Holzasche um die Basis der Pflanzen, wenn sie beginnen, Blütenknospen zu bilden.

Aus Brennnesseln lässt sich ein natürlicher Dünger für Pflanzen herstellen, der völlig kostenlos ist.

1. Sammeln Sie einen halben Müllsack voll Brennnesseln. Schneiden Sie die Brennnesseln in Stücke von etwa 10 cm Länge. Je kleiner die Stücke sind, desto schneller zersetzen sie sich.

2. Legen Sie die Brennnesseln in einen Eimer und füllen Sie diesen mit Wasser. Legen Sie einen Ziegelstein oder Stein auf die Nesseln, damit sie unter Wasser bleiben.

3. Stellen Sie den Eimer an eine abgelegene Stelle im Garten. Die Flüssigkeit fängt nämlich an zu stinken, wenn sie sich zersetzt.

4. Verwenden Sie ein Sieb, um die Flüssigkeit in einen anderen Eimer abzugießen. Füllen Sie sie dann in einige recycelte Plastikflaschen zur Aufbewahrung. Man kann die Flüssigkeit auch im Eimer lassen, aber in den Flaschen mit Deckel riecht sie nicht so stark. Mischen Sie die Düngung in einer Gießkanne mit Wasser (1 Teil Jauche auf 10 Teile Wasser), um sie auszubringen.

Brennnesseln und Beinwell

Brennnesseln wachsen in den meisten Gärten, aber wenn Sie keine haben, sind sie in der freien Natur leicht zu finden. Fragen Sie immer den Landbesitzer um Erlaubnis, bevor Sie sie sammeln.

Beinwell (siehe unten) ist in der Natur schwieriger zu finden als Brennnesseln, so dass es sich lohnen könnte, ein eigenes Beinwellbeet im Garten anzulegen. Die beliebteste Sorte für einen Flüssigdünger ist Boking 14. Pflanzen Sie einzelne Pflanzen in Abständen von 75 cm in unkrautfreie Erde.

Beinwell (*Symphytum officinale*)

Pflege heranwachsender Pflanzen

Wenn die Pflanzen größer werden, wenden Gärtner verschiedene Techniken als Pflegemaßnahmen an, die es den Pflanzen ermöglichen, ihre optimale Größe zu erreichen, ohne zu verkümmern und Nährstoffmangel zu erleiden. Die meisten dieser Verfahren werden im Frühjahr durchgeführt, wenn die Tage wärmer werden und die Pflanzen zu wachsen beginnen.

Pikieren

Beim Pikieren werden kleine Pflänzchen aus dem ursprünglichen Aussaatgefäß – in der Regel einer Anzuchtschale oder Multi-Topfpflatte – herausgenommen und einzeln in größere Töpfe verpflanzt, damit sie sich entwickeln können. Dies geschieht in der Regel wenige Wochen nach der Aussaat, wenn die Pflanzen etwa 6 cm hoch sind, hängt aber von der Art der Pflanze ab. Die Pflänzchen sind in diesem Stadium sehr empfindlich und sollten daher vorsichtig behandelt werden. Auf Seite 202 finden Sie Hinweise zur Aussaat.Bereiten Sie den Topf für das Pflänzchen vor, bevor Sie es pikieren, um die Zeit zu verkürzen, in der es nicht in der Erde ist. Füllen Sie den neuen Topf mit Blumenerde und stechen Sie mit einem Pflanzholz oder dem Finger ein kleines Pflanzloch hinein. Heben Sie die Pflanze mit dem Pikierholz vorsichtig aus, wobei Sie darauf achten müssen, dass das Wurzelsystem möglichst intakt bleibt (Sie können auch einen Teelöffel, ein Pflanzenetikett oder einen Eisstiel verwenden). Achten Sie darauf, dass Sie die benachbarten Sämlinge nicht beschädigen, da die Pflänzchen in diesem Stadium oft dicht beieinander stehen.

Halten Sie die Pflanze beim Pikieren am Blatt und nicht am Stängel fest. Wenn nämlich der Stängel beschädigt wird, stirbt die Pflanze wahrscheinlich ab, während sie ein gequetschtes oder leicht eingerissenes Blatt überleben sollte. Setzen Sie das Pflänzchen vorsichtig in das Loch, bedecken Sie die Wurzeln vollständig mit Erde und drücken Sie sie ganz leicht an – vermeiden Sie es, zu viel Druck auszuüben und die empfindlichen Wurzeln zu beschädigen.

Links: Halten Sie das Blatt beim Pikieren fest. *Gegenüber links:* Karotten ausdünnen, damit die verbleibenden Pflänzchen ihre volle Größe erreichen können.
Gegenüber rechts: Entfernen Sie die Geiztriebe von Tomatenpflanzen (Ausgeizen), damit die Energie in die reifenden Früchte gesteckt wird.

Ausdünnen

Sobald die ausgesäten Pflanzen in den Beeten eine bestimmte Größe erreicht haben, müssen sie ausgedünnt oder verzogen werden. Dabei wird ein Teil der Sämlinge entfernt, damit die verbleibenden Pflanzen genügend Platz haben, um sich zu entwickeln. Werden Pflanzen nicht ausgedünnt, werden sie spindeldürr und erreichen nicht ihre volle Größe, da sie um Sonnenlicht, Nährstoffe und Wasser konkurrieren müssen.

Der für das Ausdünnen erforderliche Abstand zwischen den Pflanzen in den Reihen ist auf den Saatgutpackungen angegeben. Zu den Pflanzen, die ausgedünnt werden müssen, gehören Karotten, Rote Bete, Radieschen, Salat und Kohl.

Ausgeizen

Diese Technik wird besonders bei Tomatenpflanzen angewandt, um die Bildung von zu vielen Seitentrieben zu verhindern. Die Pflanze wird dazu angeregt, ihre Energie vermehrt in die Fruchtbildung zu investieren und nicht in zu viel Laub oder neue Triebe. Durch das Ausgeizen wächst die Pflanze schneller in die Höhe und wird weniger buschig. Je nach Tomatensorte muss mehr oder weniger ausgegeizt werden. Brechen Sie dafür einfach den kleinen Seitentrieb kurz über einem Blattansatz ab, indem Sie ihn zwischen Daumen und Zeigefinger einklemmen und seitlich abknicken.

Umtopfen

Wenn Pflanzen für ihren derzeitigen Topf zu groß geworden sind, müssen sie in einen größeren Topf umgepflanzt, also umgetopft werden. Das Umtopfen sollte durchgeführt werden, wenn die Wurzeln der Pflanze den Topf gut ausgefüllt haben oder die Pflanze zu breit oder hoch für den Topf geworden ist. Der neue Topf sollte etwa doppelt so groß wie der vorherige sein und mit Blumenerde gefüllt werden. Einige Wochen nach dem Umtopfen sind die Jungpflanzen dann meist bereit für ihren endgültigen Pflanzplatz, entweder im Freiland oder in einem Kübel.

Pflege von Staudenbeeten

Staudenbeete sind Blumenbeete, die mit nicht verholzenden mehrjährigen Pflanzen bestückt sind. Diese Beete können so groß oder klein sein, wie es der Platz in Ihrem Garten zulässt. Um sie so schön wie möglich zu halten, müssen sie von Zeit zu Zeit gepflegt werden, damit sie in einem optimalen Zustand bleiben.

Stauden müssen in Blumenbeeten oft gestützt werden, damit sie nicht umkippen. Zu diesem Zweck verwendet man gewöhnlich Pflanzenstützen. Sie verhindern, dass die Pflanzen abbrechen und sorgen für bestmögliches Aussehen.

Der Trick bei der Verwendung von Pflanzenstützen besteht darin, sie in Position zu bringen, bevor die Pflanze im Frühjahr zu wachsen beginnt oder zu groß wird. Auf diese Weise wächst die Pflanze aufrecht im Inneren der Stütze, Seitentriebe wachsen aber durch sie hindurch nach außen und ihr Blattwerk verdeckt das Gestell. Wenn das Anbringen der Stütze zu spät geschieht, kann es sehr schwierig sein, die Triebe in der Stütze unterzubringen, ohne sie abzubrechen oder zu beschädigen. Es wird auch schwieriger, die Stütze zu verstecken.

Es gibt eine Reihe von Möglichkeiten für das Stützen von Stauden im Beet. Am einfachsten ist es, drei oder vier Bambusstangen in gleichmäßigem Abstand um die Pflanze herum zu stecken und dann je nach Höhe der Pflanze etwa alle 20 cm eine Schnur zwischen den Stangen zu spannen.

Durch die Verwendung von Stützen bleiben die Pflanzen aufrecht und ordentlich, und ihre Blüten kommen im Beet besser zur Geltung.

Bei Pflanzen mit schweren, einzelnen, aufrechten Blütentrieben, wie Rittersporn, Stockrose und Dahlie, kann ein einzelner Stab in der Nähe des Stängels in den Boden gesteckt werden. Der Blütentrieb wird dann mit Schnur daran festgebunden, um ihn aufrecht zu halten und zu verhindern, dass sein kopflastiges Gewicht die Pflanze abknicken lässt.

Auch dünne Zweige sind nützlich, um sie einfach um eine Pflanze herum in den Boden zu stecken, damit sie nicht umkippt. Eines der beliebtesten Materialien für diese Zweiglein sind natürliche, biegsame Ruten wie die jungen Triebe von Hasel und Weide. Diese können neben einer Staude in den Boden gesteckt und verflochten werden. Die Pflanze kann sogar durch das Geflecht hindurchwachsen. Wenn Sie einen Freund oder Kollegen mit einem Haselstrauch oder einer Weide im Garten haben, dann ist das Material womöglich kostenlos.

Traditionelle Staudenhalter aus rostigem Metall wären eine weitere Möglichkeit. Sie sind oft aufwendig verziert und verleihen dem Beet eine hübsche, rustikale Note, die an einen Bauerngarten erinnert.

Spezielle Modelle von Pflanzenstützen sind im Internet und in Gartencentern erhältlich. Es gibt viele verschiedene Arten, darunter solche, die kreisförmig zusammengesteckt oder in einer Reihe entlang der Vorderseite eines Beetes platziert werden, um zu verhindern, dass die Pflanzen auf den Rasen oder den Weg umkippen.

Andere Arbeiten im Staudenbeet

- Schneiden Sie Verblühtes heraus, damit die Pflanze neue Blüten hervorbringt.
- Halten Sie das Beet frei von Unkraut.
- Mulchen Sie den nackten Boden jedes Frühjahr.
- Schneiden Sie das Blattwerk im Spätherbst oder im zeitigen Frühjahr zurück.
- Lassen Sie am Ende der Saison die Fruchtstände stehen, damit sich Wildtiere daran erfreuen können.
- Teilen Sie zu dicht gewordene Pflanzen im Frühjahr.

Chelsea-Schnitt

Einige Stauden vertragen im späten Frühjahr (etwa Ende Mai) einen Rückschnitt mit einer Handschere um fast die Hälfte. Dieser Rückschnitt wird in Großbritannien „Chelsea Chop“ (also Chelsea-Schnitt) genannt, da er traditionell etwa zur gleichen Zeit wie die große Blumenschau der Royal Horticultural Society in Chelsea, London, durchgeführt wird. Durch diesen Schnitt werden die Pflanzen weniger langbeinig und hoch, dafür aber buschiger, wodurch sie nicht so leicht auseinanderfallen und weniger gestützt werden müssen. Sie bilden mehr (aber kleinere) Blüten und die Blütezeit wird verlängert.

Bei vielen Stauden verlängert sich die Blütezeit, wenn man sie im späten Frühjahr mit einer Schere zurückschneidet.

Schnitt von Zierbäumen

Normalerweise müssen Zierbäume während ihres Lebens nicht viel geschnitten werden, aber es gibt einige Gelegenheiten, bei denen sie davon profitieren. Manchmal sieht ein Baum ästhetisch ansprechender aus, wenn er geschnitten wird – zum Beispiel, wenn er unausgewogen wirkt oder in einen anderen Baum hineinragt. Gelegentlich muss auch ein Ast herausgenommen werden, wenn er über einen Weg oder eine Einfahrt gewachsen ist oder einen anderen Bereich unnötig beschattet.

Während die meisten Obstbäume von einem jährlichen Schnitt profitieren, lässt man Zierbäume am besten so wachsen, wie es die Natur vorgesehen hat. Abgestorbene oder kranke Äste müssen allerdings entfernt werden. Auch wenn Zweige oder Äste zu nah zusammenstehen, sollte einer davon entfernt werden, um zu verhindern, dass sie aneinander reiben und eine Wunde verursachen, durch die Krankheitskeime eindringen könnten.

Der richtige Zeitpunkt

Der beste Zeitpunkt für einen Baumschnitt ist in der Regel zwischen Spätherbst und Frühlingsanfang, bevor der Baum in die Wachstumsphase kommt. Der Schnitt zu diesem Zeitpunkt lässt auch die Struktur des Baumes besser erkennen. Es gibt jedoch Ausnahmen, wie z. B. Zierkirschen, die nur in der Wachstumsphase geschnitten werden sollten, da sie anfällig für Krankheiten sind, wenn im Winter Wunden entstehen. Schneidet man sie im Frühjahr, kann es zu einem Saftaustritt kommen, aber das ist nicht weiter schlimm, der Baum wird dadurch kaum geschädigt.

Verwenden Sie zum Schneiden von Zweigen oder Ästen, die mehr als zwei Finger dick sind, eine Astsäge und keine Garten- oder Astschere.

Erforderliche Werkzeuge Für den Baumschnitt benötigen Sie die folgenden Werkzeuge:

- Gartenschere für Äste, die dünner als ein Finger sind.
- Astschere für Äste, die mindestens fingerdick, aber dünner als zwei Finger sind.
- Astsäge für Äste, die mindestens zwei Finger dick sind.

Aufasten

Manche Bäume haben einen schönen Stamm, den man gut zur Geltung bringen sollte. Möglicherweise müssen Sie einige der unteren Äste abnehmen, um die schöne Rinde oder Borke freizulegen. Dies nennt man aufasten. Idealerweise wird die Erziehung der Krone jährlich in den ersten Jahren eines jungen Baumes durchgeführt. Der Grund dafür ist, dass die Triebe, die jedes Jahr aus dem Stamm austreiben, noch frisch und dünn sind, wenn sie entfernt werden. Die Wunden können dann schneller wieder geschlossen werden. Normalerweise werden die Äste bis zu einem Drittel der Baumhöhe entfernt. Zu den Bäumen mit attraktiven Stämmen, die sich dafür eignen, gehören die Weißrindige Himalaya-Birke (*Betula utilis* var. *jacquemontii*) und Zierkirschen wie *Prunus serrula* und *P. rufa*.

Entfernen eines Astes

Wenn ein Ast mit einer Astsäge entfernt werden muss, sollten Sie drei Schnitte durchführen, damit das Gewicht des Astes keinesfalls die Rinde abreißt und den Baum langfristig schädigt. Mit den ersten beiden Schnitten soll das meiste Gewicht vom Ast genommen werden (siehe rechts). Ziehen Sie für Äste, die unerreichbar sind, immer einen professionellen Baumpfleger hinzu. Klettern Sie lieber nicht auf Leitern herum. Für große, dicke Äste benötigt man eine Kettensäge, die nur von einem geschulten Fachmann verwendet werden sollte.

Drei-Schnitt-Technik

❶ **Schnitt 1** Schneiden Sie ca. 25 cm vom Stamm entfernt von unten bis zur Hälfte in den Ast. Dadurch wird verhindert, dass der Ast bis zum Stamm einreißt.

❷ **Schnitt 2** Setzen Sie den zweiten Schnitt weiter entlang des Astes an, ein paar Zentimeter vom ersten Schnitt entfernt. Schneiden Sie nun, bis der Ast abfällt – achten Sie auf das befriedigende „Knack".

❸ **Schnitt 3** Der letzte Schnitt erfolgt an der Außenseite des Astkragens, dem leicht angeschwollenen Bereich an der Basis des Zweigs. Schneiden Sie knapp außerhalb des Kragens, aber ohne dass ein hervorstehender Stumpf zurückbleibt, der faulen und eine Infektion verursachen könnte. Die Wunde sollte sich schließen, wenn der Kragen intakt bleibt.

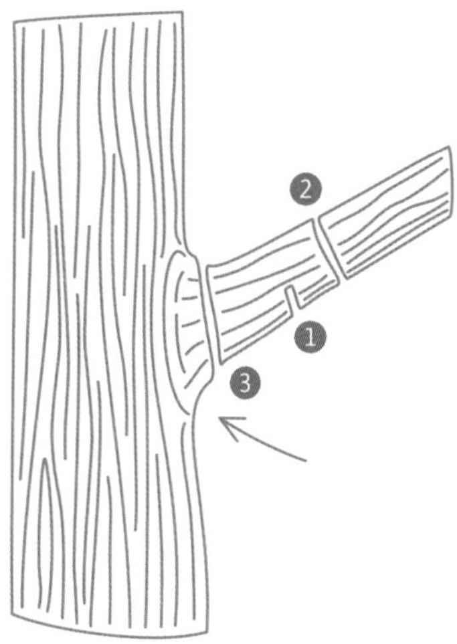

Schnitt von Sträuchern

Meistens müssen Sträucher stärker geschnitten werden als Bäume. Das liegt daran, dass sie meist zu einem stärkeren, sich ausbreitenden oder verdichtenden Wuchs neigen und daher ohne regelmäßige Pflege eher struppig und undurchdringlich aussehen. Da viele Sträucher wegen ihrer Blütenbildung kultiviert werden, fördert ein regelmäßiges Entfernen eines Teils des älteren Wuchses ein neues Gerüst aus blühenden Trieben.

Wann

In Gärtnerkreisen gibt es ein weises Sprichwort, das besagt, der richtige Zeitpunkt zum Schneiden sei gekommen, wenn es einem einfällt. Darin steckt ein Körnchen Wahrheit, aber es gibt auch einige Regeln und Tipps, damit Sträucher üppiger blühen und schöner aussehen. Die meisten Sträucher profitieren von einem einmaligen Rückschnitt pro Jahr.

Der beste Zeitpunkt für den Rückschnitt eines Strauches hängt davon ab, wann und wie er blüht, ob an den Jahrestrieben oder an den Trieben des Vorjahres.

Frühblühende Sträucher (Frühjahr und Frühsommer)

Die Sträucher dieser Kategorie bilden in der Regel ihre Blüten an denjenigen Trieben, die im Vorjahr entstanden sind. Bei diesen Sträuchern sollten nach der Blüte einige der älteren Triebe entfernt und die neuen Triebe, die im folgenden Jahr blühen werden, erhalten werden. Man spricht von Verjüngungsschnitt. Entfernen Sie einige der älteren Triebe an der Basis der Pflanze mit einer Astschere, schneiden Sie auch einige der anderen älteren Triebe die bereits geblüht haben, (nur ein Stück weit) bis auf neue Seitentriebe weiter unten zurück. Beim Schneiden sollten Sie darauf achten, etwa ein Drittel des älteren Holzes zu entfernen.

Mit einer kleinen Handschere lassen sich Formschnitte im Garten präzise durchführen.

Rückschnitt frühblühender Sträucher

Zu den Sträuchern dieser Kategorie gehören *Buddleja alternifolia, Chaenomeles, Deutzia, Exochorda, Forsythia, Kolkwitzia, Philadelphus, Ribes sanguineum, Syringa* und *Weigela*.

Sträucher, die kaum oder gar nicht geschnitten werden müssen

Manche Pflanzen brauchen kaum einen Schnitt, weil sie entweder langsam wachsen oder ohne viel Zutun des Menschen blühen. Diese Pflanzen sind ideal, wenn Sie sich nicht trauen, einen Rückschnitt vorzunehmen oder zu beschäftigt sind, um jedes Jahr zu schneiden.

Zu den Sträuchern dieser Kategorie gehören *Amelanchier, Chimonanthus, Cistus, Cornus kousa, Daphne, Edgeworthia, Enkianthus, Fothergilla* und *Hamamelis*.

Mittel- bis spätblühende Sträucher (ab Hochsommer)

Diese Gruppe von Sträuchern sollte im zeitigen Frühjahr zurückgeschnitten werden. Sie bilden ihre Blüten an Trieben, die noch im selben Jahr wachsen. Ein früher Schnitt regt sie dazu an, viele neue Triebe zu bilden, die später im Sommer Blüten hervorbringen. Achten Sie darauf, ein Gerüst ausgewachsener älterer Triebe zu schaffen, und schneiden Sie dann einen Teil des Austriebs vom Vorjahr bis auf einige Knospen zurück. Jede dieser Knospen sollte im laufenden Jahr einen neuen Blütentrieb hervorbringen.

Zu den Sträuchern dieser Kategorie gehören *Buddleja davidii, Ceratostigma willmottianum, Fuchsia, Hydrangea* und *Perovskia*.

Gründe für den Rückschnitt

- Um eine Pflanze gesund zu erhalten.
- Um einen Strauch in Form zu bringen.
- Um die Größe der Pflanze zu begrenzen.
- Um neues Wachstum zu fördern.
- Damit eine Pflanze nicht zur Gefahr wird, z. B. indem man einen schweren, kranken Ast entfernt, der über einem Durchgang wächst.
- Um einen bestimmten Effekt zu erzielen, z. B. große Blätter oder auffällige Winterstämme.

Einige allgemeine Tipps zum Schneiden

- Halten Sie die Gartenschere scharf, denn stumpfe Klingen können die Pflanzen beschädigen.
- Schneiden Sie immer oberhalb einer Verzweigung oder Knospe und lassen Sie keine Stummel zurück (diese sind Eintrittspforten für Krankheiten).
- Vermeiden Sie undurchdringlich dichte Baumkronen wegen des Schattenwurfs und weil die Luftzirkulation beeinträchtigt ist.
- Entfernen Sie Äste, die aneinander scheuern.
- Entfernen Sie alle Stockausschläge, die am Fuß eines Baumes wachsen.
- Entfernen Sie tote, beschädigte, kranke und absterbende Äste.
- Informieren Sie sich, wann ein Strauch geschnitten werden sollte, bevor Sie mit dem Schnitt beginnen.

SCHRITT FÜR SCHRITT

TEE-HYBRIDEN SCHNEIDEN

Rosen werden jedes Jahr geschnitten, um sie kräftig zu halten, die Blütenbildung anzuregen und die mögliche Entstehung von Schädlingen und Krankheiten zu verringern. Falls Sie sich vor dem Schneiden fürchten – machen Sie sich keine Sorgen: Rosen sind so zäh wie ein Paar alte Gartenstiefel. In der Regel überstehen sie die meisten Dinge, die das Leben und eine Gartenschere ihnen antun können.

Schnitt von Floribunda-Rosen und Teehybriden

Floribunda-Rosen und Teehybriden sind zwei beliebte Rosenklassen. Der Hauptunterschied besteht darin, dass Floribunda-Rosen in Büscheln blühen, während moderne Teehybriden große Einzelblüten hervorbringen. Beide blühen wiederkehrend den ganzen Sommer über und bis in den Herbst hinein. Beide Rosenklassen können auf die gleiche Weise geschnitten werden (siehe nebenstehende Abbildung). Das sieht vielleicht etwas streng aus, aber es funktioniert. Generell sollten Sie die Qualität der einzelnen Blüten durch einen kräftigen Schnitt verbessern und die Menge der Blüten durch einen leichten Rückschnitt erhöhen. Rosen können jahrelang ohne Schnitt überleben, aber sie bilden mehr und größere Blüten, wenn sie jedes Jahr zurückgeschnitten werden.

Sie benötigen

- Scharfe Gartenschere
- Eventuell Astschere

Das Schneiden von Rosen regt die Blütenbildung an und verringert die Wahrscheinlichkeit, dass die Pflanze von Pilzkrankheiten wie Sternrußtau und Rost befallen wird.

1. Schneiden Sie nach dem Einpflanzen alle Triebe auf etwa 15 cm bis knapp oberhalb einer gesunden, nach außen zeigenden Knospe zurück.

2. Im folgenden Herbst, nach der Blüte, können die neu gewachsenen Triebe um etwa ein Drittel eingekürzt werden. Dadurch verringert sich die Gefahr, dass die Pflanze vom Wind hin und her geschüttelt wird und sich im Winter lockert.

3. Entfernen Sie im Spätwinter oder Frühjahr mit einer Gartenschere abgestorbene, kranke oder aneinander reibende Triebe. Schneiden Sie sie an der Basis ab. Für dickere, ältere Äste verwenden Sie eine Astschere.

4. Schneiden Sie alle verbleibenden gesunden Triebe auf etwa 20–30 cm über dem Boden zurück. Weniger kräftige Triebe können stärker, bis auf etwa 10 cm, zurückgeschnitten werden, um ein stärkeres Wachstum in der nächsten Saison anzuregen.

Ausputzen

Entfernen Sie Verblühtes, damit mehr neue Blüten entstehen. Dazu gibt es zwei Methoden. Bei der zweiten dauert es länger, bis neue Blüten erscheinen, aber sie regt zu üppigerer Blütenbildung an.

1. Knicken Sie den Stängel direkt unter der abgestorbenen Blüte ab, indem Sie mit Daumen und Fingern Druck ausüben.

2. Alternativ können Sie auch eine Gartenschere verwenden, um etwa 10 cm weiter unten am Stängel bis zu einer gesunden Knospe zurückzuschneiden.

Schnitt und Erziehung von Kletterpflanzen

Kletterpflanzen eignen sich, um dem Garten Höhe zu verleihen. Sie können an Bögen, Pergolen und Lauben sowie an Mauern und Zäunen hinauf gezogen werden. Kletterpflanzen sind entweder einjährige Pflanzen, Stauden oder Sträucher, dennoch gibt es einige für alle drei Typen geltende Grundregeln, wie man sie erfolgreich schneidet und pflegt. Die drei beliebtesten Kletterkünstler werden hier vorgestellt: Clematis, Kletter- und Rambler-Rosen und Blauregen.

Clematis

Sie ist wahrscheinlich eine der beliebtesten Kletterpflanzen für den Garten. Es gibt drei verschiedene Gruppen, die man kennen sollte, denn sie werden unterschiedlich geschnitten.

Gruppe 1 Clematis, die im frühen bis mittleren Frühjahr blühen, darunter *Clematis alpina, C. cirrhosa, C. macropetala, C. napaulensis, C. montana* und *C. armandii.* Diese Pflanzen müssen nach der Blüte nur kurz gesäubert oder leicht zurückgeschnitten werden. Entfernen Sie einfach alle abgestorbenen Triebe und schneiden Sie die Pflanze dort zurück, wo sie zu groß geworden ist. Clematis in dieser Gruppe lassen sich stärker zurückschneiden, aber es kann passieren, dass die Pflanze im nächsten Jahr weniger blüht.

Gruppe 2 Sorten mit großen, auffälligen Blüten, die im Frühsommer erscheinen, darunter *Clematis florida* und *C. patens* sowie ihre Hybriden wie die beliebten 'Nelly Moser' und 'Corona'. Sie blühen am alten Holz und gelegentlich auch in einer zweiten Blüte. Der Rückschnitt erfolgt nach dem Erneuerungsprinzip, bei dem etwa ein Fünftel der Triebe bis in Bodennähe zurückgeschnitten wird, um den Neuaustrieb zu fördern. Die verbleibenden Triebe werden dann nur wenig, auf ein gesundes Knospenpaar zurückgeschnitten, um ein Gerüst aus einigen älteren Trieben zu bewahren.

Beim Schneiden einer Clematis müssen Sie prüfen, zu welcher der drei Gruppen sie gehört.

Gruppe 3 Zu dieser Gruppe, die von Mitte bis Spätsommer blüht, gehören *Clematis texensis* und Hybriden wie *C.* 'Étoile Violette' und *C.* 'Viticella'. Auch *C. orientalis* und *C. tangutica* sowie die beliebte Hybride 'Bill Mackenzie' gehören zu dieser Gruppe. Diese Kletterpflanzen blühen an den neuen Trieben des Jahres. Der Rückschnitt ist einfach. Schneiden Sie einfach die alten Triebe im Spätwinter oder im zeitigen Frühjahr bis auf das unterste Paar gesunder Knospen etwa 15–30 cm über dem Boden zurück. Wenn Sie ein dauerhaftes Gerüst schaffen wollen – etwa wenn Sie die Clematis als Sichtschutz verwenden wollen –, können Sie sie auch nur leicht zurückschneiden.

Kletter- und Rambler-Rosen

Kletternde Rosen gehören zwei verschiedenen Klassen an. Zum einen gibt es die Rambler-Rosen, die zu einem raumgreifenden stärkeren Wuchs neigen. Zum anderen gibt es die Kletterrosen, die einen aufrechteren Wuchs haben und in der Regel weniger wüchsig sind. Rambler-Rosen blühen normalerweise nur ein Mal, während Kletterrosen den ganzen Sommer über immer wieder blühen. Trotz der Unterschiede kann man sie gewöhnlich gleich behandeln, wenn es um den Schnitt geht. Entfernen Sie etwa ein Drittel der alten Triebe an der Basis, um den Neuaustrieb im zeitigen Frühjahr zu begünstigen. Dünnen Sie die vorhandenen Triebe gleichmäßig aus und schneiden Sie die Seitentriebe bis auf wenige Knospen zurück. Rosen bilden mehr Blüten aus, wenn ihre Triebe möglichst waagerecht stehen.

Blauregen

Schneiden Sie den neuen, buschigen Wuchs nach der Blüte auf maximal 15 cm zurück, um die Pflanze ordentlich und sauber zu halten. Im Winter können Sie den Neuaustrieb dann stärker bis auf ein paar Knospen zurückschneiden. Ältere, dickere Äste kann man entfernen, wenn die Pflanze zu dicht wird. So entsteht ein Gerüst aus gesunden ausgewachsenen Ästen.

Clematis-Schnitt

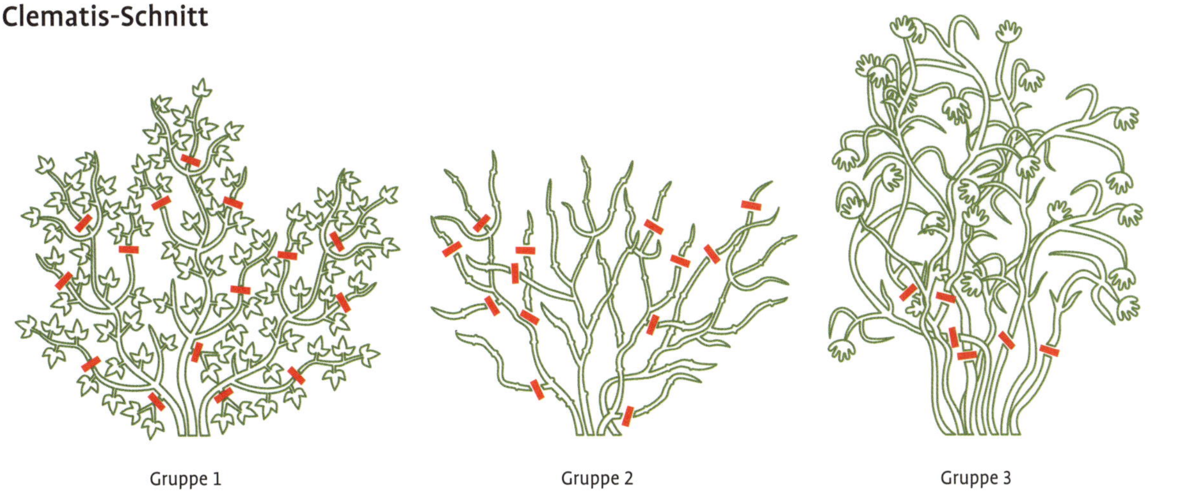

SCHRITT FÜR SCHRITT

HECKEN TRIMMEN

Das Schneiden einer Hecke ist sehr befriedigend, verleiht dem Garten Klarheit und Struktur und lässt ihn gut gepflegt aussehen. Je nach Art muss die Hecke ein oder zwei Mal im Jahr geschnitten werden (in Ausnahmen auch drei Mal). Wenn möglich schneiden Sie so früh und so spät im Jahr, dass Sie brütende Vögel nicht stören.

Schnitt einer vorhandenen Hecke

- Schneiden Sie laubabwerfende Hecken in der Ruhezeit (Winterschnitt, Spätherbst bis Frühjahrsbeginn).
- Schneiden Sie immergrüne Hecken im zeitigen Frühjahr (und ggf. im Spätsommer ein weiteres Mal, Sommerschnitt).

Hecken gerade halten

Wenn die Oberseite der Hecke zu Beginn nicht eben ist, beginnen Sie am höchsten Ende und arbeiten sich nach unten vor. Wenn Sie am niedrigen Ende beginnen, werden Sie Schwierigkeiten haben, die Hecke gerade zu bekommen.

Sie benötigen

- Handschere oder Heckenschere
- Gehörschutz und Visier oder Schutzbrille (bei Verwendung einer Heckenschere)
- Zwei oder drei kräftige Pfähle oder Stöcke
- Schnur (ausreichend für die Länge der Hecke)
- Maßband
- Stufen-Stehleiter oder Gelenkleiter mit Plattform

Eine gut geschnittene Hecke bildet eine schöne Kulisse für die vor ihr wachsenden Pflanzen.

1. Schneiden Sie den Neuaustrieb auf der ersten Seite der Hecke bis auf das ältere Holz zurück. Wenn Sie eine Heckenschere verwenden, tragen Sie einen Gehörschutz und ein Visier oder eine Schutzbrille; stellen Sie sich seitlich zur Hecke und schneiden Sie in einer bogenförmigen Bewegung von unten nach oben.

2. Wiederholen Sie den Vorgang auf der anderen Seite der Hecke. Fragen Sie vorher Ihren Nachbarn, falls Sie sein Grundstück betreten müssen.

3. Um die Oberseite der Hecke zu schneiden, schlagen Sie an jedem Ende zwei Pfähle oder Stöcke ein und spannen eine Schnur in der gewünschten Höhe dazwischen. Verwenden Sie ein Maßband, um zu prüfen, ob die Höhe an beiden Enden gleich ist.

4. Bei einer langen Hecke kann es notwendig sein, einen Stützpfosten in der Mitte zu verwenden, damit die Schnur nicht durchhängt. Überprüfen Sie die Höhe mit einem Maßband.

5. Schneiden Sie auf einer sicheren, ebenen Plattform stehend entlang der Hecke, wobei Sie das Messer der Heckenschere flach gegen die Oberseite halten, um sie eben zu halten. Wenn Sie eine Stufen-Stehleiter verwenden, bitten Sie eine andere Person, die Leiter unten festzuhalten, damit sie während der Arbeit nicht umkippt.

6. Wenn Sie fertig sind, rechen Sie das Schnittgut zusammen, häckseln es und geben es auf den Komposthaufen.

Sicherheit Vermeiden Sie es, auf den obersten Sprossen einer Stehleiter zu stehen. Verwenden Sie stattdessen am besten eine Gelenkleiter mit Plattform, um eine ebene Arbeitsfläche zu haben.

NT GARDEN
t 1654

KAPITEL 7

GÄRTNERN IN PFLANZTÖPFEN

Niemand soll behaupten, es wäre kein Platz da für Pflanzen. Man kann sie auf kleinstem Raum in Töpfen ziehen, beispielsweise in Höfen, auf Balkonen, Terrassen und Fensterbänken. Mit Ausnahme von wenigen Extremstandorten findet sich gewöhnlich immer ein Plätzchen, wo man Pflanzen unterbringen kann.

Kübel bieten eine schnelle und einfache Lösung, Innenhöfe und Hinterhöfe zu schmücken und den Wechsel der Jahreszeiten sichtbar einzuläuten. Dieses Kapitel gibt Ratschläge für das Gärtnern in Behältern sowie zu den besten Sorten von Kübelpflanzenerde und zur Bewässerung und Düngung der Pflanzen.

Wie bei einem Garten mit Beeten können Sie die Auswahl von bepflanzten Blumentöpfen sorgfältig gestalten, nach Themen anordnen und nach Farben abstimmen, damit das von Ihnen gewünschte Bild entsteht. Sie finden hier auch Vorschläge zu verschiedenen Behälterarten, mit denen man unterschiedliche Effekte erzielt. Vor- und Nachteile der Verwendung von Stein-, Metall-, Plastik- oder Terrakotta-Behältern werden diskutiert und schließlich erhalten Sie auch noch Hinweise zum Bepflanzen und zur Pflege.

Topfgarten-Wissen

Behälter in Form von Töpfen oder Balkonkästen sind die perfekte Pflanzlösung für kleine Gärten und Innenhöfe oder Balkone. Besonders nützlich erweisen sie sich, wenn keine Blumenbeete vorhanden sind oder eventuell verfügbarer Boden von minderer Qualität ist. Sie eignen sich als schnelle Maßnahme, um selbst die ödesten Ecken aufzupeppen. Und das Beste ist, man kann die Behälter entsprechend der Jahreszeit unterschiedlich neu bepflanzen, so dass sie das ganze Jahr hindurch interessant sind.

Mobile Kübel

Ist der Pflanztopf schwer, stellt man ihn vor dem Bepflanzen auf ein Rollbrett. So lässt er sich ganz leicht bewegen und beiseite schieben, wenn man einen Tisch und Stühle für ein Essen im Freien aufstellen will. Es gibt auch Pflanzkübel, die von vornherein eingebaute Rollen mitbringen, und sich so bequem manövrieren lassen.

Behälter kann man selbst aus Holzbrettern fertigen und auf Rollen montieren, so dass sie sich einfach bewegen lassen.

Gestalten mit Töpfen

Bepflanzen Sie die Töpfe nach Ihrem Geschmack und verwenden Sie sie einzeln oder als Dreier-Gruppe, da ungerade Zahlen besser aussehen. Die Töpfe müssen nicht gleich groß sein – Sie könnten hinten einen großen und an den Seiten einen mittelgroßen und einen kleinen stellen.

Dränage

Behälter brauchen Dränagelöcher, damit überschüssiges Wasser durch den Boden abfließen kann. Um zu verhindern, dass die Löcher durch Topferde verstopft werden, wenn das Wasser abfließt, werden diese mit Tonscherben, Steinen oder Kieseln bedeckt. Idealerweise stellt man die Behälter auf kleine Füße, um die Dränage weiter zu verbessern.

Topferde

Generell empfiehlt sich für kurzlebige Pflanzen wie Beetpflanzen und die meisten Gemüsearten torffreie Universal-Blumenerde. Bei Pflanzen, die länger als ein Jahr in einem Behälter sind, sollte man lehmhaltige Blumenerde (ohne Torf) nehmen. Sie können auch selbst Topferde mischen aus gleichen Teilen von reifem Gartenkompost und Erde (Mutterboden). Weiteres zu den verschiedenen Arten von Pflanzenerde finden Sie auf Seite 127.

Töpfe sind auch nützlich für Pflanzen, die sauren Boden lieben, wie Heidelbeeren, Rhododendren, Kamelien und manche Magnolien, sofern Ihr Garten einen neutralen oder alkalischen Boden hat. Diese Pflanzen sollten in einer torffreien Rhododendron- oder Moorbeeterde gezogen werden.

Pflege der Topfpflanzen

- Töpfe von Unkraut freihalten, da dieses mit den Pflanzen um Nährstoffe konkurriert.
- Pflanzen in Töpfen müssen mehr gewässert werden, im Sommer täglich.
- Die Oberfläche der Erde mulchen, um Feuchtigkeit in der Erde zu halten. Hydrogel oder Wasserspeicher-Granulat in der Erde kann Feuchtigkeit zurückhalten oder abgeben.
- Verwelktes entfernen, um die Blütenpracht zu verlängern.
- Während der Blüte, einmal pro Woche mit einem organischen Universaldünger düngen.

Füllen Sie zuerst eine Schicht Tonscherben oder kleine Steine in den Behälter, damit sich die Dränagelöcher nicht mit Erde zusetzen.

Welches Pflanzgefäß passt zu Ihnen?

Man kann mit Fug und Recht behaupten, dass es für jeden erdenklichen Gartenstil die passenden Gefäße gibt, sei es ein großer Terrakotta-Topf, ein Pflanzkübel à la Versailles oder ein Balkonkasten aus Holz. Viele Pflanzen lassen sich in Behältern ziehen, eine passende Größe und richtige Pflege vorausgesetzt. Dies gilt für Gemüse, Beetpflanzen, Früchte, Sträucher und sogar manche Bäume, wobei die natürliche Größe in diesem Fall durch den Behälter begrenzt wird.

Wählen Sie ein Pflanzgefäß, das zu Ihrer Art von Garten passt. Zum Beispiel kann ein schicker, moderner Behälter in einem Landhausgarten völlig unangebracht aussehen. Gleichermaßen wäre ein schöner, rustikaler Terrakotta-Topf in einem Innenhof in der Stadt vollkommen fehl am Platz. Töpfe und Balkonkästen sind in unterschiedlichen Materialien erhältlich, so dass sich bestimmt etwas Geeignetes für Ihren Platz finden wird. Jedes Material hat seine Vor- und Nachteile, deshalb sollten Sie entsprechend wählen.

Terrakotta ist ein traditionelles Material, das einem Garten eine rustikale oder mediterrane Atmosphäre verleiht. Das Material ist porös, so dass der Ballen besser durchlüftet wird. Übermäßiges Gießen ist daher kein Problem, da der Behälter recht schnell austrocknet. Terrakotta wird dunkler, wenn die Pflanzerde feucht ist, und heller, wenn sie trocken ist.

So zeigt das Material praktisch an, ob der Topf gegossen werden muss. Tatsächlich weiß man von erfahrenen Gärtnern, dass sie mit einem Stab gegen den Terrakotta-Topf klopfen und aus der Höhe des so erzeugten Klangs heraushören können, ob mehr Wasser nötig ist.

Aufgrund der Porosität des Materials wird die Temperatur durch Terrakotta-Behälter besser reguliert, das heißt, im Sommer überhitzen sie weniger und im Winter sind sie weniger anfällig bei Kälte. Der Nachteil ist, dass sie in kälteren Gegenden durch Frostschäden Risse bekommen können. Wählen Sie Behälter, die absolut frostsicher und nicht nur frostunempfindlich sind. Da das Material mehr Verdunstung zulässt, muss man bei Terrakotta-Behältern öfter gießen als bei anderen. Bedenken Sie auch, dass diese Behälter recht teuer sein können.

Plastik ist ein leichtes Material, was bedeutet, dass diese Pflanzgefäße sehr leicht zu bewegen sind. Auch sind sie billiger als Terrakotta-Töpfe und trocknen nicht so schnell aus. Allerdings sind sie kein hochwertiges Produkt, was eine nachteilige Wirkung auf die Gestaltung eines Gartens haben könnte. Plastikkübel halten viele Jahre, aber ihre Herstellung aus Erdöl und das Entstehen von Mikroplastik sind nicht gut für die Umwelt – obwohl man sie recyceln kann.

Holz ist ein angenehmes, natürliches Material, allerdings sind Gefäße aus Holz nicht so haltbar wie solche aus Plastik und lassen sich außerdem schwerer bewegen. Damit sie länger halten, sollte man sie innen mit Plastikfolie auslegen und außen mit einem Holzschutzmittel behandeln.

Gegenüber: Sie können fast alles als Behälter verwenden, sofern Sie für Dränagelöcher sorgen.
Rechts: Aus alten Holzfässern werden attraktive, rustikale Behälter zur Präsentation von Cottage-Garten-Pflanzen.

Metall ist weniger verbreitet als andere Materialien. Obwohl sehr haltbar, sind Metallbehälter doch recht schwer, und für Pflanzenwurzeln kann es in der Sonne zu heiß werden.

Seien Sie kreativ

Pflanzgefäße kann man aus fast allem herstellen – improvisieren Sie einfach! , Badewannen, Olivenöldosen und alte Gummistiefel lassen sich verwenden. Sie müssen nur für Dränagelöcher sorgen.

Bepflanzen der Gefäße

Pflanzgefäße bieten eine schnelle Lösung zum Aufpeppen von Teilen des Gartens und können für kurzzeitige saisonale Zierde oder langfristiges Vergnügen eingesetzt werden. Wenn Sie nicht viel Stellfläche zur Verfügung haben, können Sie Balkonkästen aufhängen oder -stellen. Sie sind perfekt geeignet für kleine Gärten oder Wohnungen, die überhaupt keinen Garten haben. Dank ihrer schmalen, langen Form nehmen Blumenkästen wenig Raum ein, wenn man sie auf einer Fensterbank oder an einem Balkongeländer befestigt.

Bepflanzen von Töpfen und Balkonkästen

Wenn Sie einen sehr großen Behälter bepflanzen wollen, positionieren Sie diesen vor dem Bepflanzen, da er sehr schwer wird, wenn er mit Erde gefüllt ist. Wichtiges zum Bepflanzen:

- Wenn im Boden des Topfes oder Balkonkastens keine Dränagelöcher vorhanden sind, müssen Sie welche bohren.
- Legen Sie ein paar Tonscherben oder kleine Steine unten in das Pflanzgefäß, damit keine Erde nach unten herausfällt oder die Löcher verstopft.
- Damit noch Platz für das Arrangieren der Pflanzen bleibt, den Behälter zunächst nur zur Hälfte mit torffreier Blumenerde befüllen.
- Die Pflanzen im Behälter so anordnen, dass die gewünschte Wirkung erreicht wird (denken Sie daran, dass man Blumenkästen meistens nur von einer Seite aus sieht), dann noch weiter Erde zum seitlichen Bedecken der Wurzelballen hinzufügen.
- Die Pflanzen herausnehmen, den Topf entfernen und die Pflanzen einsetzen. Ggf. weiter mit Erde auffüllen, aber für das Gießen etwa 1 cm Abstand zur Oberkante lassen. Die Erde etwas andrücken und gründlich gießen. Den Kübel oder Blumenkasten positionieren.

Blumenkästen sichern

Wenn Sie schwere, lehmhaltige Pflanzenerde für einen Blumenkasten verwendet haben und die Fensterbank stabil und gerade ist, sollte er schwer

Die Pflanzen in Blumenkästen kann man regelmäßig austauschen, so dass sie zu jeder Jahreszeit einen farbenprächtigen Anblick bieten.

genug sein und keine Sicherung benötigen. Viele Blumenkästen sind aber mit Klammern und Anleitungen zur Sicherung der Gefäße ausgestattet. Sie können die Klammern an der Wand befestigen, indem Sie mit einem Steinbohrer (bei Backsteinen oder Beton) die Löcher bohren und die Klammern anschrauben. Der Blumenkasten hakt sich dann in den Halteklammern ein. Alternativ befestigen Sie zwei Ringschrauben außen an der Wand, legen Draht um den Blumenkasten auf dem Brett, um ihn in Position zu halten, und binden beide Enden an den Ringschrauben an.

Arten von Kübelpflanzenerde

Zum Bepflanzen von Töpfen, Balkonkästen oder Blumenampeln benötigen Sie die richtige Erde, damit die ausgewählten Pflanzen gut gedeihen. Zum Glück sind viele Sorten erhältlich, die sich für die meisten Arten von Pflanzen eignen. Im Allgemeinen bekommen Sie das, wofür sie bezahlen, also sind die teuersten auch die von höchster Qualität.

Normale Blumenerde

Ideal für kurzzeitige Kompositionen von Einjährigen und Beetpflanzen, ist eine normale Blumenerde. Sie kann in der Regel reichlich Wasser aufnehmen und halten, was besonders im Sommer von Vorteil ist. Allerdings wird hierfür oft Torf als Bestandteil eingesetzt, was aus Umweltschutzgründen unbedingt vermieden werden sollte. Blumenerde auf Torfersatz-Basis sind gute Alternativen. Sie bestehen aus Stoffen wie z. B. Kokosfasern, Holzfasern, Grünkompost oder kompostierter Rinde.

Kübelpflanzenerde

Kübelpflanzenerde ist deutlich hochwertiger – und oftmals teurer. Mineralische Inhaltsstoffe wie Blähton, Bims (Vulkangestein) oder Perlite machen die Erde lockerer und helfen Nährstoffe und Wasser zu speichern. Zudem ist sie strukturstabil, d. h. das Volumen wird gehalten. Ideal auch, wenn die Pflanzen mehrere Jahre im Kübel gehalten werden. Im besten Fall ist sie auch noch ökologisch nachhaltig und enthält wenig oder keinen Torf.

Spezial-Blumenerden

Es gibt zahlreiche Spezialsorten für bestimmte Pflanzen, einschließlich Orchideen, Blumenzwiebeln, Kakteen und Sukkulenten. Diese sind nach speziellen Formeln zusammengesetzt und enthalten die richtige Menge an Dränagematerial und Nährstoffen zur Versorgung dieser Pflanzenarten. Rhododendron- oder Moorbeeterde ist z. B. gedacht für Pflanzen, die sauren Boden lieben, wie Kamelien, Rhododendren und Heidelbeeren.

Andere Bestandteile von Kübelpflanzenerde

Perlit und Vermiculit sind zwei gängige Bestandteile von Blumenerden für Topfpflanzen. Perlit ist geblähtes vulkanisches Gestein und sieht ein wenig aus wie winzige Polystyrol-Kügelchen. Es wird verwendet zum Belüften von Blumenerde und sorgt für eine gute Durchlässigkeit. Perlit kann Kakteen- und Sukkulentenerde beigegeben werden, die gut durchlässig sein sollen. Vermiculit ist ein im Bergbau gewonnenes Mineral und kann Feuchtigkeit bis zum Drei- bis Vierfachen seines Gewichts speichern, wodurch es z. B. für Setzlinge geeignet ist, deren Boden nicht austrocknen soll. Feinen Splitt kann man der Pflanzenerde für eine bessere Durchlässigkeit ebenfalls beifügen.

Verfallsdatum für Blumenerde?

Wie Lebensmittel kann Blumenerde ein Haltbarkeitsdatum tragen. Deshalb vor dem Kauf den Aufdruck prüfen, da die Nährstoffzusammensetzung sich durch die Tätigkeit von Mikroorganismen verändert haben könnte.

Blumenampeln

Eine Blumenampel voll strahlend schöner Blumen ist eine Augenweide. Sie ist perfekt geeignet, eine trostlose Wand oder einen langweiligen Zaun aufzuhellen oder sie kann, an einer angrenzenden Hauswand hängend, eine Eingangstür einladender gestalten. Einer der Vorteile von Blumenampeln ist, dass sie nicht viel Platz brauchen – selbst im kleinsten Innenhof können ein paar davon untergebracht werden.

Blumenampeln können zwar das ganze Jahr über für Farbe sorgen, aber im Winter ist die Palette der infrage kommenden Arten etwas eingeschränkt. Für eine Winterdekoration versuchen Sie es am besten mit Schneeheide (*Erica carnea*), Großfruchtiger Moosbeere (*Vaccinium macrocarpon*) und Efeu (*Hedera helix*). Winterblühende Stiefmütterchen, Primeln (einschließlich *Primula × polyantha×*) und Alpenveilchen sind auch sehr beliebt. Sommerkreationen könnten Beetpflanzen wie Petunien, Pelargonien, Salbei, Männertreu und Fuchsien beinhalten. Blumenampeln sind auch perfekt für hängende Sorten des Efeus und für Dreimasterblumen sowie für essbare Früchte wie Erdbeeren und Hängetomaten.

Wann wird bepflanzt?

Ampeln für den Sommer kann man ab Frühlingsmitte bepflanzen. Verwenden Sie jedoch Beetpflanzen, sollten Sie warten, bis die Frostgefahr vorüber ist, es sei denn, Sie haben ein Gewächshaus, in das die Ampel bei Frost umquartiert werden kann. Ampeln für den Winter sollten ab Herbstmitte bepflanzt werden. Als Substrat ist meist Universal-Blumenerde geeignet, Schneeheide und Moosbeere lieben aber saure Böden und brauchen daher torffreie Rhododendron- oder Moorbeeterde.

Auskleidung für den Drahtkorb

Die Seiten und der Boden der Draht-Blumenampeln sollten vor der Bepflanzung ausgelegt werden, damit das Substrat nicht herausfällt. Das beliebteste Auskleidungsmaterial ist Kokosmatte. Alternativ können Sie die Auskleidung auch selbst aus wiederverwendeter Kartonverpackung herstellen. Eine etwa 2 cm dicke Lage Moos kann man auch zum Auslegen der Blumenampeln verwenden. Wenn auf Ihrem Rasen Moos wächst, sammeln Sie es mit einem Laubrechen ein. Manchmal kann man Moos auch online kaufen, wobei man jedoch sicherstellen sollte, dass es sich um eine nachhaltige Quelle handelt.

Wie wird bepflanzt

Zuerst die Ampel mit Kokosmatte oder Moos auslegen, dann zu etwa einem Drittel mit Blumenerde füllen. Für die Bepflanzung der Seiten mit einer Schere oder einem scharfen Messer die Auskleidung einschneiden. Die Wurzelballen mit Zeitungspapier einwickeln, damit sie keinen Schaden nehmen, und von außen durch die Schlitze hindurchschieben, so dass sie oben auf der Erde zu liegen kommen. Das Laub der Pflanze bleibt außen. Die Zeitung wieder entfernen. Die Ballen mit weiterem Kompost bedecken und dann die Ampel oben bepflanzen. Wählen Sie eine höhere Pflanze für die Mitte der Ampel, dann kleinere Exemplare und Hängepflanzen für den Rand.

Pflege der Blumenampeln

Blumenampeln brauchen in der Regel wenig Pflege. Aber man muss an Folgendes denken:

- Im Sommer regelmäßig gießen. Wenn Sie verreisen, die Ampeln in den Schatten stellen – Freunde bieten möglicherweise an, zu gießen, das wird aber nicht oft erforderlich sein. Winter-Arrangements müssen nicht so oft gegossen werden, nur alle paar Wochen oder seltener je nach Außentemperatur. Wenn die Ampeln beim Anheben leicht erscheinen, muss man gießen.
- Beim Bepflanzen der Erde ein Hydrogel oder Wasserspeicher-Granulat zugeben, das die Feuchtigkeit hält oder nach Bedarf abgibt.
- Ein Mal pro Woche nach Anweisung auf der Verpackung Flüssigdünger geben.
- Bei Beetpflanzen regelmäßig die welken Blüten abpflücken, damit sie länger blühen.

Blumenampeln voller Sommerbeetpflanzen sind bunte Farbtupfer in einer Gartenecke.

Gärtnern auf Pflanztischen

Auf Tischen lassen sich ganz leicht und vor allem bequem Pflanzen ziehen. Gärtner kultivieren Gemüse sowieso normalerweise auf Pflanztischen. Es sieht aber auch eindrucksvoll und farbenfroh aus, wenn Tische mit Beetpflanzen oder Kräutern gefüllt sind. Selbst umgebaute Tische sind eine originelle Variante.

Recyceln Sie einen alten Tisch, indem Sie die Tischplatte von den Beinen abtrennen und zum Bepflanzen umgedreht wieder aufsetzen.

Mobiles Gärtnern

Wenn Ihr Garten nur wenig Sonnenlicht bekommt, bringen Sie unten an den Tischbeinen Rollen an. Dann können Sie, wenn nötig, den Tisch leicht im Garten an einen sonnigeren Platz verschieben. Wenn wenig Platz im Garten vorhanden ist, können Sie ihn so auch vor der nächsten Gartenparty leicht auf die Seite schieben.

Gartenmärkte oder der Online-Handel bieten eine Reihe von Pflanztischen an. Alternativ können Sie einen vorhandenen Holztisch umbauen, indem Sie oben eine 15 cm hohe Holzumrandung anbringen, oder Sie heben, wenn der Tisch unten einen Rahmen hat, die Tischplatte ab, drehen sie um und befestigen die Beine wieder (wie auf der Seite gegenüber). Dann den oberen Teil mit Kübelpflanzenerde füllen.

Die Vorteile von „Tischgärten"

- Die Pflanzen sind in bequemer Höhe erreichbar, was ideal ist für Menschen mit Rückenproblemen oder mit Schwierigkeiten sich bis zum Boden hinunter zu bücken.
- Tischplatten bieten eine Möglichkeit, Pflanzen und Gemüse im Freien zu ziehen, wo es keinen geeigneten Boden für einen Anbau gibt, wie z. B. in einem Innenhof.
- In Tischplatten muss man gewöhnlich nur etwa 15–20 cm hoch Erde zum Anbau von Pflanzen einfüllen, was für die meisten Gemüsesorten ausreichend ist. Das bedeutet, für das Füllen einer Tischplatte benötigt man weit weniger Material als für ein Hochbeet auf gleicher Höhe. Auch sind sie viel leichter zu bewegen.

Für den Anbau geeignete Gemüsesorten

Flach wurzelnde Gemüsesorten sind am besten geeignet für Tischgärten. Versuchen Sie es mit Blattsalat, Radieschen, Pflücksalat, Roter Bete, Speiserüben, Zwiebeln, Knoblauch, Schnittlauch und kugeligen Karottensorten.

Nach der Ernte

Sobald die Pflanzen keinen Ertrag mehr liefern, entfernen Sie die Pflanzen und den alten Boden. Den Abfall können Sie, wenn vorhanden, auf einen Komposthaufen geben.

Wie stellt man einen Tischgarten her

1. Bauen Sie aus alten Holzbrettern drei Paletten gleicher Größe.
2. Stellen Sie zwei der Paletten auf die Seitenkante als Tischbeine. Legen Sie die dritte Palette oben auf als Tischplatte.
3. Die drei Paletten zusammenschrauben.
4. Kleiden Sie die Unterseite und den Rand der oberen Palette mit alten Erdsäcken oder Gartenvlies aus, damit das Substrat nicht herausfällt.
5. Die obere Palette mit torffreier Tomaten- und Gemüseerde befüllen.
6. Entweder Gemüsesamen direkt in das Substrat einsäen oder Setzlinge, Kräuter oder vielleicht Erdbeerpflanzen einpflanzen.

KAPITEL 8

GEMÜSE, OBST UND KRÄUTER

Die meisten von uns beginnen mit dem Gärtnern, weil sie eigenes Gemüse, Obst und Kräuter anbauen möchten. Die Belohnung erhalten wir in Form von köstlichen Nahrungsmitteln und durch das beglückende Gefühl, eine Pflanze von der Parzelle bis auf den Teller selbst gezogen zu haben.

Wenn Sie unterschiedliche Gemüse- und Obstarten in Ihrem Garten anbauen wollen, erfordert dies ein wenig Planung. Sie müssen Samen bestellen, eine Fläche für die Aussaat frei machen und, wenn Sie nur einen begrenzten Raum zur Verfügung haben, diejenigen Arten und Sorten sorgfältig auswählen, die Sie wirklich haben wollen. Dieses Kapitel wird Ihnen bei der Planung eines Nutzgartens helfen, mit Vorschlägen welche Gemüse- oder Obstarten man am besten an den verschiedenen Stellen anbaut. Selbst wenn Ihr Garten im Schatten liegt, müssen Sie nicht verzweifeln, da es Wohlschmeckendes für unterschiedliche Bedingungen gibt.

Sie erhalten Beschreibungen zu den zahlreichen Arten von Gemüse und Obst, so dass Sie gut informiert entscheiden können, welche Sie für den Anbau aussuchen wollen. Schließlich gibt es noch Informationen zum Kultivieren von Kräutern, die Sie in der Küche zum Würzen all der in Ihrem Küchengarten gezogenen Gemüse verwenden können.

Planen Sie Ihren Küchengarten

Der eigene Anbau lohnt sich – Früchte, Gemüse und Kräuter schmecken viel besser als alles, was man kaufen kann. Sie können seltene oder alte Sorten ausprobieren, die es in den Geschäften nicht zu kaufen gibt, Sie sparen Transportwege ein und Sie können sicher sein, dass keine Pestizide oder Kunstdünger verwendet wurden.

Platzbedarf der Pflanzen

1 Pflanze auf 60 × 60 cm	1 Pflanze auf 30 × 30 cm	4 Pflanzen auf 30 × 30 cm	9 Pflanzen auf 30 × 30 cm	16 Pflanzen auf 30 × 30 cm
Zucchini	Brokkoli	Kopfsalat	Pastinaken	Karotten
Marrow-Zucchini	Weißkohl	Erdbeeren	Rote Bete	Zuckererbsen
Butternut-Kürbis	Blumenkohl	Dicke Bohnen	Spinat	Radieschen
Muskat-Kürbis	Tomate	Busch- oder Stangenbohnen	Zwiebeln, Knoblauch	Koriander
Rhabarber	Grünkohl	Gemüsemais	Lauch	Basilikum

Zunächst müssen Sie Ihren Nutzgarten planen, wobei einige Dinge zu beachten sind:

- Welche Gemüse und Früchte wachsen in der Sonne oder im Schatten?
- Ist Ihr Garten nur für Nutzpflanzen gedacht oder soll er auch schön aussehen?
- Wollen Sie in Hochbeeten oder direkt im Freiland anbauen?
- Da der Anbau von Obst und Gemüse mehr Zeit erfordern kann als der von Zierpflanzen: Wie viel Zeit können Sie für Ihren Küchengarten aufbringen?

Wählen Sie Ihre Lieblingsarten

Wenn Sie nicht das Glück haben, einen großen Garten zu besitzen, steht der Platz an erster Stelle und es lohnt sich, eine Liste der Pflanzen aufzustellen, die Sie anbauen möchten. Vielleicht sollten Sie den teuren Gemüsen, die Sie gerne essen, den Vorzug geben. Zum Beispiel sind Kartoffeln billig zu erwerben, und brauchen zudem viel Platz. Also sollten Sie besser etwas anderes wählen, wenn Sie nicht viel Platz haben.

Schön und gleichzeitig essbar

Es gibt eine große Auswahl an interessanten Pflanzen für den Nutzgarten, nachstehend ein paar Vorschläge für optische Highlights:

- Rhabarberpflanzen wegen ihrer großen, dekorativen Blätter (beachten Sie jedoch, dass die Blattspreiten giftig sind und nicht verzehrt werden sollten).
- Mangold wegen seiner farbenfrohen Blattstiele.
- Spargel wegen seiner „Farnkrautwedel".
- Salate mit roten und grünen Blättern, die einen schönen Kontrast bilden.
- Wirsing mit grünlich-blauem Blattwerk.

Verzweifeln Sie nicht wegen Schatten...

Die meisten Gemüsearten, Früchte und Kräuter ziehen volle Sonne vor. Allerdings profitieren manche auch von ein wenig Schatten. Zwei der Vorteile des Gärtnerns im Schatten sind geringerer Wasserbedarf und weniger Sonnenbrand auf den Blättern. Manche Pflücksalate ringen eventuell um üppiges Wachstum, wenn sie der sengenden Sonne ausgesetzt sind.

Gemüsearten, die mit mäßigem Schatten auskommen, sind Blattsalate wie Kopfsalat, Wurzelgemüse wie Rote Bete und Karotten; Lauch und Kohlrabi. Auch können Sie Kreuzblütler wie Weißkohl, Grünkohl, Brokkoli und Radieschen, aber auch Dicke Bohnen anbauen.

... oder der Nordseite von Mauern

Manche Obstbäume wachsen auch an Mauern oder Sichtschutzzäunen, die nach Norden oder Osten zeigen. Sehr oft bleiben die Nord- oder Ostseiten von Mauern und Zäunen kahl, obwohl man doch hier einige Obstbäume als Spalier ziehen könnte. Fächerspaliere sind eine dekorative Art, Obstbäume flach an geeigneten Flächen wachsen zu lassen, an denen die Äste dann schön ausgebreitet sind. Geeignete Obstsorten für solche Fächer sind Sauerkirschen (*Prunus cerasus*) und Williams-Birnen, aber auch Sträucher wie Stachelbeeren und Rote und Weiße Johannisbeeren.

Mehrjähriges Gemüse anbauen

Beim Planen Ihres Küchengartens sollten Sie sich zuerst überlegen, wo die mehrjährigen Gemüsepflanzen gesetzt werden können. Denn wenn sie erst einmal im Boden sind, kann man sie schwerer versetzen als die meisten einjährigen Gemüsesorten. Zum mehrjährigen Gemüse zählen Spargel, Rhabarber und Echter Meerkohl (*Crambe maritima*) sowie Küchenkräuter wie Rosmarin, Thymian und Salbei.

Äpfel und Birnen

Äpfel und Birnen sind die beliebtesten Obstsorten für den Anbau. Dies ist keine große Überraschung, da sie leicht zu kultivieren sind, in der Blütezeit schön aussehen, relativ leicht zu setzen und zu pflegen sind und im Allgemeinen jedes Jahr einen verlässlichen Ertrag liefern. Auch sind sie eine gute Investition, da ein Apfel- oder Birnbaum 30 Jahre oder vielleicht sogar noch länger lebt.

Spalierobst

Äpfel und Birnen kann man in viele verschiedene Formen bringen und an Zäunen oder Wänden oder an einem System von Pfosten und Drähten wachsen lassen. Einige der gängigsten Spalierformen und die entsprechenden schwachwüchsigen Unterlagen für Äpfel und Birnen sind:

- Kordon: einzelner Ast mit kurzen, fruchttragenden Seitentrieben (in einem schrägen Winkel von etwa 45 Grad oder senkrecht). Äpfel: M9, M26, M116 oder MM106; Birnen: Quitte C.
- Stepover: horizontal und niedrig gezogener einzelner Ast (so dass man über ihn hinwegsteigen kann = „stepover"), nur geeignet für Äpfel, da Birnen zu vital sind. Unterlage M27 oder M9.
- Spalier: ein Stamm mit mehreren horizontalen, oft versetzt angeordneten Ästen, an einer Wand gezogen. Äpfel: M26, MM106, M116; Birnen: Quitte A oder C.
- Fächer: mehrere Äste in Form eines Fächers vom Stamm aus ausgebreitet an einer Wand oder einem Zaun gezogen. Äpfel: M26, MM106, M116; Birnen: Quitte A oder C.

Beim Spalierbaum werden mehrere horizontale Ästen rechts und links des Stammes an einer Wand gezogen. Ideal für Innenhöfe.

Veredelungsunterlagen von Äpfeln und Birnen

Ein Edelreis (kleiner Ast) einer Baumart bzw. -sorte (die Edelsorte) wird auf einen kleinen Wildling (die schwachwüchsige Unterlage) aufgepfropft, um die spätere Größe des Baumes zu beschränken. Die Baumart wächst also nicht auf ihren eigenen Wurzeln. Wenn Sie einen Apfel- oder Birnbaum kaufen, prüfen Sie immer, auf welcher Unterlage er gewachsen ist, um sicherzugehen, dass er für Ihren Standort passt. Die spätere Größe des Baumes variiert auch leicht je nach (Edelreis-)Sorte, da manche Sorten von Natur aus vitaler sind als andere. Die Fruchtbarkeit des Bodens, in dem der Baum wächst, beeinflusst dessen Größe ebenfalls. Hier ist eine Liste der Unterlagen, sortiert nach der endgültigen Höhe der gepfropften Bäume:

Apfelbäume:
M27: 1,20 m
M9: 1,80 m
M26: 2 m
MM106: 2,50 m
MM116: 2,50 m
MM111: 5 m
M25: 6 m

Birnbäume sind etwas vitaler als Apfelbäume und werden auf Quitten-Unterlagen aufgepfropft. Die üblichsten Unterlagen sind:
Quitte A: 2,50–3 m
Quitte C: 3,50–4 m

Um einen Apfelbaum in einem Kübel zu ziehen, wird die am weitesten verbreitete Unterlage (M26) verwendet. Auf eine „Zwerg-Unterlage" (M27) aufgepfropfte Äpfel können als niedrige Stepover entlang von Weg- oder Gemüsebeeträndern gezogen werden (siehe Foto unten).

Bestäubung

Apfel- und Birnbäume müssen von anderen Apfel- und Birnbäumen bestäubt werden, damit sie Früchte tragen. Dazu benötigt man eine Sorte, die zur selben Zeit blüht wie die zu bestäubende Sorte, damit Insekten von einem Baum zum anderen ziehen können. Es gibt Tabellen mit passenden Bestäubern für jede Apfel- oder Birnensorte. Steht kein Baum in der Nähe Ihres Gartens, kaufen Sie am besten zwei Exemplare des Apfel- oder Birnbaums.

Pflege von erzogenen Formen

Bei Spalierobst sollte man im Spätsommer die neu gewachsenen Triebe bis auf zwei Augen zurückschneiden. Im Winter kann man auslichten, indem man das dichte Altholz etwas ausdünnt.

Als Stepover horizontal über dem Boden gezogene Apfelbäume eignen sich perfekt als Einfassung von Wegen und Blumenbeeten.

SCHRITT FÜR SCHRITT

SCHNITT EINES APFELBAUMS

Sehr häufig werden Apfelbäume in kleinen Gärten als Busch- oder als Spindelform erzogen. Bei Letzteren gibt es keine seitlichen Leitäste, sondern die fruchttragenden Triebe gehen direkt vom Mittelstamm aus. Schneiden Sie Apfelbäume ein Mal pro Jahr. Entfernen Sie beschädigte und kranke Triebe und lassen Sie mehr Sonnenlicht in die Krone, so dass die verbliebenen Fruchtknospen reifen können. Die beste Zeit für den Schnitt ist in der Wachstumsruhe, wenn der Baum keine Blätter hat, am besten Ende des Winters bis Anfang des Frühjahrs.

Ernte

Um festzustellen, wann die Äpfel gepflückt werden können, schauen Sie unter den Baum. Wenn die Äpfel anfangen herunterzufallen, sind sie wahrscheinlich erntereif. Um einen Apfel zu pflücken, den Apfel leicht anheben und behutsam drehen. Er sollte leicht abgehen und der Stiel dranbleiben. Wenn Sie leicht ziehen müssen, ist der Apfel noch nicht reif.

Lagerung

Apfelbäume werden eingeteilt in solche, die früh, zur Mitte der Saison oder spät tragen, also mit Reifezeiten vom Spätsommer bis zum Spätherbst. Frühäpfel eignen sich nicht zum Einlagern und sollten innerhalb von einem oder zwei Tagen nach dem Pflücken gegessen werden. Äpfel, die später im Jahr reifen, müssen eventuell ein paar Tage oder Wochen liegen, bevor sie verzehrfertig sind. Beim Einlagern der Äpfel unbedingt auf Fäulnis achten und kranke Äpfel aussortieren, so dass sie andere nicht anstecken. Die Äpfel einzeln in Zeitungspapier einpacken und auf ein Tablett legen. Kühl und dunkel lagern, wie z. B. in einer Scheune oder einer Garage. Regelmäßig auf Anzeichen von Fäulnis prüfen.

Sie benötigen

- Gartenschere und Gartenhandschuhe
- Eine langstielige Astschere
- Eine Astsäge

In die Horizontale

Versuchen Sie beim Schnitt einige seitliche, fast horizontal wachsende Triebe mit Fruchtknospen (Fruchtholz) stehen zu lassen.
Die Furchtknospen sind leicht auszumachen, da sie richtig dick und fett sind.

Ein Apfelbaum kurz bevor die wunderschönen Blüten sich öffnen.

1. Entfernen Sie aneinander reibende oder beschädigte Triebe und solche, die krank aussehen. Versuchen Sie, die Triebe in einem guten Abstand zu halten.

2. Verwenden Sie eine Gartenschere, um Wassertriebe zu entfernen, die von der Mitte des Hauptstamms ausgehen und diesen Bereich zuwachsen.

3. Nehmen Sie eine langstielige Astschere, um Triebe herauszuschneiden, die in Richtung Baummitte wachsen, denn ein dichter Wuchs in der Mitte beeinträchtigt die Luftzirkulation, so dass sich Pilzkrankheiten entwickeln können.

4. Entfernen Sie Wurzelschösslinge und Triebe, die weit unten am Stamm wachsen, da diese der Hauptkrone Energie entziehen.

5. Entfernen Sie starke, senkrechte, dicke Triebe, da diese sehr vital sind und selten Früchte tragen.

6. Schneiden Sie geeignete Leittriebe oberhalb einer nach außen gerichteten Knospe zurück, um das Wachstum nach außen zu fördern.

Steinobst

Einige der köstlichsten Baumfrüchte gehören zur Kirschen-Familie, darunter Pflaumen, Zwetschgen, Pfirsiche, Nektarinen, Aprikosen und natürlich Kirschen. Sie alle eignen sich zum Anbau in kleinen Gärten als Fächerspalier an einer Wand oder einem Zaun. Sie gedeihen auch in großen Kübeln, ideal für Gärten mit wenig Platz.

Pfirsiche und Nektarinen müssen eventuell mit einer geeigneten Abdeckung gegen Spätfrost geschützt werden, wenn die Knospen zu Frühjahrsbeginn zu sprießen beginnen.

Keine der Steinobstsorten hier dürfen in der Ruhephase (zwischen Spätherbst und Frühlingsbeginn) geschnitten werden, da offene Wunden nicht schnell genug heilen und die Bäume dadurch anfällig werden können für Bleiglanz (eine Pilzkrankheit) und Bakterienkrebs. Stattdessen sollte man sie zurückschneiden, wenn ab Mitte Frühling bis zum Spätsommer die Säfte steigen.

Pfirsiche und Nektarinen

Diese Obstbäume sind etwas empfindlich, deshalb sollte man sie an einer warmen, sonnigen, nach Süden gerichteten Wand ziehen. Die am weitesten verbreitete Art, sie zu erziehen, ist der Fächer. Die Früchte werden am vorjährigen Holz gebildet, entfernen Sie also nur etwas vom älteren Holz und binden Sie neue Triebe ein. Haben sich die Früchte zu Haselnussgröße entwickelt, dünnen Sie auf 10 cm Abstand aus, ab Walnussgröße auf 20 cm. Pfirsiche und Nektarinen sind anfällig für die Kräuselkrankheit. Wählen Sie die widerstandsfähigeren Sorten mit weißem oder rotem Fruchtfleisch. Außerdem beugt ein luftiger Standort und regelmäßiges Auslichten, um schnelles Abtrocknen zu fördern, den Schaderreger vor.

Pflaumen

Pflaumen werden hauptsächlich als freistehende Bäume gepflanzt, können aber auch an einer nach Süden ausgerichteten Wand als Fächer gezogen werden. Sie erfordern wenig Schnitt. Entfernen Sie quer wachsende Triebe, um ein Zuwuchern zu verhindern. Pflaumen tragen am zwei- bis mehrjährigen Holz. Wenn zu viele Früchte am Baum hängen, die Früchte im Frühsommer auf ca. 8 cm Abstand ausdünnen, um Astbruch zu vemeiden. Mit den eng verwandten **Zwetschgen** und **Reineclauden** genauso verfahren.

Aprikosen

Aprikosen sind fast genauso leicht anzubauen wie Pflaumen – auch in ähnlicher Weise als Fächer an Südwänden oder als freistehende Bäume. Sie tragen am vorjährigen Holz und an älteren Trieben, so dass man man beim Schnitt Triebe verschiedenen Alters berücksichtigen muss. Dünnen Sie die Früchte auf 8 cm Abstand aus, sobald sie Haselnussgröße haben, so dass die verbleibenden Früchte voll ausreifen und richtig groß werden können.

Kirschen

Süß- und Sauerkirschen sind unterschiedlich im Wachstum. **Sauerkirschen** eignen sich für Nord- und Nordost-Wände, obwohl sie auch wärmere Bedingungen mögen. Man kann sie als Fächerspalier oder freistehend anbauen. Sie tragen wie Pfirsiche ihre Früchte auf dem vorjährigen Holz. Man entfernt daher etwas vom Altholz und bindet neue Triebe ein. **Süßkirschen** tragen ähnlich wie Pflaumen auf älteren Seitentrieben. Lassen Sie junges Holz mit Buketttrieben stehen, daraus entwickeln sich in späteren Jahren viele Früchte. Entfernen Sie ältere abgetragene Äste. Für eine maximale Süße der Früchte in voller Sonne anbauen.

Werfen Sie bei einsetzender Reife ein Netz über die Kirschen, damit Ihnen die Vögel bei der Ernte nicht zuvorkommen.

Stachelbeeren, Johannisbeeren und

Viele Beerensträucher sind dekorative Elemente für einen Garten, da sie reizvolle, farbenfrohe Beeren tragen und häufig in attraktiven Formen an Wänden und Zäunen gezogen werden können. Die meisten sind recht kompakt und gedeihen sogar gut im Kübel. Dadurch haben Sie köstliches, frisches Obst direkt an der Hintertür. Und bei einer Schwemme können Sie die meisten der Früchte einfrieren und so die Früchte Ihrer Arbeit das ganze Jahr über genießen.

Stachelbeeren

Es sei Ihnen vergeben, wenn Sie denken, Stachelbeeren seien unangenehme, haarige und saure Früchte, die beim Reinbeißen die Tränen in die Augen treiben. Dies liegt daran, dass sie in den Geschäften oft unreif verkauft werden, ohne ihr volles Aroma entwickelt zu haben. Das ist äußerst ungerecht, weil reife Stachelbeeren köstlich, süß und saftig sind. Es gibt eine große Farbpalette: Rot, Gelb, Rosa, Weiß und Grün. Sie können als Kordon oder Fächerspalier an einer nordseitigen Wand wachsen oder alternativ als buschige Sträucher. Um sicherzustellen, dass die Früchte reifen, unbedingt ausdünnen und dazu jede zweite Beere entfernen. Die beim Ausdünnen gepflückten Früchte zum Kochen verwenden, die an der Pflanze verbliebenen können voll ausreifen. Stachelbeeren tragen am alten Holz und an der Basis der frischen Triebe. Deshalb sollte man die neu gewachsenen Äste im Winter auf zwei Augen zurückschneiden.

Links: Stachelbeeren können als senkrechte Kordons oder als Fächer an einer Nordwand wachsen.
Gegenüber: Heidelbeeren in Kübeln mit spezieller Rhododendron- oder Moorbeeterde setzen, wenn Ihr Gartenboden nicht sauer genug ist.

Heidelbeeren

Rote, Rosa und Weiße Johannisbeeren

Es gibt von der Roten Johannisbeere noch weitere Züchtungen mit rosa und weißen Früchten. Rote Johannisbeeren sehen prächtig aus als Fächer oder senkrechte Kordons an einer Nordseite, besonders wenn sie voller farbenfroher Früchte sind. Auch kann man sie als Sträucher frei oder an Stützen wachsen lassen. Ähnlich wie Stachelbeeren reifen sie auf dem alten Holz und an der Basis der frischen Triebe. Deshalb sollte man die neu gewachsenen im Winter auf zwei Augen zurückschneiden. Es könnte nötig werden, die frisch gewachsenen Triebe im Sommer auf fünf oder sechs Blätter zurückzuschneiden, damit mehr Licht in das Blattwerk gelangt.

Schwarze Johannisbeeren

Verwirrenderweise haben die Schwarzen Johannisbeeren ein ganz anderes Wachstumsverhalten als die Roten und Weißen Johannisbeeren oder die Stachelbeeren, deshalb werden sie anders kultiviert. Sie tragen Früchte an den jungen Sprossachsen, darum muss man jährlich mit einer Ast- oder Gartenschere etwa ein Drittel vom alten Holz in Bodennähe entfernen und zahlreiche Jungtriebe stehen lassen. Schwarze Johannisbeeren werden tief eingepflanzt, um neue Bodentriebe zu fördern. Sie eignen sich nicht für Fächerspaliere oder als Säulen. Man kann sie in Kübel pflanzen, solange diese groß genug für das Wurzelsystem sind. Die Basis muss 5 cm hoch mit Erde bedeckt sein.

Heidelbeeren und Großfrüchtige Moosbeeren

Diese beiden eng verwandten Pflanzen bevorzugen leicht sauren Boden. Wenn Ihr Garten diese Voraussetzung nicht bietet, sollten Sie sie in Kübeln mit Rhododendron- oder Moorbeeterde kultivieren. Moosbeeren wachsen niedrig und hängend und eignen sich für volles Sonnenlicht oder Halbschatten. Man kann sie auch in Blumenampeln setzen. Sie brauchen wenig Schnitt, nur ab und zu an den Enden, wenn sie sich zu stark ausbreiten. Auch mögen sie eher eine ziemlich feuchte Umgebung.

Heidelbeer-Pflanzen sind größer als Moosbeeren und eher aufrechter. Sie sollten als Sträucher wachsen und eignen sich nicht für eine Spalierform. Die Heidelbeeren im Winter oder zu Frühlingsanfang schneiden, indem Sie einige der älteren Sprossachsen an der Basis entfernen, damit sich neue, fruchttragende Triebe entwickeln können.

Erdbeeren, Himbeeren und Trauben

Es gibt nichts Köstlicheres als selbst gezogenes Obst, und vieles davon kann auf kleinstem Raum angebaut werden. Weinreben kann man an Südwänden ziehen, Erdbeeren in speziellen Terrakottakübeln und Himbeeren in größeren Pflanzgefäßen. Es macht viel Freude, köstliches frisches Obst nur ein paar Meter entfernt an der Hintertür zu finden.

Links: Weinreben sind leicht anzubauen und man kann sie über Bögen wachsen lassen und so den größten Nutzen aus dem verfügbaren Raum ziehen. *Gegenüber:* Legen Sie Stroh unter die Erdbeeren, damit sie am Boden nicht faulen.

Erdbeeren

Diese niedrig wachsenden mehrjährigen Pflanzen eignen sich besonders für Blumenampeln oder Blumentöpfe. Oder man kann sie einfach mit einem Abstand von 30 cm in ein Erdbeerbeet pflanzen. Sie sind auch ideal für spezielle Blumentöpfe mit seitlichen Pflanzlöchern (siehe Seite 174), die man im Hof aufstellt. Wenn Sie sie im Beet pflanzen, legen Sie Stroh unter die Früchte, um zu verhindern, dass sie am Boden faulen.

Es gibt zwei verschiedene Arten von Erdbeeren. Sommertragende Sorten bilden große, saftige Beeren in der Mitte des Sommers, während bei ganzjährig tragenden Sorten mehrfach während der Wachstumsperiode geringere Mengen an kleineren Früchten geerntet werden können. Beide Arten werden in gleicher Weise angebaut. Sobald die Pflanzen ausgewachsen sind, altes Blattwerk zurückschneiden, um neue Blätter zu fördern.

Himbeeren

Himbeeren sind aufrechte Halbsträucher, die ihre Früchte an langen Ruten hervorbringen. Es gibt zwei verschiedene Arten. Man muss unbedingt wissen, welche Art man angepflanzt hat, da sie unterschiedlich geschnitten werden. Sommertragende Himbeeren produzieren Früchte an Ruten, die im Vorjahr gewachsen sind. Daher sollten Sie, nachdem die Himbeeren ausgetragen haben, immer die alten Triebe entfernen und die neu gewachsenen einbinden, die dann im folgenden Jahr Früchte liefern werden. Herbst-Himbeeren tragen auf dem Jahrestrieb. Gegen Ende des Winters oder zu Beginn des Frühjahrs werden alle Ruten erdbodennah abgeschnitten, um das Wachstum neuer Triebe und neuer Früchte später im Sommer anzuregen. Für Sommer-Himbeeren müssen zum Anbinden waagrechte Drähte zwischen zwei Pfosten gezogen werden. Herbst-Himbeeren kann man einfach frei wachsen lassen.

Trauben

Für das Kultivieren von Wein- oder Tafeltrauben müssen Sie eine für unser Klima geeignete Sorte wählen. Je nachdem wo Sie leben, kann das Klima für manche Sorten im Winter zu hart sein oder die Trauben reifen nicht mehr gut aus. Weinreben sind Kletterpflanzen und brauchen somit etwas, woran sie hochwachsen können, also einen Zaun, eine Wand oder ein System von Drähten. Man kann sie auch über Bögen ziehen. Möglich ist auch, Weinreben in Kübeln anzubauen, solange für ein geeignetes Rankgerüst gesorgt ist. Trauben brauchen zum Reifen einen warmen und sonnigen Standort.

An bestehenden Weinreben im Winter die neuen Triebe auf zwei Augen zurückschneiden. Im Sommer muss man eventuell die neuen Triebe auf etwa fünf Blätter zurückschneiden, damit sie nicht den Rest der Triebe beschatten.

Andere Obstsorten probieren

Sie können in einem kleinen Garten so viele köstliche Früchte anbauen, dass Sie wirklich die Qual der Wahl haben. Einige der weniger bekannten, leicht zu ziehenden Obstsorten werden hier beschrieben. Sie liefern Ihnen frische Früchte zum Naschen oder etwas für die Küche. Und das Beste ist, dass Sie durch den eigenen Anbau auch Sorten verkosten können, die Sie im Laden einfach nicht kaufen können.

Links: Feigen sind ideal für Töpfe, da sie mehr Früchte produzieren, wenn ihre Wurzeln begrenzt werden.
Gegenüber links: Hybrid-Beeren wie Taybeeren sind leicht anzubauen, schmecken himmlisch und sind im Laden schwer zu finden.
Gegenüber rechts: Die Kiwi ist eine Kletterpflanze und muss daher mithilfe eines Rankgestells, z. B. ein Gitter, in die gewünschte Form gebracht werden.

Feigen

Diese mediterranen Pflanzen sind nicht so empfindlich wie Sie vielleicht annehmen. Es gibt recht widerstandsfähige Sorten, die strengste Winter überstehen können. Damit sie reife Früchte bringen, sollten sie an einem sonnigen Ort wie einem Zaun auf der Südseite wachsen. Feigen gehören zu den wenigen Obstsorten, die tatsächlich besser in einem Kübel wachsen als im Boden. Der Grund hierfür ist, dass die Feige mehr Früchte produziert, wenn ihr Wurzelwachstum eingeschränkt wird. Können sich die Wurzeln frei ausbreiten, verzichtet die Feige auf die Produktion von Früchten und steckt ihre Energie in sehr üppigen Blattwuchs. Wenn man sie also in den Boden pflanzt, sollte man eine quadratische Grube anlegen, die Seiten mit Terrassenplatten auslegen und den Boden mit Schotter bedecken, um die Ausbreitung der Feigenwurzeln zu begrenzen.

Hybrid-Beeren

Der Begriff „Hybrid-Beeren“ bezieht sich auf Kreuzungen aus Himbeeren mit anderen Beerensträuchern. Dazu gehören Japanische Weinbeeren, Taybeeren, die Him-Brombeere Tummelberry, Loganbeeren und Boysenbeeren. Die meisten dieser Sträucher tragen ähnlich wie sommertragende Himbeeren und fruchten an den Ruten, die im Vorjahr gewachsen sind. Nachdem die Beeren geerntet sind, die ausgetragenen Triebe entfernen und neue Triebe einbinden, die dann im folgenden Sommer Früchte produzieren. Viele dieser Beerensträucher bevorzugen einen sonnigen Standort, können aber auch mit mäßigem Halbschatten auskommen.

Kiwi

Die Kiwi ist eine Kletterpflanze mit reizvollem Blattwerk und bringt im Herbst süße und saftige grüne Früchte hervor. Die meisten Sorten benötigen zur Produktion von Früchten eine männliche und eine weibliche Pflanze. Inzwischen gibt es aber auch selbstbefruchtende Sorten, die sich besser für einen kleineren Garten eignen. Kiwipflanzen benötigen zum Wachsen ein Rankgerüst, wie z. B. ein Rankgitter, eine Wand oder einen Rundbogen. Im Winter werden neu gewachsene Triebe auf etwa 5 cm zurückgeschnitten. Kiwis sind recht vitale Pflanzen und ihre neuen Triebe müssen eventuell im Sommer nochmal auf fünf oder sechs Blätter eingekürzt werden.

Bohnen

Es gibt unglaublich viele Arten von Bohnen, doch am beliebtesten sind wahrscheinlich die Gartenbohnen (Stangenbohnen und Buschbohnen) und die Dicken Bohnen. Alle sind leicht anzubauen und bringen köstliche Früchte hervor. Ein weiterer Vorteil des Bohnenanbaus ist, dass sie als Leguminosen den Boden mit Stickstoff anreichern. Sobald sie ausgetragen haben, kann man die Wurzeln untergraben und braucht so keinen Dünger für die nächste Kultur.

Stangenbohnen

Man nahm bisher an, dass die Herkunft der Stangenbohnen die südamerikanischen Anden seien, neuere Forschungsergebnisse zeigen aber, dass sie vor 500 Jahren aus Mexiko zu uns nach Europa kamen. Stangenbohnen wachsen einjährig. Sie sind etwas empfindlich, also nicht zu früh setzen und warten, bis es im späten Frühjahr warm genug ist. Man sät sie im Spätfrühling drinnen in Töpfen ein und setzt sie, wenn jegliche Frostgefahr vorüber ist, nach draußen. Oder ab dem Frühsommer direkt in den Boden einsäen. Pflanzen oder Setzlinge sollte man mit 10 cm Abstand setzen. Da Stangenbohnen Kletterpflanzen sind, brauchen sie einen Wigwam oder ein anderes Stützgerüst zum Wachsen. Sie bevorzugen einen warmen, sonnigen Standort mit fruchtbarem Boden. Vor dem Pflanzen eine große Menge an reifem Gartenkompost einarbeiten. Wenn die Stangenbohnen anfangen zu wachsen, brauchen sie vielleicht etwas Hilfe,

Links: Feuerbohnen sind eine weitere Bohnenart mit köstlichen Hülsenfrüchten.
Gegenüber: Dicke Bohnen sind sehr unempfindlich, sie können im Winter ausgesät werden und gehören so zu den ersten Früchten im Jahr, die man im Frühjahr ernten kann.

damit sie am Stützgerüst hochwachsen. Sobald sie sich angeklammert haben, sollten sie von alleine bis zur Spitze hochklettern. Die Bohnen immer so ernten, wie sie wachsen. Je mehr Sie pflücken, desto mehr Ertrag produzieren die Pflanzen.

Rankhilfe einsetzen

Bauen Sie die Rankhilfen vor der Pflanzung auf, damit Sie die Wurzeln nicht beschädigen.

Buschbohnen

Sie sind niedriger als Stangenbohnen und es gibt sogar Zwergformen, die sich für die Kultivierung in Töpfen eignen. Die Hülsen haben viele verschiedene Farben, z. B. Purpur, Gelb und in das übliche Grün, sogar gesprenkelte gibt es. Wie Stangenbohnen sind Buschbohnen leicht empfindlich, deshalb pflanzt man erst, wenn die Frostgefahr vorüber ist. Angebaut werden sie wie Stangenbohnen. Buschbohnen kann man jung ernten und mit Hülse essen oder trocknen und enthülsen. Die Bohnenkerne schmecken gut in Salaten und Schmortöpfen.

Dicke Bohnen

Im Vergleich zu Stangen- und Buschbohnen sind Dicke Bohnen viel widerstandsfähiger. Sie werden im Spätherbst in Anzuchtschalen, Multi-Topfplatten oder Töpfe gesät und im März ins Freiland gesetzt, oder man sät sie zu Beginn des Frühjahrs mit Zwischenabständen von 8 cm direkt in die Erde. Als zusätzliche Abstützung noch dünne Erbsenreiser entlang der Bohnenreihen stecken. Gegen Frühlingsende die Spitzen abzwicken, sobald sich ausreichend viele Hülsen gebildet haben. Dadurch wird die Entwicklung von Hülsen angeregt, und es hilft gegen die Bohnenfliege, die die wachsenden Spitzen angreift.

Erbsen

Die süßen, köstlichen Erbsen sind relativ unempfindlich und der Anbau macht Spaß. Erbsen gehören zu den zähesten Mitgliedern der Gemüsewelt und sind eine gute Wahl zum Pflanzen zu Beginn des Frühlings, wenn Sie etwas früh Erntereifes im Garten haben möchten. Die Frühaussaat von Erbsen kann unter Gartenvlies oder Gemüseglocken erfolgen, wenn Sie es nicht abwarten können, bis der Boden sich voll erwärmt hat.

Links: Erbsen in einer alten Regenrinne anzubauen ist eine gute Methode, sie früh in der Saison heranzuziehen, wenn der Boden noch zu nass und zu kalt ist.
Gegenüber: Reife Erbsen direkt aus der Hülse sind eine Köstlichkeit.

Erbsen müssen mit dünnen Stäben, mitunter auch Erbsenreiser genannt, gestützt werden. Haselnusszweige sind am meisten verbreitet, aber alles was viele Seitenzweige hat, tut's auch. Die Stöckchen sollten etwa 1 m hoch sein. Erbsen bevorzugen einen warmen, sonnigen Standort und fruchtbaren, gut durchlässigen Boden. Am besten pflanzt man sie in Reihen mit einem Abstand von 8 cm quasi in einem Zickzack versetzt an. Man kann sie aber auch in Behältern in torffreier Tomaten- und Gemüseerde ziehen.

Aussaat und Pflanzen von Erbsen

Erbsensamen in Regenrinnen einzusäen, ist eine tolle Möglichkeit, mit Erbsen früh loszulegen, besonders, wenn der Boden in Ihrem Garten kalt und nass ist. Sobald die Bedingungen besser werden, kann man die Sämlinge aus der Rinne herausheben und an den endgültigen Standort pflanzen. Erbsen bevorzugen einen fruchtbaren Boden, und so müssen Sie eventuell erst etwas Gartenkompost untergraben. Zum Einsäen von Samen in die Rinne:

- Der Länge nach in einem Abstand von 10 cm kleine Dränagelöcher in die Rinne bohren.
- Rinnen-Abschlussstücke an beiden Enden anklemmen, damit das Substrat nicht herausgespült wird.
- Die Rinne mit torffreier Tomaten- und Gemüseerde füllen.
- Die Erbsensamen in einer Tiefe von 1 cm und in einem Abstand von etwa 8 cm im Zickzack in die Mitte der Rinne einsäen und behutsam angießen.
- Die Rinne in ein Gewächshaus oder einfach nur in den Innenhof stellen, während die Samen keimen.
- Eventuell ist es erforderlich, ein Netz über die Rinne zu spannen, um Vögel fernzuhalten.
- Die Samen immer wieder gießen, sobald sie anfangen zu keimen.
- Sobald die Sämlinge 10 cm groß sind, am endgültigen Pflanzplatz eine Furche von derselben Tiefe wie die der Rinne graben.
- Die Sämlinge komplett mit der Erde herausheben und in die Furche gleiten lassen.
- Dünne Stöckchen hineinstecken, um die Erbsen zu stützen.

Wie isst man Erbsen?

Erbsenkerne werden vor dem Verzehr normalerweise von ihren Hülsen befreit und können frisch gegessen oder gedämpft oder gekocht werden. Wenn man sie einfriert, kann man sie das ganze Jahr hindurch genießen und sie werden dadurch sogar süßer im Geschmack. Zuckererbsen (*Lathyrus*) und andere Mangetout-Sorten der echten Erbsen (*Pisum*) sind süßer und zarter, so dass man die ganzen Hülsen essen kann. In der Tat bedeutet die französische Bezeichnung „Mangetout" „alles essen".

Stickstoffbindende Wurzeln

Wie Bohnen binden Erbsen mithilfe von Wurzelknöllchenbakterien Stickstoff in ihren Wurzeln. Deshalb sobald die Pflanzen ausgetragen haben, die Wurzeln zerhacken und in die Erde untergraben. Dieser Stickstoffschub wird den nächsten in den Boden gepflanzten Gemüsen zugutekommen.

Zwiebeln, Lauch & Co.

Wenn Sie gerne kochen, sollten Zwiebeln und Knoblauch auf der Liste der hauptsächlich anzubauenden Pflanzen stehen. Sie gehören zur ziemlich großen Truppe der Gattung *Allium* mit Lauch, Schnittlauch, Knoblauch, Schalotten, Frühlingszwiebeln und Winterheckenzwiebeln sowie der vertrauten Standard-Zwiebel. Sie verleihen jedem kulinarischen Gericht einen würzigen Kick.

Zwiebeln und Schalotten

Zwiebeln sind eng verwandt mit dem häufig in Blumenumrandungen anzutreffenden Zierlauch. Es überrascht daher nicht, dass viele Zwiebel- und Lauchsorten wunderschöne rosafarbene, purpurne oder violette Blütenköpfe entwickeln, wenn man sie denn lässt. Man kann die Blüten trocknen und in Blumengestecken verwenden. Zwiebeln sind gewöhnlich braun, es gibt aber auch die köstlichen roten und gelben Sorten, die süßer schmecken.

Sie können Zwiebeln aus Samen, leichter aber aus Steckzwiebeln ziehen. Die kleinen Steckzwiebeln werden im Herbst oder Frühjahr gepflanzt und entwickeln sich dann zu größeren Zwiebeln. Ungefähr 80 Tage nach dem Pflanzen sind sie erntereif, Sie müssen also nicht allzu lange warten.

Pflanzen Sie die Steckzwiebeln alle 10 cm in Reihen mit einem Zwischenabstand von 30 cm. Sie benötigen einen gut durchlässigen Boden, ansonsten neigen die Steckzwiebeln zum Faulen. Schalotten werden auch oft aus Steckzwiebeln gezogen, sie entwickeln sich aber eher zu einem Büschel kleinerer Zwiebeln als zu einer großen. Sie brauchen auch etwas länger für die Reife.

Ernten Sie, wenn die Blätter anfangen, braun oder gelb zu werden, welken oder umknicken, idealerweise bei trockenem Wetter. Ein paar Tage in der Sonne trocknen lassen und dann drinnen lagern.

Links: Die einfachste Art, Zwiebeln anzubauen, ist mithilfe von Steckzwiebeln, also sozusagen „Babyzwiebeln", die dann größer werden.

Gegenüber: Lauch wird oft tief in den Boden gesetzt, so dass er weiß und zart bleibt.

Lauch

Als ein weiteres, sehr beliebtes Mitglied der Zwiebelfamilie wird Lauch wegen seiner saftigen, nach Zwiebel schmeckenden Schäfte angebaut, die eine Grundzutat in vielen Suppen und zahlreichen anderen Gerichten sind. Einer der Vorteile von Lauch ist, dass man ihn im Winter ernten kann, wenn es kaum anderes Gemüse gibt.

Lauch wird normalerweise aus Samen gezogen. Er bevorzugt gut durchlässigen, aber schweren Boden und volle Sonne. Am einfachsten sät man die Samen in Anzuchtkästen, pikiert sie, wenn sie 12 cm groß sind, und pflanzt sie dann im Frühjahr mit Zwischenabständen von 15 cm nach draußen. Die Wurzeln und Spitzen kann man beim Umpflanzen beschneiden.

Traditionell nimmt man zum Pflanzen des Lauchs ein Pflanzholz und sticht damit 15 cm tiefe Löcher, in die man die jungen Lauchpflanzen hineingleiten lässt. Nach dem Pflanzen angießen, damit der Boden rund um die Wurzeln angeschwemmt wird („Einschlämmen"). Der Gedanke dabei ist, dass der Lauch unter diesen Bedingungen in der unteren Partie des Schafts gebleicht wird. Alternativ die Lauchsamen direkt 1 cm tief in die Löcher säen und dann auf die endgültigen Abstände vereinzeln.

Den Lauch ab Spätsommer ernten oder im Herbst noch im Boden lassen und zur Ernte nach Bedarf mit einer Grabegabel ausgraben.

Knoblauch

Wie Zwiebeln kann man Knoblauch aus Samen ziehen, viel leichter geht das aber aus kleinen Knoblauchzehen. Knoblauch braucht lange zum Wachsen und wird deshalb oft im Spätherbst oder Winter gepflanzt. Er bevorzugt durchlässigen Boden an einem sonnigen Standort, da die Knollen ansonsten zu Fäulnis neigen. Da sie flach wurzeln, ist Knoblauch auch ideal für Pflanzgefäße.

Knoblauchzehen sollten 2 cm tief gesteckt werden, mit der Spitze nach oben und der breiteren Basis nach unten. Knoblauch kann man ab der Mitte bis zum Ende des Sommers ernten, wenn die Blätter anfangen zu welken und gelb zu werden. Man sollte ihn bei trockenem Wetter ernten und ein paar Tage in der Sonne trocknen lassen, bevor man ihn einlagert oder in der Küche verwendet.

Schnittlauch

Diese langsam wachsenden mehrjährigen Pflanzen gehören auch zur Familie der Zwiebeln und sind eine wundervolle Ergänzung in jedem Garten. Man kann ihre röhrenförmigen Blätter mit einer Schere abschneiden und dann klein hacken und über Salat oder andere Gerichte streuen, was dem Ganzen ein mildes Zwiebelaroma verleiht. Sie bilden außerdem auch wunderschöne purpurne Blütenköpfe, die man zur Dekoration von Gerichten verwenden kann. Nach zwei oder drei Jahren die Schnittlauchpflanzen ausgraben und teilen, wenn sie wuchern.

Kürbis, Zucchini und Co.

Dies ist eine der spannendsten Gemüsegruppen mit einer riesigen Auswahl an Formen und Farben. Botanisch gesehen gehören Kürbisse eigentlich zu den Früchten, aber kein Gärtner, der etwas auf sich hält, würde in seinem Gemüsebeet auf den Kürbis verzichten. Zu der Familie der Cucurbitaceae zählen Zucchini, Zier- und Speisekürbisse, Gurken und Melonen. Die meisten von ihnen sind etwas empfindlich und sollten erst gepflanzt oder gesät werden, wenn keine Frostgefahr mehr besteht.

Zier- & Speisekürbisse

Halloween wäre unvollständig ohne die kultigen Kürbisse auf der Türschwelle oder Fensterbank, doch finden die essbaren Arten noch weit spannendere Verwendung in der Küche: als Kürbiskuchen, Obsttörtchen oder als Beilage zu wohlschmeckenden Gerichten. Kürbissamen kann man sogar rösten und als leckeren, gesunden Snack genießen.

Spät im Frühling die Kürbissamen in Töpfe einsäen und abdecken. Die Sämlinge, sobald die Frostgefahr vorüber ist, draußen an einer sonnigen Stelle in reichhaltigen, fruchtbaren Boden pflanzen. Kürbisse brauchen ganz schön viel Platz, deshalb, je nach Sorte, mindestens 1 m auseinander setzen. Manche können auch an Zäunen oder Rankgittern an Wänden gezogen werden.

Kürbisse brauchen wöchentlich Flüssigdünger, wenn sie beginnen, Blüten und Früchte auszubilden, es sei denn sie wachsen in Gartenkompost. Nach der Ernte in der Sonne trocknen lassen, damit die Schale aushärten kann.

Links: Zucchini kann man in Behältern ziehen, sie brauchen aber viel Wasser und Dünger, wenn diese Behälter nicht groß genug sind. *Gegenüber:* Gurken sind Kletterpflanzen und müssen an einem Gerüst gezogen werden.

Wenn Sie einen richtig großen Kürbis ziehen wollen, dann alle kleinen Früchte entfernen, damit ein bis zwei zur vollen Größe entwickeln können. Stellen Sie sicher, dass Sie eine großwachsende Sorte dazu ausgewählt haben.

Zucchini

Sie werden staunen, wie viele Früchte eine einzige Zucchini-Pflanze hervorbringt und wie schnell diese Früchte sich zu einer beträchtlichen Größe entwickeln können, wenn sie nicht rechtzeitig geerntet werden. Riesen-Zucchini bekommen eine deutlich festere Schale und sind weniger saftiger, lassen sich ausgewachsen aber auch ähnlich lange lagern wie Kürbisse. Die früher und klein geerntete Früchte sind deutlich feiner und schmackhafter.

Zucchini lassen sich ganz einfach anbauen: Die Samen im späten Frühjahr in Töpfe oder direkt in die Erde säen, sobald der Boden warm genug ist. Sie sind etwas empfindlich, deshalb erst pflanzen oder säen, wenn keine Frostgefahr mehr besteht. Es sind mediterrane Pflanzen und sie lieben daher das Bad in der warmen Sonne. Auch bilden sie viel Blattwerk, also für einen fruchtbaren oder sehr komposthaltigen Boden sorgen. Geben Sie der Zucchini genug Platz, etwa 1 m^2 pro Pflanze. Man kann sie auch in großen Kübeln oder Pflanzsäcken anbauen. Immer wieder ernten, um die Entwicklung weiterer Früchte anzuregen und zu verhindern, dass sie zu groß werden. Rechnen Sie mit drei oder vier Stück pro Woche von jeder Pflanze.

Welche Seite nach oben?

Die Pflanzen der Kürbisgewächse haben große Samen. Säen Sie diese hochkant stehend ein. Andernfalls besteht die Gefahr, dass sie faulen, wenn ihre größte Fläche nach oben oder unten zeigt, denn dort würde sich dann Wasser sammeln.

Gurken

Es gibt zwei Arten von Gurken: die Sorten für drinnen (Gewächshaus) und die für draußen (auch Feldgurken genannt). Gurken sind Kletterpflanzen, benötigen also im Gewächshaus etwas zum Hochhangeln wie ein Netz oder ein Rankgestell. Im Freien kann man sie auf dem Boden kriechen oder am Zaun hochwachsen lassen. Freilandgurken sät man ab April einzeln in Töpfe und setzt die Sämlinge Ende Mai ins Freie. Die fürs Gewächshaus können früher eingesät werden. Gurken haben männliche und weibliche Blüten, wobei sich die weiblichen später zu Früchten entwickeln. Die Spitze der Triebe abzwicken, sobald die Pflanze sieben oder acht Blätter hat, damit wird die Entwicklung von Früchten an den Seitentrieben angeregt. Die Gurkengröße ist je nach Sorte unterschiedlich. Gurken sind sehr durstig, deshalb gut gießen und ab der Blütezeit einmal pro Woche düngen.

Tomaten

Eine selbst gezogene Tomate, frisch vom Stock gepflückt, ist saftig und köstlich, und ihr Geschmack ist unvergleichlich im Verhältnis zu denen, die Sie im Laden kaufen können. Tomaten sind leicht anzubauen und Sie benötigen nicht unbedingt ein Gewächshaus. Wenn Sie geeignete Sorten wählen, brauchen Sie nur einen sonnigen, geschützten Platz im Garten.

Tomaten wurden ursprünglich im 16. Jahrhundert aus Amerika als Zierpflanze in Europa eingeführt. Erst viel später fand man Gefallen am Verzehr der Früchte.

Sie können Tomatenpflanzen im späten Frühjahr als Jungpflanzen kaufen und gleich zu Hause setzen. Es ist jedoch billiger, Tomatensamen zu kaufen, die zum Winterende oder Frühlingsanfang drinnen eingesät werden. Auch haben Sie eine größere Auswahl an Sorten, wenn Sie sie aus Samen ziehen. Tatsächlich ist das Spannendste an Tomaten die große Anzahl verschiedener Sorten, einschließlich seltener alter Sorten, die Sie in Geschäften nicht finden. Von kleinen, süßen Kirschtomaten bis zu großen Ochsenherz-Sorten gibt es eine Unmenge an Formen und Farben, die von Gold, Gelb, Rot und Orange bis zu Purpur und Schwarz reichen. Manche haben eine marmorierte oder gestreifte Haut, und manche haben eine Pflaumen- oder Kirschenform, während andere stark gerippt sind. Es gibt zwei Kategorien von Tomaten, die auch unterschiedlich angebaut werden:

Stabtomaten (indeterminierte) werden relativ hoch und wachsen in Form einer zentralen Sprossachse, sie werden an einem Stab oder einem von der Decke hängenden Seil kultiviert.

Strauch- oder Buschtomaten (determinierte = begrenzt wachsende) wachsen breiter und niedriger als die Stabtomaten und werden an kurzen Rankhilfen angebunden, obwohl manche Gärtner es zulassen, dass sie sich am Boden ausbreiten. Manche Strauchtomaten wie 'Tumbling Tom' können sogar in Blumenampeln wachsen.

Links: Tomaten brauchen regelmäßig Wasser und Dünger, damit sie den ganzen Sommer hindurch tragen.
Gegenüber: Manche buschigen Tomatensorten kann man in Blumenampeln wachsen lassen.

Braunfäule

Diese Pilzkrankheit kann eine Tomatenernte sehr schnell zerstören, es gibt jedoch widerstandsfähige Tomatensorten, die Sie anbauen können, wie z. B. 'Fantasio' F1, 'Losetto' F1, 'Legend', und 'Lizzano'.

Säen und Anbauen

1. 9 cm-Töpfe mit Tomaten- und Gemüseerde bis knapp unter den Rand füllen.
2. In jedem Topf einen Samen auf die Erde legen, herunterdrücken bis knapp unter die Oberfläche, dann mit Erde bedecken.
3. Die Erde gießen und die Töpfe auf eine sonnige Fensterbank oder in einen Anzuchtkasten mit einer Temperatur von 12–20 °C stellen.
4. Die Sämlinge ins Freie pflanzen, wenn sie 15 cm hoch sind und keine Frostgefahr mehr besteht.

Kultivierungs-Optionen

- Die Tomatenpflanzen mit einem Zwischenabstand von 45 cm direkt in die Erde setzen.
- Spezielle Pflanzsäcke mit Tomaten- und Gemüseerde füllen und je zwei Tomatenpflanzen pro Sack setzen.
- In 15- bis 50-Liter-Kübeln mit Tomaten- und Gemüseerde kultivieren.

Pflanzenpflege

- Ein Mal pro Woche einen organischen Tomatenflüssigdünger geben, sobald sich Blüten zeigen.
- Bei Stabtomaten die Seitentriebe ausgeizen, um das Reifen der Früchte anzuregen und nicht das Wachstum von Trieben (siehe Seite 106).

Die „Kohl-Familie"

Viele unserer liebsten Gemüsearten gehören zur großen Gruppe der Kohl-Familie, darunter die Blattgemüse-Arten Grünkohl, Brokkoli, Blumenkohl und Rosenkohl. Die Gruppe enthält auch einige Wurzelgemüse-Sorten wie Steckrüben, Speiserüben und Kohlrabi (siehe Seite 166). Alle Kohlarten gehören zur botanischen Familie der Kreuzblütler (Brassicaceae).

Bodenkunde

Kreuzblütler bevorzugen im Allgemeinen einen leicht alkalischen Boden zur Vermeidung von Kohlhernie. Diese Pilzkrankheit verursacht aufgequollene und deformierte Wurzeln und verkümmertes Wachstum. Man kann dem Boden Kalk zugeben, um den pH-Wert zu erhöhen.

Selbst gezogener Grünkohl und andere Kohlarten schmecken nicht nur toll, ihr Blattwerk bildet auch einen schönen Teppich an Strukturen im Gemüsebeet.

Kohlarten anbauen

Für Kohl-Liebhaber gibt es eine gute Nachricht – Sie können Kohl fast das ganze Jahr über anbauen. Das übliche Schema lautet: Frühkohl, gefolgt von den im Frühjahr ausgesäten Sommerkohlsorten, danach gibt es die köstlichen Winterkohlsorten wie den ausgezeichneten dunkelblättrigen Wirsing, der sehr unempfindlich ist und den kältesten Winterfrösten widerstehen kann, so dass er bis zur Ernte im Boden bleibt.

Kohlgemüse mögen einen festen, fruchtbaren Boden, und obwohl sie volle Sonne bevorzugen, können sie im Tageslauf auch etwas Schatten vertragen. Die Samen in eine Anzuchtschale oder Multi-Topfplatte einsäen. Wenn die Sämlinge 4 cm hoch sind, an ihren endgültigen Platz pflanzen. Die Abstände variieren je nach Sorte, lesen Sie daher die Angaben auf der Samenpackung.

Blumenkohl

Blumenkohl, mit seinem dicken Kopf aus Blütensprossen, ist im Vergleich zu den anderen Kohlsorten etwas heikler und anspruchsvoller im Anbau. Er braucht viel Sonne und Wasser sowie einen leicht alkalischen Boden.

Brokkoli

Es gibt nicht nur die Brokkolisorte 'Calabrese', die im Supermarkt normalerweise als Brokkoli angeboten wird, sondern auch ganz anders aussehende Sorten wie z. B. den Purpur-Sprossen-Brokkoli. Dieser wird im Frühjahr gesät und im darauffolgenden Jahr geerntet und ist eine nützliche Frucht, um die Lücke zu Beginn des Frühjahrs zu füllen, wenn es keine anderen Gemüse zu ernten gibt. 'Calabrese' wird dagegen gewöhnlich im Frühjahr direkt in den Boden gesät und dann später im Jahr geerntet.

Grünkohl

Dies ist wahrscheinlich der robusteste aller Kreuzblütler, denn er ist sehr hart im Nehmen. Grünkohl überlebt fast alles, was ihm der Winter antun kann, und die Kälte kann sogar die bittereren Blätter etwas süßer werden lassen. Die Samen sollten in Anzuchtplatten oder Multi-Topfplatten eingesät werden. Die Sämlinge werden dann mit einem Zwischenabstand von etwa 45 cm ins Freie gesetzt, wenn sie 4 cm hoch sind.

Wie viele andere Kreuzblütler ist der Grünkohl sehr wertvoll, um die Lücke im Winter zu füllen, wenn es sonst nicht viel gibt. Er benötigt einen nährstoffreichen, schweren Boden. Grünkohl ist nicht nur ein hochwertiges Lebensmittel, einige der Zierformen haben auch reizvoll gefärbte Blätter in etlichen Schattierungen, die dem Garten das ganze Jahr über Struktur und Farbe verleihen können.

Rosenkohl

Er ist vielleicht nicht jedermanns Sache, aber ein Weihnachtsessen wäre ohne dieses umstrittene Gemüse nicht komplett! Rosenkohl lässt sich relativ leicht anbauen. Im Frühling einfach in Anzuchtplatten oder Multi-Topfplatten einsäen und dann, wenn die Pflanzen etwa 8 cm groß sind, ins Freie setzen. Sie benötigen einen fruchtbaren, aber festen Boden, damit sie stehen bleiben und eventuell auch eine Abstützung. Rosenkohl ist winterhart und die Röschen können den ganzen Winter hindurch gepflückt werden.

Wenn Sie Rosenkohl wegen seines bitteren Geschmacks nicht mögen, überlegen Sie es sich vielleicht noch mal: Es gibt jetzt moderne Züchtungen, welche süßer und weniger nach Rosenkohl schmecken. Auch gibt es farbige Varianten, einschließlich purpurne und rote.

Mehrjährige Gemüse

Obwohl die meisten Gemüse als einjährige Pflanzen angebaut werden, gibt es auch ein paar mehrjährige. Man sollte sich gut überlegen, wo man sie im Garten setzt, denn stehen sie erst einmal an Ort und Stelle, sollten sie dort idealerweise für ein paar Jahre bleiben dürfen. Sie sind eine gute Investition, was Zeit und Aufwand angeht, da sie, einmal gesät oder gepflanzt, relativ leicht zu pflegen sind.

Rhabarber kann unter einen Topf „gezwungen" werden, damit er früh mit rosafarbenen Stängeln erntereif ist.

Rhabarber

Eigentlich ist Rhabarber ein Gemüse, obwohl viele ihn mit einer fruchtigen Nachspeise oder einem leckeren Rhabarberkuchen assoziieren. Rhabarber schmeckt nicht nur toll, sondern ist auch eine wundervolle, auffällige Pflanze für den Garten, denn er hat leuchtend rote Stängel und große Blattspreiten. Rhabarber ist extrem widerstandsfähig und braucht tatsächlich eine Kältephase für seine Winterruhe, bevor er im Frühjahr erneut wachsen kann.

Die einfachste Art, mit Rhabarber zu beginnen, ist, Jungpflanzen zu kaufen. Man kann auch zu Beginn des Frühjahrs Samen einsäen und die Sämlinge im Herbst oder dem folgenden Frühjahr auspflanzen. Dies bedeutet jedoch, dass man mindestens ein Jahr länger warten muss, bevor man etwas ernten kann. Rhabarber bevorzugt einen fruchtbaren Boden, deshalb vor dem Pflanzen reichlich Gartenkompost einarbeiten. Die Pflanzen mögen einen sonnigen Platz, vertragen aber auch etwas Schatten.

Ernten Sie die roten Blattstiele, wenn sie etwa 25 cm lang und 2 cm breit sind, indem sie das Rhabarberblatt unten am Stiel festhalten und sanft daran ziehen und drehen. Vermeiden Sie es, die Stiele mit einer Gartenschere abzuschneiden, denn dadurch kann ein Stück vom Blattansatz zurückbleiben, wodurch der Stock krank werden könnte. Auch heißt es, das sanfte Ziehen rege die Pflanze dazu an, weitere Blattstiele zu treiben. Ab Mitte des Sommers nicht mehr ernten, damit die Pflanze vor der Winterruhe genug Zeit hat, sich zu erholen.

Wenden Sie etwas Gewalt an. Man kann den Rhabarber zu einer frühen Reife drängen, indem man zu Beginn des Winters einen großen Topf über die Krone stülpt. Dadurch, dass man ihm das Licht wegnimmt, wird der Rhabarber dazu angeregt, gegen Ende des Winters oder zu Beginn des Frühjahrs leuchtend rosafarbene, süße und saftige Stiele hervorzubringen.

Achtung giftig!

Die Rhabarberblätter (Blattspreiten) sind leicht giftig und sollten daher nicht verzehrt werden. Tatsächlich kochen manche Gärtner die Blätter auf und verwenden die Flüssigkeit als Insektizid gegen Bohnenfliegen und andere Plagen.

Spargel

Nichts versinnbildlicht den Beginn des Frühlings mehr als das Eintreffen von saftigen Spargelstangen in Läden und Restaurants. Sie sind eine luxuriöse Gaumenfreude und recht teuer zu erstehen – aber leicht zu Hause im Garten anzubauen. Spargel ist gewöhnlich in der Form von nackten Wurzeln erhältlich, die man im Frühjahr mit 30 cm Zwischenabstand auspflanzt. Damit sich die Pflanze an ihrem Standort etablieren kann, sollte man ihr zwei Jahre Zeit lassen, bevor man erntet. Im dritten Jahr, wenn die Spargelstangen etwa 20 cm hoch sind, kann man sie mit einem scharfen Messer abschneiden. Lassen Sie das reizvolle, farnartige Kraut über Sommer stehen und schneiden Sie es im Winter zurück, wenn es anfängt abzusterben.

Saftiger Spargel im Frühjahr ist einer der Gourmetgenüsse aus dem Gemüsegarten.

Gartensalat und Radieschen

Der Gartensalat (*Lactuca sativa*) wird auch Lattich genannt. Es gibt von ihm mehrere Varietäten und Sorten, die in vielen Salaten die Grundzutat darstellen, auch die nachwachsenden Schnittsalate gehören hier her. Jedoch ist Gartensalat nur einer von vielen Blattsalaten für den Anbau. Weitere Blattsalate sind die scharfe, würzige Rauke, Sauerampfer, Feldsalat und viele andere.

Gartensalat

Es gibt vier verschiedene Gruppen von Gartensalat:

Romanasalat. Manchmal auch Römersalat genannt, hat lose Salatherzen und einen aufrechten Wuchs.

Crisphead-Gruppe. Eng gepackte Köpfe mit knackigen Blättern, der bekannteste ist der Eisbergsalat.

Kopfsalat. Bildet Köpfe mit weichen, dicht sitzenden Blättern und runden Herzen.

Pflücksalat. Bildet keinen Kopf; nachwachsender Salat, der Blatt für Blatt geerntet wird. Bsp.: Eichblattsalat.

Die meisten Salate werden direkt in flache Rillen etwa 1 cm tief eingesät. Dünn einsäen, mit Erde bedecken und leicht gießen. Wenn die Säm-

Links: Gartensalat keimt schnell und ist daher ideal für Anfänger.
Gegenüber links: Radieschen können schon nach ein paar Wochen geerntet werden.
Gegenüber rechts: Winterrettich wird im Herbst und Winter geerntet.

Das Schießen verhindern

Gartensalate neigen öfters dazu, zu schießen (frühzeitig Blüten und Samen zu bilden). Um dies möglichst zu vermeiden, immer gut wässern. Auch sollte das Unkraut zwischen den Reihen gejätet werden, denn es konkurriert mit Ihren Salaten um lebenswichtige Nährstoffe.

linge zu eng beieinander stehen, auf 2,5 cm ausdünnen, sobald sie etwa 4 cm groß sind. Setzen Sie größere Salatsorten mit einem Abstand von je 25 cm, damit sie genug Platz haben. Die nachwachsenden Schnittsalate nicht ausdünnen. Stattdessen regelmäßig ernten, indem man die Blätter bis fast zur Basis zurückschneidet, und regenerieren lassen. Dies sollte mehrmals pro Saison möglich sein. Regelmäßig einsäen, um die Saison noch weiter zu verlängern. Sorten, die Köpfe bilden wie Kopf- und Romanasalat erntet man, indem man sie mit einem Messer knapp unter dem Boden abschneidet.

Radieschen

Radieschen sind kein Blattsalat, werden aber hier mit einbezogen, weil sie eine Salatzutat sind und zusammen mit Blattsalaten angebaut werden. Neben dem Genuss der Wurzeln, kann man ihre Blätter auch in Salaten verwenden. Der Anbau von Radieschen ist sehr befriedigend, da sie schnell und leicht wachsen – gewöhnlich dauert es nur drei bis sechs Wochen zwischen Aussaat und Ernte. Im Frühjahr direkt in die Erde in flache Rillen einsäen, dann nach ein paar Wochen ausdünnen, damit die restlichen wachsen können. Da sie so schnell wachsen, säen viele Gärtner alle paar Wochen eine neue Reihe ein, um die ganze Saison über aufeinanderfolgende Ernten zu gewährleisten. Neben den herkömmlichen Sommer-Radieschen gibt es auch Winterrettich und fernöstliche Sorten (u. a. Daikon-Rettich). Diese entwickeln sich langsamer und bringen später in der Saison größere Wurzeln hervor.

Kartoffeln

Wer liebt nicht Kartoffeln in der einen oder anderen Form? Ob eine köstliche Folienkartoffel, Bratkartoffeln, Pommes frites oder Kartoffelbrei, Sie werden kaum jemanden finden, der die bescheidene Kartoffel nicht mag. Zum Glück sind sie leicht anzubauen und wer nicht viel Gartenfläche zur Verfügung hat, kann sie in Pflanztöpfen oder sogar großen speziellen Pflanzsäcken wachsen lassen und dennoch ordentlich ernten.

Kartoffeln werden im Allgemeinen in frühe, mittlere und späte eingestuft, je nachdem wann in der Saison sie erntereif sind. Wenn Ihre Fläche begrenzt ist, dürfte es sich nicht lohnen, Kartoffeln als Hauptfrucht anzubauen, da sie im Vergleich zu anderem Gemüse viel Platz brauchen.

Pflanzung in Furchen

- Eine Furche etwa 20 cm tief an einer sonnigen Stelle ausheben. Die Kartoffeln mit den Augen nach oben und einem Zwischenabstand von 35 cm bei frühen Sorten, 45 cm bei mittelspäten Sorten und 65 cm bei späten Sorten in die Furchen legen. Mit Erde bedecken und dabei reichlich Gartenkompost mit in die Furchen geben. Sobald sich Triebe zeigen, Erde anhäufeln. Dies verhindert nicht nur, dass die Knollen durch Frost geschädigt werden, sondern auch, dass sie später grün werden. Die Kartoffeln haben zudem mehr Substrat für ihre Entwicklung zur Verfügung.
- Die Kartoffeln ernten, sobald die Blüte beendet ist und die Blätter absterben. Mit einer Grabegabel ausheben und darauf achten, nicht zu viele Kartoffeln mit den Zinken aufzuspießen.

Vorkeimen lassen oder nicht

Damit Kartoffeln früh anfangen zu wachsen, kann man sie vorkeimen lassen. Dafür werden die Kartoffeln mit den „Augen" nach oben für ein paar Wochen vor dem Pflanzen auf eine Fensterbank gelegt. Sobald sich Keime auf der Oberfläche zeigen, ist die Kartoffel bereit zum Einpflanzen. Kartoffeln kann man in einem Erdsack ziehen, was eine tolle, platzsparende Lösung für kleine Gärten ist. Um beste Ergebnisse zu erhalten, den Sack an einen sonnigen Ort stellen und regelmäßig wässern.

Die Kartoffeln vor dem Pflanzen dem Licht auszusetzen – eine als Vorkeimen bekannte Technik – kann eine frühere Ernte bewirken.

SCHRITT FÜR SCHRITT

KARTOFFELANBAU IM PFLANZSACK

Sie brauchen

* Einen großen Pflanzsack * Ein scharfes Messer
* Torffreie Tomaten- und Gemüseerde * Saatkartoffeln

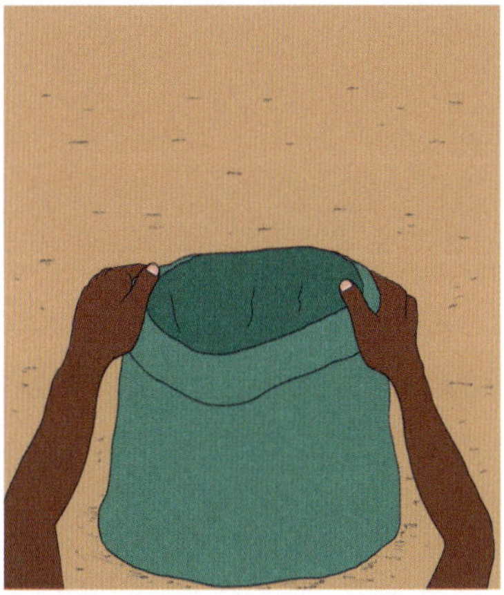

1. Schneiden Sie ein paar Dränagelöcher in den Boden des Pflanzsacks und rollen Sie den oberen Teil etwa zwei Drittel nach unten.

2. Füllen Sie den Boden des Pflanzsacks 15 cm hoch mit Erde auf.

3. Legen Sie ein paar Kartoffeln auf die Substratoberfläche mit dem Kopfende (wo sich ein paar Keime befinden) nach oben.

4. Die Kartoffeln mit 10 cm Erde bedecken. Den Sack an einen sonnigen Ort im Hof stellen und immer regelmäßig gut wässern.

5. Wenn die Kartoffeln anfangen zu wachsen und sich grüne Triebe zeigen, den Sack hochkrempeln und mehr Erde zugeben. Dies wiederholen, bis das obere Ende des Beutels erreicht ist.

6. Sobald die Blüten und Blätter anfangen zu welken, kann man ernten. Hierzu einfach den Sack aufschlitzen und die neuen Knollen auflesen.

Speiserüben, Steckrüben und Kohlrabi

Obwohl Speiserüben, Steckrüben und Kohlrabi Mitglieder der Kohlfamilie sind, werden sie im Gegensatz zu den anderen Vertretern dieser Gruppe hauptsächlich wegen ihrer wohlschmeckenden Rüben und Knollen, und nicht wegen der Blätter angebaut (junge Speiserübenblätter sind aber ebenfalls eine Delikatesse). Wenn man alle drei anpflanzt, kann man das ganze Jahr über eines dieser Gemüse genießen: Speiserüben werden zwischen Frühjahr und Sommer reif, während Steckrüben und Kohlrabi im Herbst und Winter geerntet werden können.

Speiserüben

Samen direkt in einen mit reichlich Gartenkompost vermischten, gut vorbereiteten Boden in flache Löcher einsäen und später ausdünnen auf etwa 10 cm Abstand. Ernten, wenn die Rüben die gewünschte Größe erreicht haben, aber nicht länger als drei Monate im Boden lassen, da sie sonst holzig werden können. Sie sind erntereif, wenn die Blätter zu welken beginnen und umfallen. Manche Speiserüben sind robuster als andere. Empfindlichere Sorten sollten Sie nicht mehr im Boden lassen, sobald die Temperaturen im Herbst wieder fallen.

Junge Speiserüben genießen so etwas wie eine Renaissance und viele Chefköche hoffen welche zu ergattern. Sie werden bereits sechs

Links: Zarte Speiserüben vor den ersten Herbstfrösten ernten. *Gegenüber:* Kohlrabi sind leicht anzubauen und kommen mit trockenen Sommern besser zurecht als Steckrüben oder Speiserüben.

> **Zeitplan für das Pflücken**
> Speiserüben baut man auch wegen ihrer wohlschmeckenden, zarten Blätter an. Pflücken Sie ab dem Frühjahr alle paar Wochen einige Blätter ab. Sie bilden dann immer noch unterirdisch Wurzeln aus, die allerdings länger brauchen, um sich zu entwickeln.

Wochen nach der Aussaat geerntet, sobald sie Golfballgröße erreicht haben.

Steckrüben

Diese köstlichen Wurzelgemüse haben eine unbestreitbare Süße und schmecken gebraten ganz hervorragend. Steckrüben sind ideal für die Winterküche, wenn es wenige andere Früchte aus dem Gemüsegarten gibt. Sie bevorzugen einen fruchtbaren Boden mit reichlicher Zugabe von Kompost. Die Samen im Frühjahr in flache Löcher einsäen und die Sämlinge auf einen endgültigen Abstand von 25 cm ausdünnen. Sie brauchen zum Wachsen länger als Speiserüben und sollten vom Spätsommer an bis in den Winter erntereif sein.

Wussten Sie? Steckrüben heißen mancherorts Erdkohlrabi oder Runkelrübe, oder einfach dicke Rübe. Von den Speiserüben gibt es einige leckere Varianten wie die Mairübe, die Teltower Rübe, die Herbstrübe usw.

Kohlrabi

Als eines der weniger bekannten Mitglieder der Kohlfamilie werden diese Gemüse wegen ihrer köstlichen, prallen, kugelförmigen Sprossachse gepflanzt. Sie sieht sehr seltsam aus, und wenn Sie sie zuvor nicht angebaut haben, könnten Sie anfänglich meinen, irgendwas sei schiefgelaufen. Sie besteht aus einer kleinen Kugel mit Blättern, die in zufälligen Winkeln spiralig nach außen gehen. Abgesehen davon, dass sie einen guten Gesprächsstoff im Garten liefern, sind Kohlrabi leicht zu ziehen und besser gefeit gegen Trockenheit als Speiserüben und Steckrüben.

Es gibt zwei unterschiedliche Gruppen von Kohlrabi: Die grünen Sorten sät man von Frühlingsanfang bis Sommeranfang für eine Ernte im Sommer, während die robusteren purpurnen im Sommer ausgesät und im Herbst und Winter geerntet werden. Die Samen einsäen wie für Speiserüben und die prallen runden Sprossachsen ernten, wenn sie eine Größe zwischen Golf- und Tennisball erreicht haben.

Karotten und Pastinaken

Karotten sind vielseitige Gemüse, weil man die Wurzeln roh genießen kann, wenn sie süß und knackig sind, oder in einer Reihe von wohlschmeckenden oder süßen Gerichten –gerieben oder gehackt in Salaten und Suppen oder gebacken in einem Karottenkuchen. Obwohl Pastinaken bis zur Ernte mehr Zeit benötigen, finden auch sie mancherlei kulinarische Verwendung in der Küche. Karotten und Pastinaken bevorzugen beide leichten, steinfreien Boden, und wenn dies nicht möglich ist, kann man sie in Hochbeeten ziehen.

Karotten

Sie müssen sich nicht unbedingt für die herkömmlichen, langen, spitzen Karotten entscheiden. Sie können auch runde Karotten in der Größe eines kleinen Golfballs anbauen, die sich perfekt für Balkonkästen oder flache Behälter eignen.

- Karotten brauchen einen gut durchlässigen Boden und einen sonnigen Platz. Ist der Boden schwer, zuerst mit einer Grabegabel auflockern, so dass die Wurzel mit minimaler Anstrengung nach unten wachsen kann. Auch eventuell vorhandene Steine entfernen, da diese das Wachstum behindern.
- Im Frühjahr direkt in den Boden in Löcher von 1 cm Tiefe einsäen. Die Samen mit Boden bedecken und gut gießen.
- Wenn die Sämlinge hervorkommen, ausdünnen. Beachten Sie die Angaben auf der Samenpackung in Bezug auf die endgültigen Pflanzabstände.
- Die wachsenden Karotten gut wässern, sonst reißen sie.

Links: Runde Karotten sind eine ideale Frucht zum Anbau in flachem Boden oder in Behältern.
Gegenüber: Pastinaken können lange Zeit brauchen, bis sie erntefertig sind, deshalb früh in der Saison mit der Aussaat beginnen.

> **Partner für Karotten**
>
> Karotten werden oft mit Gemüse der Familie der Lauchgewächse angebaut, z. B. Zwiebeln, Lauch und Schnittlauch. Dies dient dazu, die Karottenfliege abzuhalten, deren Larven sich in die Wurzel eingraben und sie zerstören. Durch die Vergesellschaftung wird dies reduziert. Die weibliche Karottenfliege wird durch den Geruch der Zwiebeln in der Nähe verwirrt, wenn sie für die Eiablage nach Karotten sucht, und fliegt dann woanders hin.

- Die Karotten herausziehen, sobald sie die gewünschte Größe haben.
- Junge Karotten isst man am besten frisch, wenn sie süß, knackig und saftig sind.

Gestaffelt säen. Im Frühjahr und Sommer alle zwei oder drei Wochen einsäen, um eine regelmäßige Ernte an Karotten während der ganzen Saison sicherzustellen.

Pastinaken

Pastinaken werden wegen ihrer langen süßen Pfahlwurzeln gerne angebaut. Sie sind eng mit den Karotten verwandt. Obwohl beide Gemüse feine Samen haben und in flache Löcher eingesät werden sollten, brauchen Pastinaken viel länger bis zur Reife als Karotten und sind erst gegen Ende des Sommers erntefertig. Sie sind jedoch frostunempfindlich und können den Winter über im Boden bleiben. Tatsächlich heißt es, dass der Frost sie süßer werden lässt.

Hinweis: Während manche Samen ihre Keimfähigkeit jahrelang behalten, neigen Karotten- und Pastinakensamen dazu, recht schnell zu verderben. Dies ist der Grund für das oft spärliche oder ausbleibende Keimen. Deshalb Karotten- und Pastinakensamen nur ein oder zwei Jahre lagern und das Haltbarkeitsdatum prüfen.

> **Trick für die Keimung von Pastinaken**
>
> Pastinakensamen sind bekannt dafür, dass man sie schwer zum Keimen bringt. Die Samen kann man jedoch vorkeimen, indem man sie vor der Aussaat auf ein feuchtes Küchentuch verteilt. Sobald es auch nur so aussieht, als ob die Samen Triebe hervorbringen wollen, ganz behutsam direkt in den Boden einsäen.

Anderes Gemüse zum Ausprobieren

Es gibt so viele wundervolle Gemüse zum Anbau, und zwei der gängigsten sind Gemüsemais und Rote Bete. Der Anbau einer Auswahl verschiedener Gemüse ist nicht nur viel interessanter als der Anbau von Standardsorten, sondern bringt auch viel Abwechslung in Ihren Speiseplan. Wenn Sie ihren Gemüsegarten gut planen, sollte es Ihnen möglich sein, das ganze Jahr über selbst angebautes Gemüse zu essen.

Gemüsemais-Pflanzen werden durch den Wind bestäubt, deshalb sollten sie in einem Gittermuster und nicht in geraden Reihen eingesät werden.

Gemüsemais

Dies ist wahrscheinlich eines der erfreulichsten Gemüse im Anbau, da die Maiskolben so spektakulär aussehen, wenn sie sich zeigen. Die Pflanzen können recht groß werden, daher benötigen Sie schon ein wenig Platz, wenn Sie dieses Gemüse anbauen wollen. Säen Sie die Samen ab Mitte bis Ende des Frühjahrs in einzelne Töpfe. Gemüsemais ist etwas empfindlich, daher erst pflanzen, wenn die Frostgefahr vorüber ist. Sobald die Sämlinge etwa 8 cm groß sind, an ihren endgültigen Standort setzen.

Gemüsemais wird durch den Wind bestäubt und sollte deshalb am besten in einem Gittermuster und nicht in geraden Reihen eingesät werden – so ist die Chance größer, dass der Pollen von einer zur anderen Pflanze geblasen wird. Setzen Sie die Pflanzen in einem Abstand von 40 cm – 16 Setzlinge in einer Anordnung von 4 × 4 ist eine gute Anzahl, aber je mehr desto besser. Testen Sie die Erntereife, indem Sie die Hülle etwas abziehen und Ihren Daumen in den Mais drücken. Wenn ein milchiger Saft austritt, kann man ihn ernten.

Rote Bete

Nichts kann das erdige Aroma von Roter Bete schlagen. Meistens wird sie wegen ihrer prallen Rüben kultiviert, aber zuweilen auch wegen ihrer Blätter. Ab Mitte des Frühlings kann man aussäen. Wenn Fröste angekündigt sind, lohnt es sich, sie mit etwas Gartenvlies abzudecken. Die Sämlinge auf etwa 10 cm Abstand zwischen den einzelnen Pflanzen ausdünnen. Die jungen und saftigen Rote-Bete-Rüben erntet man, wenn sie die Größe eines Golfballs erreicht haben. Alle zwei oder drei Wochen aufeinanderfolgend einsäen, so dass Sie die ganzen Sommermonate über weiter ernten können. Geben Sie sich nicht nur mit den gängigen roten Sorten zufrieden. Es gibt noch viele andere in Orange, Gelb und Rosa (gestreift).

Die drei Schwestern

In diesem traditionellen, von den Ureinwohnern Nordamerikas entwickelten Anbausystem werden Stangenbohnen, Gemüsemais und Kürbis als Partnerpflanzen zusammen angebaut. Es ist auch eine wunderbare Idee, um Platz zu sparen, wenn nur ein Beet zum Gemüseanbau vorhanden ist. Mais bietet den Bohnen eine Stütze zum hochklettern, die revanchieren sich bei beiden anderen Pflanzen durch die Stickstofflieferung über die Wurzeln und die Kürbisse breiten sich am Boden aus und sorgen so für Schatten und Mulch für die anderen Pflanzen.

Kräuter

Ob aus medizinischen oder kulinarischen Gründen, der Anbau von Kräutern bietet eine große Befriedigung – und die Beete oder Kübel einen großartigen Anblick. Es stehen so viele Arten zur Wahl, und viele sind auch noch immergrün und verleihen Blumenbeeten das ganze Jahr über Struktur und Gefüge. Es bereichert unglaublich, wenn man bei einem Spaziergang die Blätter der vielen aromatischen Kräuter zerreibt und deren wundervollen Duft genießt.

Lorbeer

Dieser wächst gewöhnlich als immergrüner Strauch oder Baum, allerdings ist er als Pflanze aus dem Mittelmeerraum bei uns nicht winterhart und überlebt nur im Weinbauklima. Man kann ihn aber als Kübelpflanze ziehen. Wird er sich selbst überlassen, kann er ganz schön unbändig werden, so dass ab und zu ein Schnitt notwendig ist, um ihn in Form zu bringen. Die aromatischen, immergrünen Blätter kann man als Gewürz verwenden.

Minze

Bei der Minze gibt es einige Sorten mit ungewöhnlichen „Zusatzaromen", einschließlich Apfel, Ingwer und sogar Schokolade. Das frische Minz-Aroma geht aber von allen aus. Minzen sind Stauden, und so ziehen sie sich im Winter erwartungsgemäß in die Erde zurück. Minze verhält sich in der Blumenrabatte wie ein Rowdy und kann schnell überhand nehmen, deshalb sollte man sie in Töpfen anbauen.

Links: Kräuter eignen sich sehr gut für Hochbeete, da die meisten durchlässige Böden bevorzugen.
Gegenüber: Wenn Ihr Garten einen schweren Boden hat, versuchen Sie, Kräuter wie beispielsweise Rosmarin in Töpfen zu ziehen.

Salbei

Ein Eckpfeiler im Kräutergarten ist Salbei, ein immergrüner Halbstrauch mit reizvollen, rosavioletten Blüten. Manche Sorten haben purpurne oder mehrfarbige Blätter. Salbei pflanzt man an wegen der duftenden Blätter, die in vielen wohlschmeckenden Gerichten wie Schmortöpfen und Suppen zum Würzen verwendet werden. Natürlich ist er die Hauptzutat in Salbei-Zwiebel-Füllungen.

Rosmarin

Es gibt sowohl aufrechte als auch niederliegende Sorten von Rosmarin. Er wächst als Halbstrauch mit reizvollem, silbrig grünem Blattwerk. Wenn man die Blätter zwischen den Fingern zerreibt, erinnert der Duft an Lammbraten, bei dem Rosmarin häufig verwendet wird. Rosmarin ist sehr unempfindlich und leicht anzubauen, braucht aber einen sonnigen Platz und durchlässigen Boden, und man sollte ihn im Sommer zurückschneiden, damit er nicht zu hoch und dünn wird.

Thymian

Dies ist ein immergrüner, niedrig wachsender Halbstrauch mit winzigen, duftenden Blättchen. Zusätzlich zur Sorte mit dem traditionellen Aroma gibt es ein paar Varianten, z. B. die nach Zitrone duftende Sorte. Weil Thymian kräftig wächst, profitiert er von einem jährlichen leichten Schnitt, um ihn ordentlich zu halten und zu verjüngen. Er braucht einen leichten, durchlässigen Boden.

Boden gut vorbereiten

In der Regel bevorzugen Kräuter einen sandigen, durchlässigen Boden, so dass sie oft besser in Hochbeeten oder Behältern gedeihen, sofern man in einem schweren Lehmboden gärtnern muss. Alternativ kann man Humus oder groben Sand unterarbeiten, um den Boden zu lockern.

Basilikum

Basilikum ist sehr verbreitet in der italienischen Küche und wird einjährig angebaut, obwohl man ihn auch länger haben kann, wenn man ihn drinnen auf einer sonnigen Fensterbank hält. Für eine durchgehende Ernte die Samen zwischen Frühjahr und Sommer immer wieder aussäen. Die Sämlinge ausdünnen und in einzelne Töpfe setzen, sobald sie „richtige" Blätter gebildet haben (die ersten nach den ursprünglichen Keimblättern). Wie viele Mittelmeerpflanzen bevorzugt auch Basilikum einen durchlässigen Boden und sonnigen Standort.

SCHRITT FÜR SCHRITT

ERDBEEREN IM TERRAKOTTA-TOPF

Durch ihren niedrigen, überhängenden Wuchs eignen sich Erdbeeren besonders gut für Kübel oder Blumenampeln. Noch besser sind spezielle Erdbeer-Töpfe, da diese mehr Pflanzen aufnehmen können. Diese Pflanzkübel sind oft aus Terrakotta gebrannt und haben Pflanzschalen in unterschiedlichen Höhen. Es gibt sie in vielen Größen, mit gewöhnlich fünf bis neun Schalen sowie oben noch Platz für ein paar weitere Pflanzen.

Sie benötigen

- Terrakottatopf für Erdbeeren
- Tonscherben oder kleine Steine für die Dränage
- Torffreie Universal-Blumenerde
- Erdbeerpflanzen

Erdbeeren gut pflegen

- Das Pflanzgefäß in die volle Sonne stellen und gelegentlich drehen, um sicherzustellen, dass die Pflanzen auf der anderen Seite auch etwas Sonne bekommen.
- Erdbeeren sind mehrjährige Pflanzen und sollten zwei oder drei Jahre im selben Pflanzkübel gedeihen. Zum Austausch der Pflanzen ein paar der von den Erdbeerpflanzen herabhängenden Ausläufer mit der Gartenschere abschneiden. Dies sind junge „Babypflanzen“, und wenn man sie in einzelne Töpfe setzt, können sie im folgenden Jahr einige der alten Pflanzen ersetzen.
- In solchen Erdbeer-Töpfen können Sie auch Kräuter ziehen, da sie die gut durchlässige Umgebung mögen.

Denken Sie daran, den Erdbeer-Topf gelegentlich zu drehen, damit alle Seiten etwas Sonne bekommen.

1. Tonscherben oder kleine Steine unten in den Pflanzkübel legen, um die Dränage zu verbessern und zu verhindern, dass die Dränagelöcher durch Erde verstopft werden.

2. Eine Schicht Universal-Blumenerde auf den Kübelboden geben, und zwar bis zur Höhe der ersten Pflanzschale.

3. Eine Erdbeerpflanze auf die Erdschicht legen, die Pflanze durch das Loch ziehen, so dass die Blätter außen und die Wurzeln innen sind.

4. Diesen Vorgang wiederholen, wenn sich mehrere Schalen in dieser Höhe befinden. Dann wieder Erde zugeben, den Pflanzkübel bis zu den nächsten Schalen auffüllen und weitere Erdbeerpflanzen einsetzen.

5. Weitere Erdbeeren in dieser Art pflanzen und Erde auffüllen, bis zum oberen Rand des Pflanzkübels, jedoch 4 cm unter dem Rand aufhören.

6. Je nach Größe des Terrakotta-Topfes eine oder noch zwei weitere Erdbeerpflanzen oben aufsetzen und noch mehr Erde zugeben, so dass die Wurzeln komplett bedeckt sind. Gründlich gießen.

KAPITEL 9

RASENFLÄCHEN

In vielen Gärten, vor allem in mittelgroßen und großen, nimmt der Rasen verständlicherweise den größten Teil der Fläche ein. Wo wären wir ohne ihn? Oft als Ursache für harte Arbeit kritisiert und verleumdet, bieten Rasenflächen in Wirklichkeit eine wunderbare, weiche Textur, von der aus man den Garten genießen kann. Außerdem ist er gar nicht so anstrengend, wie Sie vielleicht glauben. Ein grüner Rasen sieht schön aus und trägt zu unserem Wohlbefinden bei.

In diesem Kapitel gehen wir auf die vielen Vorteile eines Rasens ein und zeigen, wie Gärten mit Rasenflächen gestaltet werden können. Es gibt Informationen zum Anlegen eines Rasens mit Ratschlägen zu den Vor- und Nachteilen der Aussaat von Grassamen und der Verlegung von Rollrasen sowie Tipps und Ratschläge zur Rasenpflege, einschließlich Mähen, Kantentrimmen und Herbstpflege. Wenn Sie sich also schon immer gefragt haben, was einige dieser bizarren „Greenkeeper"-Begriffe wie Vertikutieren, Aerifizieren oder Topdressing bedeuten, haben Sie hier die Gelegenheit, es zu erfahren.

Es gibt auch eine Anleitung für einen wildtierfreundlich gestalteten Rasen und Vorschläge, wie Sie Bereiche ungemäht lassen können und wie sich der Einsatz von Herbiziden und Kunstdünger vermeiden lässt.

Der Nutzen von Rasenflächen

Ein Rasen bietet viele Vorteile, darunter die Verbesserung der Luftqualität, die Verringerung des Überschwemmungsrisikos und der positive Einfluss, den die Grünfläche auf unser Wohlbefinden hat. In letzter Zeit haben Rasenflächen aber einen schlechten Ruf bekommen, da sie als arbeitsintensiv und aufgrund des bei der Pflege nötigen Benzins als nicht nachhaltig gelten. Inzwischen gibt es jedoch Rasenmäher und andere Maschinen, die keinen Kraftstoff benötigen, so dass auch Rasenflächen umweltfreundlich sein können.

Saubere Luft und Freiräume

Auf einem Quadratmeter Rasenfläche wachsen Hunderte von Graspflanzen, die alle mehr Sauerstoff abgeben als sie verbrauchen, gleichzeitig wird Kohlendioxid aufgenommen. Dichter Rasen bindet zudem Staubpartikel, was insgesamt zu besserer Luftqualität der Umgebung führt. In Städten sind es oft diese begrünten Freiflächen, die Menschen nach draußen locken, wo sie picknicken, sich treffen und entspannen können. Das steigert nicht nur das Wohlbefinden der Menschen, sondern auch ihre Vitamin-D-Produktion und alle damit verbundenen positiven Auswirkungen auf die Gesundheit.

Naturschönheit

Ob Sie nun den Anblick eines frisch gemähten Rasens mit Streifen oder den des längeren Grases mit Wildblumen lieber mögen, auf ihre Weise sind beide schön. Etwas zu sehen, das von Natur aus üppig und grün aussieht, ist ein weitaus angenehmeres Erlebnis als der Anblick von Beton, Terrassenplatten oder Asphalt.

Hochwasserschutz

Rasenflächen spielen vielerorts eine wichtige Rolle bei der Verringerung des Hochwasserrisikos. Da sie über ihre große Oberfläche Feuchtigkeit aufnehmen, verringert sich die Gefahr von Sturzfluten in städtischen Gebieten, in denen Asphalt und Beton das Landschaftsbild dominieren. Wären mehr Rasenflächen vorhanden, würde es nach starken Regenfällen weit weniger Schäden geben.

Der Duft von frisch gemähtem Gras

Fast jeder von uns kennt und liebt den krautigen Geruch von frisch gemähtem Gras. Dieser Duft ist das Ergebnis der sogenannten Blätteralkohole (nicht zu verwechseln mit dem Cumarin-Duft von Heu). Die gute Nachricht für Rasenbesitzer: Der Duft ist ungiftig und Sie genießen ihn regelmäßig während der Mähsaison. Es heißt sogar, dass dieser Geruch im Körper „Glückshormone“ freisetzt, weil wir ihn mit dem Frühling, Wochenenden, Ausflügen ins Grüne und Entspannung assoziieren.

Reiner Komfort

Es gibt keine bessere natürliche Oberfläche zum Sitzen und Entspannen als Rasen. Er ist weich und bequem und damit ideal für ein Picknick. Für Kinder oder jung gebliebene Erwachsene ist er der perfekte Untergrund zum Spielen. Gras ist auch im Sommer angenehm und kühl. Alternative Bodenbeläge für den Garten, wie z. B. Steinplatten, sind hart und können im Sommer sehr heiß werden.

Rasenflächen bilden einen schönen, neutralen Vordergrund im Garten und helfen, bunte Pflanzen in den Beeten zur Geltung zu bringen.

Gestalten mit Rasen

Es gibt viele Möglichkeiten, Rasen bei der Gestaltung eines Gartens zu verwenden. Die grüne Farbe bildet nicht nur den perfekten Hintergrund für blühende Pflanzen, sondern Rasenflächen können auch als eigenständige Elemente genutzt werden, indem man sie in verschiedenen Formen einsetzt. Indem man den Rasen geschickt von einem Bereich des Gartens in einen anderen fließen lässt, kann man verschiedene Teile des Raums miteinander verbinden oder vereinheitlichen.

Entscheidung über Form und Gestaltung

Seien Sie bei der Gestaltung Ihres Gartens mutig und kreativ. Versuchen Sie, den stereotypen „Fliehkraft“-Garten zu vermeiden, der aus einer großen, zentralen, rechteckigen Rasenfläche und den am Rand befindlichen Blumenbeeten besteht, so als ob sie permanent dort hingedrängt werden würden. Es gibt weitaus spannendere Möglichkeiten, einen Garten zu gestalten: fließend, bewegt und strukturiert beispielsweise. Schneiden Sie große, dramatische Kurven in den Rasen und schaffen Sie dort Blumenrabatten, vor denen sich der Rasen majestätisch verbeugt.

Entscheiden Sie bei der Planung des Gartens zunächst, ob der Rasen ein besonderes Element oder eine Kulisse für andere Highlights sein soll. Überlegen Sie auch, ob er formal oder unregelmäßig angelegt sein soll. Bedenken Sie, wie Sie die verschiedenen Bereiche miteinander verbinden können.

Eine besondere Rasenfläche anlegen

Man kann verschiedene Formen wählen, um den Rasen in den Mittelpunkt der Aufmerksamkeit zu stellen. Ein Kreis ist vielleicht die offensichtlichste und kühnste Form. In diesem Fall sollte der Rasen gemäht und gut umrandet werden, damit er seine Kontur behält. Legen Sie den Rasen entweder in der Mitte des Gartens oder an einer Seite an, so dass er fast wie ein Ziel oder ein bestimmter Bereich des Gartens wirkt. Gehen Sie noch einen Schritt weiter, indem Sie eine Achterform oder eine Reihe von konzentrischen Kreisen anlegen, die sich durch den Garten ziehen. Wer es richtig kreativ mag, kann den Rasen auch in Form eines Weinkelchs oder Sterns anlegen.

Gegenüber: Die neutrale Farbe von Gras kann verschiedene Bereiche des Gartens miteinander verbinden.
Rechts: Eine gepflegte Rasenfläche sieht einladend aus und gehört in den meisten Gärten noch immer zur Grundausstattung.

Streifen mähen

Ordentlich gemähte Streifen auf einem Rasen können sehr wirkungsvoll sein. Je nachdem, in welche Richtung sie gemäht werden, können sie den Rasen entweder breiter oder länger erscheinen lassen. Diagonale Streifen können auch eine ansonsten stumpfe Rasenfläche zum Leben erwecken.

Kontraste hinzufügen

Eine der eindrucksvollsten Möglichkeiten, den Rasen gestalterisch einzusetzen, ist der Kontrast zwischen kurzem und langem Gras. Schneiden Sie dazu Schwaden und Muster in langes Gras, um ein interessantes Bild zu schaffen, das Ihnen das Gefühl vermittelt, durch eine Wildblumenwiese zu laufen. Unterschiedliche Graslängen sind auch für Wildtiere von Vorteil.

Auswahl des Rasenmähers

Egal, ob Sie gerne einen fein gemähten Rasen mit Streifen oder eine Wildblumenwiese hätten, irgendwann muss das Gras gemäht werden. Obwohl die meisten von uns weniger mähen als früher, um die Tierwelt zu unterstützen, ist die Rasenpflege immer noch ein wichtiger Bestandteil der Gartenarbeit. Der Rasen ist nach wie vor das Hauptmerkmal eines durchschnittlichen Gartens und nimmt in der Regel den größten Teil der Fläche ein, weshalb er auch gut aussehen muss. Rasenmäher haben entweder einen Antrieb oder müssen geschoben werden, was bei größeren Rasenflächen oder solchen in Hanglage sehr anstrengend ist.

Spindelmäher

Diese Mäher werden für feine Rasenflächen verwendet und arbeiten mit einer Walze, deren Messer waagerecht auf dem Boden liegen und sich drehen, wobei sie gegen ein feststehendes Untermesser schneiden. Dieser Mähertyp wird häufig für Sportflächen verwendet, wie z. B. Kricketplätze, Golfplätze oder Tennisplätze, wo ein sehr feiner Schnitt erforderlich ist. Er wird auch für offizielle Rasenflächen verwendet und ist der beste Mäher, wenn Sie beeindruckende Streifen erzeugen oder einen sehr niedrigen Schnitt machen möchten.

Wer keine fossilen Brennstoffe verwenden möchte, greift zum traditionellen Spindelmäher. Dieser erfordert ein wenig Muskelkraft und Schweiß – was großartig ist, wenn Sie ein gutes Training mögen. Er ist auch ideal für kleine Flächen und wenn Sie das Geräusch eines Rasenmähermotors nicht mögen.

Links: Ein leichter Spindelmäher, der nicht motorisiert ist und geschoben werden muss, ist viel leiser und auch umweltfreundlicher. *Gegenüber links:* Ein elektrischer Kreiselmäher ist der beliebteste Rasenmähertyp für den Garten. *Gegenüber rechts:* Rasentrimmer mit Faden sind nützlich zum Schneiden langer Grashalme, die an Zäunen und Mauern wachsen.

Schnittgut sammeln

Die meisten Mäher haben hinten einen Kasten, der das Schnittgut beim Mähen auffängt. Wenn viel Gras vorhanden ist, lohnt es sich, es aufzufangen, da es sonst den Rasen darunter ersticken könnte. Ist keine Grasfangbox vorhanden, kann man das Schnittgut zusammenharken und auf den Komposthaufen geben. Wenn nicht zu viel Grasschnitt anfällt, lassen Sie ihn auf dem Rasen liegen, denn er gibt dem Gras Stickstoff zurück, was sein Wachstum fördert.

Sichelmäher

Der beliebteste Mähertyp hat rotierende Klingen, die sich ähnlich wie die Rotoren eines Hubschraubers drehen und die Grashalme zerschneiden. Das Ergebnis ist zwar nicht so gut wie bei einem Spindelmäher, aber mit einer Walze auf der Rückseite kann man mit einem Sichelmäher ein ziemlich gutes Ergebnis mit Streifen erzielen. Diese Mäher eignen sich für gröbere oder informelle Rasenflächen. Die meisten werden mit Benzin betrieben, aber es gibt auch elektrische bzw. Akku-Geräte.

Luftkissenmäher

Es handelt sich dabei um eine Variante des Sichelmähers, der jedoch auf einem Luftbett „schwebt", wodurch das Mähen von Rasen in kleinen Bereichen mühelos möglich ist.

Rasentrimmer mit Faden

Diese Geräte (Frei- oder Fadenschneider) sind eigentlich keine Rasenmäher, eignen sich aber zum Schneiden von hohem Gras. Sie arbeiten, indem sie die Grashalme mit einem sich drehenden Nylonfaden schneiden. Auf die Seite gedreht, können sie anstelle einer Kantenschere zum Schneiden des Rasens verwendet werden.

Streifen mähen und Kanten schneiden

Diejenigen, die wirklich stolz auf ihren Rasen sind, fügen beim Mähen oftmals gerne Streifen hinzu. Diese entstehen dadurch, dass die Walze am hinteren Ende des Rasenmähers die Grashalme beim Mähen abflacht. Wenn man in eine Richtung mäht und dann in die entgegengesetzte, erhält man einen attraktiven Streifeneffekt. Es gibt verschiedene Möglichkeiten, wie z. B. diagonale oder geschwungene Streifen, aber in der Regel werden Parallelen zur Außenkante über die Länge des Gartens erzeugt.

Rasenkanten trimmen

Wenn Sie eine große Rasenfläche umranden müssen, verwenden Sie einen auf die Seite gedrehten Fadentrimmer, um die Kanten des Rasens schön und ordentlich zu halten, anstatt eine Kantenschere zu verwenden.

Jahreszeit	Standardrasen	Englischer Rasen
Frühling und Herbst	30 mm 1 × wöchentlich	10 mm 1 oder 2 × wöchentlich
Sommer	20 mm 1 × wöchentlich	10 mm 1 oder 2 × wöchentlich
Winter	30 mm, wenn nötig	15 mm, wenn nötig

- Stellen Sie die Schnitthöhe bei den ersten Durchgängen im Frühling etwas höher ein. Im Laufe der Saison passen Sie sie langsam auf die gewünschte Höhe an.
- Schneiden Sie die Kanten erst nach dem Mähen. Wenn man es andersherum macht, zertreten Sie nur die Rasenfläche, die Sie eigentlich mähen wollen.
- Eine Kantenschere funktioniert wie eine Schere. Versuchen Sie, die Klingen waagrecht zu halten und beim Grasschneiden nur die rechte Hand zu öffnen und zu schließen. Halten Sie beim Schneiden den Rücken gerade.

Schnittgut verwerten

Rasenschnitt lässt sich kompostieren, wenn er ausreichend durchlüftet. Sie können Rasenschnitt aber auch auf Ihren Beeten ausbringen – als Nährstofflieferant und Mulchschicht.

Gegenüber: Wenn Sie Streifen auf Ihrem Rasen haben möchten, brauchen Sie eine Walze am hinteren Ende des Rasenmähers.

Mähen Sie den Rasen nicht, wenn er nass ist, da dies den Rasenmäher verstopfen und die Fläche matschig machen kann. Mähen Sie auch nicht in Zeiten extremer Trockenheit, denn das stresst den Rasen. Er hat bessere Überlebenschancen, wenn das Gras länger stehen bleibt. Geraten Sie nicht in Panik, wenn der Rasen in Trockenperioden im Sommer braun wird. Er erholt sich oft ohne größere Beeinträchtigungen, sobald es regnet. Um in diesen Zeiten Wasser zu sparen, sollten Sie auf Sprinkleranlagen und die Bewässerung des Rasens verzichten.

Streifen im Rasen erzeugen

Sie benötigen

einen Mäher (Spindelmäher oder Kreiselmäher) mit einer Walze auf der Rückseite.

1. Beginnen Sie an einer Ecke und gehen Sie an einem Ende über die gesamte Breite des Gartens und zurück.
2. Gehen Sie am Rand der Länge des Gartens entlang, um zum anderen Ende zu gelangen.
3. Wiederholen Sie Schritt 1, indem Sie am anderen Ende des Rasens zwei Streifen anbringen.
4. Fahren Sie mit dem Mäher die Länge des Rasens entlang des in Schritt 2 angelegten Streifens zurück.
5. Fahren Sie nun auf diese Weise den Rasen der Länge nach auf und ab, bis Sie die jeweils andere Seite erreichen.
6. Enden Sie in der Ecke und vermeiden Sie es, über einen der Streifen zurückzugehen.

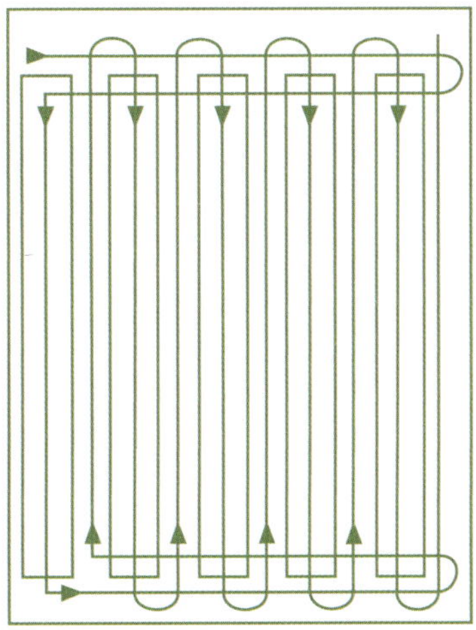

Einen Rasen anlegen

Es gibt zwei Möglichkeiten, einen Rasen anzulegen. Erstens kann man Rollrasen verlegen, zweitens Rasensamen aussäen. Bei der Entscheidung zwischen Rollrasen und Rasensamen sind verschiedene Faktoren zu berücksichtigen, darunter die Jahreszeit, Ihr Budget und die Zeit, die Sie warten wollen, bis sich der Rasen etabliert hat.

Vorteile bei der Aussaat von Rasensamen

- Grassamen ist viel billiger als Rollrasen.
- Saatgut ist sehr leicht. Rollen von Rollrasen sind dagegen schwer und erfordern körperliche Kraft, um sie zu bewegen.
- Das Saatgut ist lange haltbar, so dass Sie die Aktion bei schlechtem Wetter auf einen anderen Tag verschieben können.

Die Aussaat von Rasensamen ist zwar billiger als das Verlegen von Rasen, aber Sie müssen eine Weile warten, bis der Rasen genutzt werden kann – ein paar Wochen, wenn er mitten im Frühjahr gesät wird, aber Monate, wenn er im Herbst gesät wird.

Nachteile bei der Aussaat von Rasensamen

- Vögel lieben Grassamen, weswegen ein Netz nützlich sein kann.
- Die angesäte Fläche verunkrautet evtl. schneller als der Rollrasen.
- Je nach Aussaatzeitpunkt kann es einige Wochen dauern, bis der Rasen wächst. Bis dahin bleibt es kahl.
- Grassamen können nur zwischen Frühjahr und Frühherbst keimen.
- In Trockenperioden muss täglich gewässert werden.

Vorteile von Rollrasen

- Fast sofortige Wirkung – Rasen sieht sofort nach der Verlegung großartig aus.
- Rasen kann bereits wenige Tage nach dem Verlegen betreten werden.
- Rollrasen kann fast das ganze Jahr über verlegt werden (vermeiden Sie extreme Witterungsverhältnisse wie Trockenheit und Frost).

Nachteile von Rollrasen

- Rollrasen ist viel teurer als Rasensamen.
- Es gibt eine größere Auswahl an Rasensamenarten.
- Verlegen von Rollrasen ist harte körperliche Arbeit. Wenn Sie die Rollen vom vorderen Teil des Grundstücks zum hinteren Teil tragen müssen, müssen Sie eine Menge heben.
- Rollrasen muss innerhalb von ein oder zwei Tagen nach der Lieferung oder Abholung verlegt werden. Wenn das Wetter umschlägt oder etwas Unerwartetes dazwischenkommt und Sie keine Zeit haben, können die Rasenrollen kaputtgehen.

Verschiedene Grassamenmischungen

Ein Rasen besteht aus verschiedenen Arten von Grassamen. Wählen Sie Ihre Saatgutmischung sorgfältig aus, bevor Sie sie ausbringen, denn eine ungeeignete Grasart könnte in Ihrem Garten Probleme machen. Wenn ein Rasen viel begangen wird, sind Deutsches Weidelgras und Wiesen-Rispengas geeignet. Auf feinen Rasenflächen werden eher Schwingel und Straußgräser verwendet. In der Regel wird Rasensaatgut bereits gemischt angeboten und ist mit Etiketten versehen, auf denen die bevorzugten Bedingungen angegeben sind, z. B. „für den Schatten", „strapazierfähig" oder „fein".

Wie man Rollrasen verlegt

1. Bereiten Sie den Boden vor dem Verlegen des Rasens gründlich vor, indem Sie ihn umgraben und jegliches Unkraut entfernen. Ebnen Sie den Boden mit der Gartenharke ein und lassen Sie ihn einige Tage ruhen.
2. Beginnen Sie am äußersten Ende des Gartens, damit Sie nicht über Ihre Arbeit laufen müssen. Bei der Verlegung von Rollrasen sollten Sie die Enden der Rollen wie bei einem Mauerwerk in jeder Reihe versetzen. Achten Sie darauf, dass alle Enden dicht aneinander stoßen, da sie sonst austrocknen können. Nach dem Verlegen der Grasnarbe stampfen Sie sie mit der Rückseite der Harke fest. Sobald die Fläche bedeckt ist, kann die endgültige Form des Rasens mit Schnur oder Sand markiert und mit einem halbmondförmigen Kantenstecher (siehe Seite 21) geschnitten werden. Wenn der Rasen in einer Trockenperiode verlegt wird, sollte er gut gewässert werden.

Wildtierfreundliche Rasenflächen

Rasenflächen können ein Paradies für Wildtiere sein, wenn sie mit Bedacht gepflegt werden. Wildtierfreundliche Rasenflächen müssen nicht ungepflegt oder vernachlässigt aussehen, sondern können bunt und lebendig sein. Sie können unterschiedlich lange Gräser enthalten, die mit Wildblumen und Fruchtständen kontrastieren, was nicht nur die einheimische Tierwelt erfreut, sondern auch Sie nach draußen lockt, um die schöne Umgebung zu genießen.

Vorteile von hohem Gras

Wenn Sie einen wildtierfreundlichen Rasen angelegt haben, sollten Sie das Gras nicht zu oft mähen. Lassen Sie es stattdessen lang wachsen, denn das fördert das Wachstum von Blumen im Gras, was Bienen, Schmetterlinge, Schnaken, Sägewespen, Schwebfliegen und andere Insekten anlockt. Dies wiederum lockt Vögel, Fledermäuse und Igel an, die sich von den in Ihrem Garten versammelten Insekten und ihren Larven ernähren. Es ist zu erwarten, dass sich im Rasen eine Vielzahl von Wildblumen wie Löwenzahn, Schafgarbe, Gänseblümchen und Hahnenfuß ansiedelt. Diese Pflanzen werden zusammen mit dem Breit-Wegerich (*Plantago major*) und dem einjährigen Wiesen-Rispengras

Links: Das Belassen von hoch aufgewachsenen Grasflächen im Rasen sieht nicht nur schön aus, sondern kommt auch der Tierwelt zugute. *Gegenüber:* Wenn nicht gemäht wird, können auch Wildblumen wachsen.

(*Poa annua*) die Fruchtstände bilden für Wildtiere, die später im Jahr auf der Suche nach Nahrung sind. Langes Gras bietet auch einen ruhigen Ort, an dem sich kleine Tiere sicher verstecken und Insekten ihre Eier ablegen können.

Außerdem verhindert längeres Gras das Austrocknen des Bodens, da er beschattet wird. Diese zusätzliche Feuchtigkeit schafft eine Umgebung, die von Insektenlarven, Würmern und anderen wirbellosen Bodenlebewesen genutzt wird. Dies führt zu einer größeren Artenvielfalt in Ihrem Garten, sowohl unter als auch über der Erde.

Obwohl langes Gras eine größere Artenvielfalt im Rasen fördert, können einige kleinere Flächen kurz geschnitten werden. Auf diese Weise entsteht ein echter Futterplatz für Vögel. So können beispielsweise Amseln und Singdrosseln viel leichter Würmer herausziehen und Insekten finden. Das kürzere Gras und die übersichtlicheren Flächen bieten ihnen auch eine bessere Sicht, um Raubtiere zu entdecken.

Außerdem können Regen und Feuchtigkeit leichter in den Boden eindringen, wodurch eine Umgebung geschaffen wird, die von Würmern und Bodeninsekten gerne genutzt wird. Ein Rasen besteht aus vielen verschiedenen Grasarten und eine breitere Palette von Pflanzen im Rasen ist gut für die Artenvielfalt.

Einen wildtierfreundlichen Rasen pflegen

- Mähen Sie den Rasen weniger als üblich.
- Lassen Sie einige Bereiche im Frühjahr und Sommer ungemäht.
- Mähen Sie Wege oder bestimmte Flächen kurz, um einen Kontrast zum langen Gras zu schaffen.
- Lassen Sie die Blüten ihre Samen entwickeln, um Nahrung für Wildtiere wie Vögel zu bieten.
- Entfernen Sie das Schnittgut von der Oberfläche, um zu verhindern, dass es den Rasen erstickt.
- Vermeiden Sie den Einsatz von Chemikalien und Kunstdünger auf dem Rasen, da dies der Tierwelt schadet. Suchen Sie stattdessen nach alternativen, nachhaltigen Methoden zur Bewirtschaftung von Rasenflächen und seien Sie vielleicht toleranter gegenüber den Lebewesen, mit denen Sie Ihren Außenbereich teilen.

Klee statt Rasen

Wenn Sie keinen normalen Rasen wünschen, können Sie sich stattdessen für einen „Klee-Rasen" entscheiden. Ein Klee-Rasen in Ihrem Garten hat folgende Vorteile:

- Muss weniger gemäht werden.
- Wächst auf armen Böden.
- Braucht keine Düngung.
- Ist trockenheitsresistent.
- Die Blüten sind bei Bienen beliebt.
- Unempfindlich gegen Tierurin.
- Schön weich zum Sitzen.

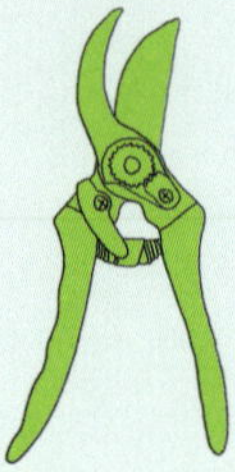

SCHRITT FÜR SCHRITT

RASENPFLEGE

Wenn Ihr Rasen das ganze Jahr über gut aussehen soll, ist eine gewisse Pflege erforderlich. Der Herbst ist die übliche Jahreszeit für das alljährliche Rasenpflegeprogramm, wenn der Garten vor dem Winter „zu Bett gebracht“ wird. Bei feinen Rasenflächen können einige der Pflegetechniken wie Vertikutieren, Aerifizieren und Topdressing alle paar Wochen während der Wachstumsperiode durchgeführt werden.

Warum einen Rasen belüften?

Das Aerifizieren eines Rasens bewirkt zwei Dinge. Erstens wird die Verdichtung des Bodens aufgehoben, wodurch die Wurzeln mehr Platz zum Wachsen haben und Wasser und Nährstoffe durch den Boden sickern können. Zweitens wird die Wurzelzone mit frischer Luft versorgt, was die Entwicklung und das Gedeihen der einzelnen Graspflanzen fördert.

Hohlzinken-Gerät Eine aufwendigere Form der Belüftung ist das Bearbeiten mit Hohlzinken. Hierfür benötigen Sie eine spezielle Gabel mit hohlen Zinken, die Sie mieten können. Wenn die Gabel in den Boden gestoßen wird, nimmt sie einen Kern oder Pfropfen aus der Erde. In die Löcher kann man dann auch eine Nachdüngung einbürsten.

Was ist Vertikutieren?

Dadurch wird die Grasnarbe angeritzt und abgestorbene Grashalme, Moos und andere Pflanzenreste (Rasenfilz) werden entfernt, die die Grashalme ersticken und verhindern würden, dass Regen und Nährstoffe die Graswurzeln erreichen. Effizienter ist das Vertikutieren mit einem Rasenstriegel in zwei verschiedenen Richtungen und im rechten Winkel zueinander, um möglichst viel Moos und Grasreste zu entfernen. Für große Flächen sollten Sie eine Vertikutiermaschine kaufen oder mieten.

Topdressing

Hierbei wird eine Mischung aus torffreier Pflanzerde und Sand in die Oberfläche des Bodens eingearbeitet. Sie kann leicht über die Rasenfläche gestreut und mit einem steifen Besen eingebürstet werden. Wenn Regen vorhergesagt ist, verteilen Sie die Mischung einfach und sie wird auf natürliche Weise in den Rasen eingewaschen. Das Einarbeiten der Mischung kann auch nach dem Einstechen von Löchern mit der Gabel oder der Belüftungsmaschine erfolgen.

Sie benötigen

- Handwerkzeug zum Entfernen von Unkraut
- Rasenmäher
- Fächerbesen
- Gartengabel
- Evt. Belüftungsmaschine (nur für große Gärten)
- Topdressing-Mix und eine Schaufel
- Besen mit festen Borsten
- Grassamen

1. Kontrollieren Sie zunächst den Rasen und graben Sie schädliche Unkräuter wie Distel, Brennnessel oder Kreuzkraut, die sich dominant ausbreiten, mit einem Unkrautstecher aus.

2. Mähen Sie das Gras auf niedriger Stufe. Kurzes Gras erleichtert das Pflegeprogramm im Herbst erheblich. Entfernen Sie das Schnittgut und geben Sie es auf den Komposthaufen, wenn Sie einen haben.

3. Vertikutieren Sie den Rasen, indem Sie mit einem Fächerbesen die Oberfläche des Rasens abkratzen und die Grasnarbe entfernen. Sammeln Sie die Grasnarbe entweder mit einem Rasenmäher mit Auffangkasten oder einem Gartenrechen auf. Geben Sie das Material auf den Komposthaufen.

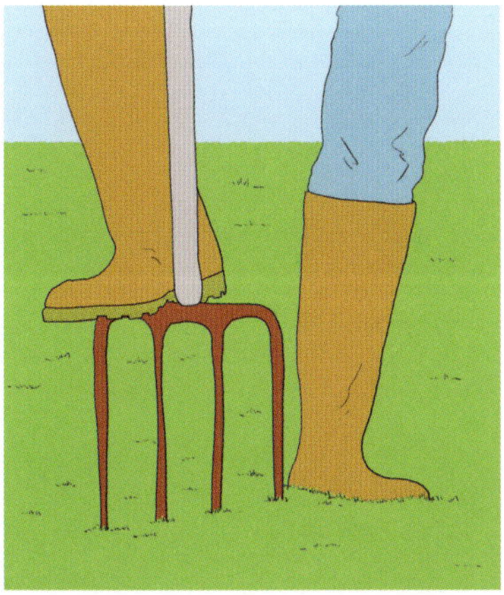

4. Belüften Sie den Rasen, indem Sie die Zinken einer Gartengabel etwa 10 cm tief in den Boden stechen. Wackeln Sie mit der Gabel hin und her und wiederholen Sie diesen Vorgang in Abständen von 10 cm.

5. Für größere Flächen kann eine Aerifiziermaschine gekauft oder gemietet werden. Diese Maschine macht die Löcher für Sie und Sie laufen nur hinterher.

6. Verteilen Sie den Topdressing-Mix leicht über den Boden und kehren Sie ihn mit einem Besen in die Löcher. Streuen Sie auf kahle Stellen im Boden Grassamen in der auf der Packung empfohlenen Menge.

KAPITEL 10

WASSERSPIELE UND TEICHE

Wasser ist ein Schlüsselelement für die Gestaltung und Struktur eines Gartens. Wenn Sie Platz in Ihrem Außenbereich haben, kann ein Teich oder selbst ein winziger Springbrunnen den Garten völlig verändern und für Licht, Bewegung und Geräusche sorgen. Das Vorhandensein von Wasser ermutigt auch Wildtiere, Ihren Garten zu besuchen, um zu trinken, zu baden und zu fressen.

In diesem Kapitel befassen wir uns mit Wasserspielen, die Sie im Freien aufstellen können und die eine dramatische Komponente mit einbringen, ebenso wie mit naturnahen Teichen, die man selbst anlegen kann. Ist der Platz knapp, können Wasserspiele auch an einer Wand oder an der Rückseite des Hauses angebracht werden. Außerdem gibt es Vorschläge für die verschiedenen Pflanzenarten, die in einem Teich kultiviert werden können, darunter Uferpflanzen, Sauerstoffpflanzen und Tiefwasserpflanzen.

Eine nützliche Schritt-für-Schritt-Anleitung am Ende des Kapitels befasst sich mit der Anlage eines naturnahen Teiches, so dass Sie Ihr Wasser-Element mit der umliegenden Tierwelt teilen können.

Genießen Sie das Rauschen des Wassers

Ein Wasserspiel im Garten erweckt einen Raum zum Leben. Wasserfälle oder auch nur das Geräusch von Wasser aus einem einfachen Wasserspeier oder Sprudelbrunnen kann einen Garten in einen aufregenden Ort verwandeln. Das entspannende, plätschernde Geräusch bedeutet in städtischen Gärten eine willkommene Ablenkung von den Geräuschen des Verkehrs und der Nachbarn. Wasserspiele ohne eine offene Wasserfläche sind auch die sicherste Option, wenn Sie Haustiere oder kleine Kinder haben, die in einen Teich fallen könnten.

Installieren Sie einen einfachen Brunnen

Das Anlegen eines Springbrunnens ist nicht so schwierig, wie man annehmen könnte, aber ein Stromanschluss für den Außenbereich ist erforderlich, es sei denn, Sie verwenden einen Solarbrunnen.

- Graben Sie ein etwa 30 cm breites und tiefes Loch für den Springbrunnen. Legen Sie das Loch mit einer Teichfolie aus.
- Stellen Sie eine Wasserfontäne, die an eine Pumpe angeschlossen ist, auf den Boden des Lochs. Diese sind im Internet und in Gartencentern erhältlich.
- Achten Sie darauf, dass die Springbrunnen-Düse knapp über die Oberfläche hinausragt. Eventuell müssen Sie auf beiden Seiten Ziegel oder Steine verwenden, damit der Brunnen sich nicht bewegt, wenn das Wassezu zirkuliert.
- Legen Sie ein Stück Drahtgitter über das gegrabene Loch.
- Es kann notwendig sein, den Maschendraht mit stabilen Bambusrohren oder Stöcken zu stützen, wenn die Bedeckung schwer ist.

Ein einfaches Wasserspiel bringt eine ruhige Atmosphäre in den Garten und kühlt die Luft.

- Decken Sie das Loch bzw. den Draht mit Schiefer oder Kieselsteinen ab und achten Sie darauf, dass die Düse des Brunnens noch herausragt.
- Füllen Sie das Loch bis zum oberen Rand mit Wasser und schließen Sie den Springbrunnen an.
- Prüfen Sie, ob der Brunnen funktioniert und passen Sie den Wasserdurchfluss nach Bedarf an. Das Wasser sollte in das Loch zurücklaufen, und wieder von der Pumpe angesaugt werden.

Erhöhte Wasserspiele

Eine ähnliche Technik kann für oberirdische Wasserspiele verwendet werden. Oft lassen sich wasserdichte Behälter und verzierte Vasen verwenden. In halbierten Fässern kann man einen rustikalen Miniteich für eine Fontäne gestalten. Man kann auch einen rustikalen Pumpengriff an der Seite des Fasses anbringen, aus dem das Wasser herausläuft und zurück in das Fass spritzt.

Wandmontierte Wasserspiele

In kleinen Gärten können an der Wand befestigte Brunnen aufgestellt werden. Sobald der Brunnen installiert ist, muss die Pumpe ständig mit Wasser aufgefüllt werden, da Wasser durch Verdunstung verloren geht.

> **Sicherheit geht vor**
>
> Lassen Sie eine Springbrunnenpumpe niemals ohne Wasser laufen. Wenn Sie eine elektrische Pumpe verwenden, vergewissern Sie sich, dass sie an einen Schutzschalter angeschlossen ist. Eine Solarpumpe ist eine Lösung für den Betrieb eines Springbrunnens, wenn es keine Stromquelle gibt.

Wenn Sie wenig Platz haben, lassen sich Wasserspiele leicht an Mauern oder Säulen befestigen.

Frei gestaltete Teiche

Ein naturnaher Teich im Garten vermittelt Gelassenheit und Ruhe. In der Nähe des Hauses angelegt, lässt er sich bequem vom Sessel aus genießen. In größeren Gärten können Teiche außer Sichtweite angelegt werden, um erst beim Gartenrundgang „entdeckt“ zu werden. Dies bietet auch tierischen Teichbewohnern etwas Privatsphäre.

Bei der Anlage eines naturalistischen Teiches oder eines Teiches für Wildtiere gibt es zwei Möglichkeiten. Die eine besteht darin, auf die natürliche Besiedelung des Wassers und der Umgebung durch Pflanzen zu bauen. Es ist erstaunlich, wie schnell sich die Pflanzen aussäen und im Teich ausbreiten. Dies erfordert jedoch eine sorgfältige Pflege, um sicherzustellen, dass sich keine allzu ausbreitungsfreudigen Pflanzen ansiedeln. Ein weiterer Nachteil ist, dass Ihnen die Pflanzen, die sich auf diese Weise angesiedelt haben, vielleicht nicht gefallen. Die zweite Methode ist die Auswahl von geeigneten Pflanzen für Ihren Teich. Diese Methode ist zwar mit anfänglichen Kosten verbunden, aber dafür können Sie zumindest die Pflanzen und Farben auswählen, die Ihnen gefallen. Die Wahl der Wasserpflanzen mag Sie anfangs etwas verunsichern, da die Auswahl sehr groß ist. Die beiden wichtigsten Faktoren, die es zu beachten gilt, sind die Tiefe, in die die Pflanzen gesetzt werden sollen, und ob sie Sonne oder Schatten benötigen. Ein weiterer Aspekt ist, ob die Pflanzen heimisch sein sollen oder nicht.

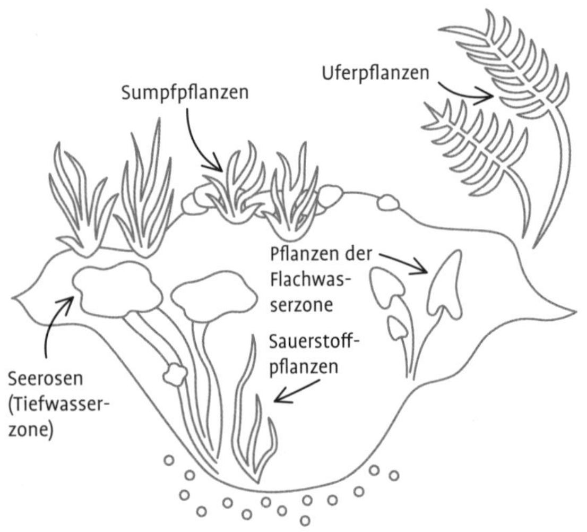

In kleinen Teichen sollten wüchsige Wasserpflanzen, wie z. B. Seerosen, Sumpf- und Sauerstoffpflanzen, in Pflanzenkörbe gesetzt werden, damit sie sich nicht ausbreiten. Diese „Behälter“ haben meist vergitterte Seiten, die eine Wasser- und Luftbewegung um die Wurzeln herum ermöglichen. Sie müssen in der Regel mit Leinengewebe oder feinem Maschendraht ausgekleidet werden, damit die Erde nicht ausgewaschen wird.

Verwenden Sie bei der Bepflanzung von Wasserkörben Wasserpflanzenerde. Diese speziellen Mischungen bestehen aus mittelschwerem bis schwerem Lehm, Sand und Nährstoffen. Sie tragen nicht zu viele Nährstoffe in das Wasser ein, was andernfalls Algenbildung im Teich fördern würde. Legen Sie eine 1 cm dicke Lage aus feinem Kies auf die Oberfläche des Wurzelballens, damit die Erde nicht weggespült wird. Die beste Zeit für die Bepflanzung des Teiches ist das Frühjahr, wenn sich das Wasser zu erwärmen beginnt.

Sauerstoffpflanzen

Die meiste Zeit geben Teichpflanzen mehr Sauerstoff ab als sie verbrauchen, aber es gibt einige, die darin besonders gut sind. Sie klären außerdem das Wasser. Die besten Sauerstoffpflanzen sind immer Unterwasserpflanzen, sie können in kleinen Teichen in Töpfen am Boden verankert werden. Beispiele sind Tausendblatt (*Myriophyllum hippuroides*), Untergetauchtes Hornblatt (*Ceratophyllum demersum*)

Schwimmpflanzen

Wie der Name schon sagt, treiben sie an der Oberfläche und sind nicht verankert. Die beliebteste ist *Hydrocharis morsus-ranae* mit weißen Blüten und einem gelben Fleck. Achten Sie darauf, dass nicht mehr als 50 % der Wasseroberfläche bedeckt sind. Lassen Sie nur eine Pflanze pro Quadratmeter auf der Wasseroberfläche schwimmen.

Sumpfpflanzen

Sumpfpflanzen werden leicht ins Wasser getaucht an den Teichrand gepflanzt. Sie lockern die Ränder auf, spenden Schatten und verhindern, dass das Wasser zu warm wird und sich mit Algen füllt. Wenn sie in Plastiktöpfen gekauft wurden, sollten sie in Wasserkörbe umgesetzt werden. Beispiele: Sumpf-Dotterblume, Sumpf-Schwertlilie.

Uferpflanzen

Diese feuchtigkeitsliebenden Pflanzen ähneln den Sumpfpflanzen, werden aber in den Boden am Rand des Teiches gesetzt, nicht ins Wasser. Sie spenden Schatten und Deckung für Wildtiere, die den Teich besuchen. Sie können auch in Sumpfgärten gepflanzt werden. Beispiel: Blutweiderich, Trollblume.

Kaschieren Sie die Ränder eines Teichs mit Steinen oder Felsen, damit er natürlich aussieht.

Wassertiefe für Seerosen

Wenn Sie Seerosen kultivieren, achten Sie darauf, dass Sie Arten wählen, die für die Wassertiefe in Ihrem Teich geeignet sind. Je nach Sorte kann diese zwischen 10 cm und 1,50 m liegen.

Pflanzen der Tiefwasserzone

Diese werden in den tieferen Bereichen des Teiches platziert. Eventuell müssen Sie die Wasserkörbe anfangs mit Steinen unterlegen. Wenn die Pflanzen wachsen, können die Gefäße schrittweise abgesenkt werden, so dass die Blätter noch die Wasseroberfläche erreichen. Beispiele: Seerose, Hornblatt, Wasserfeder, Seekanne.

Sicherheit

Wenn Sie Haustiere oder kleine Kinder haben, sollten Sie vielleicht einen Zaun um den Teich errichten, damit keiner ins Wasser fällt. Alternativ können Sie auch unauffällige Sicherheitsgitter knapp unter der Wasseroberfläche anbringen, die verhindern, dass jemand erstickt.

SCHRITT FÜR SCHRITT

EIN TEICH FÜR WILDTIERE

Ein Teich ist nicht nur ein schönes Element im Garten, sondern zieht auch viele faszinierende Tiere an, darunter eine Vielzahl von Vögeln, Insekten und einige Säugetiere. Es lohnt sich immer, in einem kleinen Garten Platz für Wasser zu schaffen, auch wenn der Teich nur etwa einen Meter breit ist.

Teiche sollten idealerweise so angelegt werden, dass sie eine Mischung aus Schatten und etwas Sonne erhalten. Zu viel Licht kann übermäßiges Grünalgen- und Unkrautwachstum verursachen, die den Teich überwuchern können, aber etwas Sonnenlicht ist gut, um Lebewesen und Pflanzen anzulocken, die sich gerne in der Wärme sonnen.

Foliengröße berechnen

Die Länge der Folie muss zweimal die Tiefe plus die Länge des Teichs betragen, und die Breite muss zweimal die Tiefe plus die Breite betragen. Geben Sie an jedem Ende etwa 10 cm für den Rand des Teiches dazu.

Wie tief?

Die meisten Wildtiere nutzen die flacheren oder randnahen Bereiche, aber mindestens ein Drittel des Teiches sollte für Fische und Pflanzen mehr als 60 cm tief sein. Dies verhindert auch, dass das Wasser bei Kälte komplett gefriert. Ein auf der Oberfläche schwimmender Ball kann ebenfalls das Einfrieren verhindern.

Was wird zu sehen sein?

Ein Teich zieht viele Wildtiere an, darunter Amphibien wie Frösche, Kröten und Molche. Sie können sogar Ringelnattern sehen. Auch Fledermäuse und Vögel wie Rauch- und Mehlschwalben sowie Reiher werden gerne in die Nähe kommen. Je nach Größe und Lage des Teichs kommen nachts Igel, Dachse, Rehe und Nagetiere zum Trinken herbei. Achten Sie auch auf Insekten wie Libellen, Wasserjungfern, Teichläufer, Köcherfliegen und Wasserkäfer.

Sie benötigen

- Gartenschlauch oder große Flasche mit Sand
- Spaten, Wasserwaage und Holzbrett
- Weicher Bausand
- Teichfolie
- Messer oder Schere
- Findlinge, Kies, Baumstämme oder Äste
- Sortiment von Ufer- und Wasserpflanzen
- Regenwasser oder Leitungswasser

Strandseite

Stellen Sie sicher, dass es einen „Strand“ oder eine sanft abfallende Kante an einer Seite des Teiches gibt, an die Tiere herankommen können, um zu trinken oder den Teich zu betreten, ohne Gefahr zu laufen, hineinzufallen und nicht mehr herausklettern zu können.

1. Markieren Sie den Bereich des Teiches mit einem Gartenschlauch oder einer Spur aus Sand aus einer großen Plastikflasche. Versuchen Sie, dem Teich natürlich aussehende Konturen zu geben anstatt einer zu starren und symmetrischen Form.

2. Heben Sie das Loch für den Teich mit einem Spaten aus. Verwenden Sie eine Wasserwaage auf einem Holzbrett, das Sie quer über das Loch legen, um sicherzustellen, dass die Ränder des Teiches alle gleich hoch sind. Wenn dies nicht der Fall ist, wird das Wasser an einem Ende immer niedriger sein und die Folie freilegen.

3. Legen Sie am Rand des Teiches eine Stufe an, um einen Bereich für Sumpfpflanzen zu schaffen. Diese sollte etwa 10–15 cm unter der Wasseroberfläche liegen und etwa 20 cm breit sein.

4. Entfernen Sie alle spitzen Steine vom Boden des Teichs. Füllen Sie das Loch mit einer Schicht aus weichem Bausand bis zu einer Höhe von 5 cm.

5. Legen Sie Teichfolie in das Loch, wobei Sie etwa 10 cm am Rand überstehen lassen (ggf. den Überstand mit einem Messer oder einer Schere abschneiden). Heben Sie rund um den Teich einen kleinen Graben aus, den Sie mit dem Folienrand auslegen und mit Kies verfüllen (Kapillarsperre).

6. Gestalten Sie die Teichränder mit Findlingen, Kieseln, Stämmen, Ästen und Pflanzen. Damit schaffen Sie auch Lebensräume für Wildtiere. Füllen Sie den Teich mit Wasser. Regenwasser ist ideal, aber Leitungswasser geht auch. Lassen Sie das Wasser ein paar Wochen lang ruhen, bevor Sie Wasserpflanzen einsetzen.

KAPITEL 11

KOSTENLOSE PFLANZEN

Gartenarbeit muss nicht teuer sein. Mit Geduld und ein wenig Know-how können Sie Ihren Garten schnell und kostenlos oder zumindest für sehr wenig Geld aufstocken. Saatgutpäckchen sind sehr billig zu kaufen, und das Einzige, was Sie einplanen müssen, ist Blumenerde, aber auch die können Sie selbst herstellen. Wenn Sie Freunde und Nachbarn haben, deren Pflanzen Ihnen gefallen, bitten Sie ganz einfach um Ableger und bauen Sie sie in Ihrem eigenen Garten an. Das kostet Sie buchstäblich nichts.

In diesem Kapitel erfahren Sie, wie Sie eigene Pflanzen vermehren können, um Geld zu sparen und gleichzeitig die Auswahl an verschiedenen Sorten zu vergrößern. Sie lernen, wie Sie Samen aussäen, Stecklinge von Trieben, Wurzeln und Blättern nehmen und Stauden teilen können. Es wird auch erklärt, wie Sie Ihren Lieblingsstrauch vermehren können, indem Sie einfach einen Zweig herunterbiegen in die Erde und einen sogenannten Absenker ziehen. Noch nie war es so einfach, mit einem geringen Budget Pflanzen zu sammeln und zu vermehren.

Säen

Zu sehen, wie eine Pflanze wächst, die man aus Samen gezogen hat, ist äußerst beglückend. Außerdem ist die Aussaat eine kostengünstige Methode, um Pflanzen für Ihren Garten zu erzeugen. In einigen Fällen, wenn Sie das Saatgut selbst in Ihrem Garten oder dem eines Freundes sammeln, kostet es überhaupt nichts, vor allem, wenn Sie auch Ihre eigene Blumenerde herstellen.

Direktsaat im Freiland

Bei der Direktsaat wird das Saatgut direkt in die Erde gebracht, ohne dass die Pflanzen vorher in Töpfen, Anzuchtschalen oder Multi-Topfplatten wachsen. Der Boden sollte gut vorbereitet sein, wenn Sie draußen direkt säen. Graben Sie dazu den Boden gründlich um, um Verdichtungen aufzubrechen und Unkrautwurzeln zu entfernen.

Wenn Sie dies nicht tun, haben die Samen Mühe, mit der Konkurrenz fertig zu werden. Wenn Sie die Methode ohne Umgraben anwenden (siehe Seite 98), stellen Sie sicher, dass kein Unkraut wächst und die Kompostschicht dick genug für die Samen und das Wurzelsystem der neuen Pflanzen ist.

Die gängigste Art, Samen direkt zu säen, ist das Aussäen in Reihen. Dabei wird in eine schmale und flache Furche gesät und dann mit Erde bedeckt. Am einfachsten lässt sich eine Saatrille anlegen, indem man eine Schnur von einem Ende der Reihe zum anderen spannt und dann mit einem Stock, einem Bambusrohr oder der Schneide einer Hacke eine flache Rille zieht. Bei kürzeren Reihen kann auch ein Stock flach auf die Bodenoberfläche gelegt und nach unten gedrückt werden, um eine gerade Aussaat zu erreichen. Säen Sie das Saatgut mit der auf der Packung empfohlenen Menge aus. Oft müssen Sämlinge nach einiger Zeit ausgedünnt werden. Dabei werden die schwächeren und überhängenden Exemplare ausgezupft, damit die verbleibenden genügend Platz zum Wachsen und Gedeihen haben. Anstelle der Aussaat in einer Reihe

Die Direktsaat ist eine der einfachsten Methoden des Pflanzenanbaus, da man nichts umpflanzen muss.

Tipps für die Aussaat

- Gießen Sie Samen und Sämlinge mit einer Gießkanne mit feiner Brause, oder mit einer Sprühflache, damit Saatgut und Erde nicht weggeschwemmt werden.
- Wenn Sie sehr kleine Samen aussäen, wie z. B. Karottensamen, kann es einfacher sein, sie zuerst in einem Eimer mit Sand zu mischen und dann die Mischung vorsichtig in die Saatrille auszustreuen.
- Verwenden Sie Anzuchterde für die Aussaat in Töpfen, Anzuchtschalen oder Multi-Topfplatten.
- Verteilen Sie auf der Oberfläche der Anzuchterde eine Schicht von ca. 3 mm Vermiculit, um die Feuchtigkeit zu erhalten. Es kann aus denselben Gründen auch unter die Anzuchterde gemischt werden.

können die Samen auch einzeln mit einem Pflanzholz in Löcher gesät werden. Dies ist in der Regel einfacher für größere Samen wie Kürbisse, Zucchini und Bohnen.

Drinnen aussäen

Für einen frühzeitigen Start der Pflanzen können die Samen in Töpfe, Anzuchtschalen oder Multi-Topfplatten gesät und im Haus vorgetrieben werden. Dies empfiehlt sich für Pflanzen, die eine lange Wachstumsperiode durchlaufen, wie Tomaten, Chilis und Auberginen, für die es aber noch zu kalt ist, um sie draußen auszusäen. Die Samen können auch in Anzuchtschalen gestreut werden. Die Sämlinge werden später in größere Töpfe pikiert, bevor man sie dann ins Freie pflanzt (siehe Seite 106–107).

Anzuchtkästen mit Beheizung

Manche Samen benötigen ein wenig Hilfe, wenn sie keimen sollen. Dazu verwendet man einen beheizten Anzuchtkasten, der eine warme Umgebung bieten, um die Keimung in Gang zu bringen. Einige Anzuchtkästen werden einfach an die Steckdose angeschlossen und auf einer konstanten Temperatur gehalten, während teurere Geräte Thermostate haben, um die Temperatur zu verändern. Manche Anzuchtkästen haben einfach nur einen Deckel, um die Pflanzen warm zu halten. Sie sind in verschiedenen Größen erhältlich.

Eigenes Saatgut sammeln

Wenn Sie etablierte Pflanzen in Ihrem Garten haben, können Sie die Samen selbst ernten. Das spart Geld und garantiert, dass Ihre Lieblingspflanzen in Ihrem Garten bleiben, ausgenommen F1-Hybriden, deren Samen nicht wieder die gleichen Pflanzen liefern). Warten Sie, bis die Frucht reif ist, d. h. bis die Kapsel, Hülse oder Schote sich zu öffnen beginnt. Packen Sie die Samen in eine Papiertüte und lagern Sie sie an einem dunklen und kühlen Ort, bis die nächste Aussaat ansteht. Die Samen einiger Pflanzen benötigen eine Kälteperiode bzw. Frost, um ihre Ruhephase zu beenden – legen Sie sie vor der Aussaat ein paar Wochen in den Kühlschrank.

Anzuchtkästen sorgen für zusätzliche Wärme, was für einen frühen Start der Samen in der Saison nützlich ist.

Stecklingsvermehrung

Stecklinge aus abgeschnittenen Trieben sind eine nützliche Methode zur vegetativen Vermehrung von Pflanzen. Das geht oft schneller als die Anzucht aus Samen. Ein weiterer Vorteil der Stecklingsvermehrung ist das Klonen. Einige Pflanzen sind nämlich nicht „samenfest“, d. h. die aus ihren Samen entstehende Pflanze unterscheidet sich von der ursprünglichen Pflanze, so wie ein Kind nicht identisch mit seiner Mutter oder seinem Vater aussieht, sondern nur ähnliche Merkmale aufweist. Nimmt man stattdessen einen Steckling, klont man praktisch die ursprüngliche Pflanze (manchmal auch Mutterpflanze genannt).

Es gibt verschiedene Arten von Triebstecklingen. Die drei wichtigsten Arten sind:

Steckholz In der Regel wird der Schnitt in der Ruhephase der Pflanze vorgenommen, also zwischen Spätherbst und Spätwinter. Wie der Name schon sagt, werden hierfür verholzte Triebe von Gehölzen wie Bäumen und Sträuchern genommen.

Kopfsteckling Diese oft auch als Weichholz-Stecklinge bezeichneten Stecklinge werden früh in der Vegetationsperiode, in der Regel zwischen dem späten Winter und der Mitte des Frühjahrs, von den zarten und krautigen Spitzen von Stauden oder Sträuchern genommen.

Halbreifer Steckling Dieser wird später im Jahr von Pflanzen entnommen, die bereits beginnen zu verholzen, aber in der Saison noch weiter wachsen würden.

Manche Pflanzen lassen sich leichter vermehren als andere, und es lohnt sich, ein wenig zu recherchieren. Manche Pflanzen benötigen eine Behandlung, bei der der Steckling in Bewurzelungspulver (Hormonpulver) getaucht wird, bevor man ihn in die Blumenerde steckt.

Triebstecklinge sollten sofort nach dem Abtrennen von der Pflanze gesteckt werden. Sollte dies nicht möglich sein, sollte das Pflanzenmaterial in einen Plastikbeutel gesteckt und so kalt wie möglich aufbewahrt werden (Kühlschrank).

Rosen werden am besten im späten Frühjahr und im Frühsommer aus Weichholz-Stecklingen vermehrt.

Achten Sie auf frisches, gesundes neues Wachstum der Pflanze. Idealerweise verwenden Sie die nicht blühenden Triebe zur Vermehrung. Bei Stecklingen aus dem Holz (Steckholz) sollten Sie darauf achten, dass das Holz vollständig ausgereift ist. Verwenden Sie eine Gartenschere, um einen Trieb mit etwa fünf oder sechs Knospen zu entfernen; bei Trieben mit dicht gepackten Knospen können es auch mehr sein. Die Länge des Triebes kann zwischen 5 und 15 cm variieren, in Ausnahmen bis zu 50 cm. Kopfstecklinge und halbreife Stecklinge werden am besten morgens abgenommen, wenn das Pflanzengewebe mehr Feuchtigkeit enthält.

Wie schneidet man Stecklinge?

1. Schneiden Sie direkt ober- oder unterhalb einer Knospe oder eines Knospenpaares den Trieb ab, denn in diesem Bereich viel Teilungsgewebe und die meisten Wuchsstoffe – beides ist wichtig für die Wurzelbildung.
2. Entfernen Sie die unteren zwei Drittel des Laubes. Wenn die Pflanze große Blätter hat, schneiden Sie die verbleibenden Blätter in der Mitte durch, um die Transpiration (den Feuchtigkeitsverlust über die Blätter) zu verringern.
3. Tauchen Sie das abgeschnittene untere Ende in Bewurzelungspulver, falls empfohlen. Dies ist nicht für alle Pflanzen erforderlich.
4. Stecken Sie den Steckling in eine gut durchlässige Aussaat- oder Blumenerde. Zwei Drittel des Stängels sollten sich unter der Oberfläche befinden, das Material mit Laub (bzw. potenziellem Laub und Trieben bei Steckhölzern) oberhalb der Oberfläche. Häufig werden mehrere Stecklinge am Rand eines runden Topfes im Kreis eingesetzt. Das regt die Wurzeln dazu an, nach unten statt nach außen zu wachsen. Achten Sie darauf, dass sich die Stecklinge nicht gegenseitig berühren.
5. Halten Sie die Stecklinge gut feucht, aber nicht so feucht, dass sie anfangen zu faulen. Stellen Sie sie an einen warmen, hellen Ort, aber nicht in die direkte Sonne. Für Stecklinge ist es von Vorteil, wenn die Töpfe mit einer Plastikhülle oder -tüte abgedeckt werden, damit sie etwas Feuchtigkeit behalten.

Teilung und Absenker

Die Teilung ist eine der einfachsten Vermehrungsmethoden, denn die Pflanze ist bereits etabliert, so dass die Erfolgsquote in der Regel sehr hoch ist. Ein weiterer Vorteil dieser Methode besteht darin, dass die Pflanzen ohnehin von einer Teilung profitieren, wenn sie ausgewachsen („alt“) sind und kompakte Büschel gebildet haben. Die biegsamen Seitentriebe einiger Pflanzen eignen sich auch für die Vermehrung durch Absenker.

Teilung

Diese Technik wird bei der Vermehrung von Stauden angewandt. Dabei wird das Wurzelsystem in einzelne Stücke geteilt, die dann einzeln gepflanzt werden können. Die beste Zeit für die Teilung von sommerblühenden Stauden ist das zeitige Frühjahr, wenn sie gerade zu wachsen beginnen. Es geht aber auch im Herbst.

Vermeiden Sie eine Teilung im Hochsommer, wenn die Pflanzen aktiv wachsen. Frühlingsblühende Stauden können nach der Blüte im Sommer geteilt werden, weil sie dann mit der vermehrten Wurzelbildung beginnen.

Für diese traditionelle Vermehrungsmethode wird die Pflanze ausgegraben und auf die Erdoberfläche gelegt. Stecken Sie zwei Gartengabeln Rücken an Rücken über die Pflanze und hebeln Sie die beiden Teile auseinander. Eine einfachere Methode besteht darin, die Pflanze mit einem scharfen Spaten in der Mitte durchzuschneiden, oder Sie können ein altes, aber scharfes Messer verwenden. In manchen Fällen ist es möglich, kleine Ballen einfach mit den Händen auseinanderzuziehen. Achten Sie darauf, dass an jedem Teilstück noch genügend Wurzeln vorhanden sind. Die beiden Teile können dann einzeln eingepflanzt oder an Freunde verschenkt werden. Möglicherweise müssen Sie das Zentrum der bestehenden Pflanze entfernen, wenn sie zu holzig geworden ist – die gesündesten und kräftigsten Teile sind in der Regel diejenigen, die von den äußeren Rändern der ursprünglichen Pflanze stammen.

Kleine Pflanzen können geteilt werden, indem man den Wurzelballen mit einem alten, aber scharfen Messer durchschneidet.

Absenker

Die Vermehrung von Sträuchern durch Absenker ist eine einfache Technik, die in der Regel im Frühjahr oder Herbst durchgeführt wird. Sie funktioniert am besten bei Sträuchern, die biegsame Triebe bilden und ist sinnvoll bei solchen, die sich nicht so leicht aus Stecklingen ziehen lassen. Ein Trieb wird zum Boden hinuntergebogen, während er noch mit der ursprünglichen Pflanze verbunden ist. Der Trieb wird dann fixiert und der den Boden berührende Teil des Stängels wird mit Erde oder Kompost bedeckt. Alternativ kann man auch ein kleines Loch graben und den Trieb mit Erde bedecken. Hilfreich ist eventuell auch, wenn man den Trieb minimal einschneidet oder verwundet, um die Bewurzelung zu beschleunigen. Nach etwa einem Jahr sollte der Absenker bewurzelt sein. Er kann dann von der Mutterpflanze abgetrennt, ausgegraben und an anderer Stelle im Garten gepflanzt werden.

Für Absenker eignen sich unter anderem folgende Pflanzen:

- Ahorn
- Flieder
- Forsythie
- Hasel
- Jasmin
- Kamelie
- Kulturheidelbeere
- Magnolie
- Perückenstrauch
- Rhododendren und Azaleen
- Schneeball
- Seidelbast
- Zaubernuss
- Zierquitte

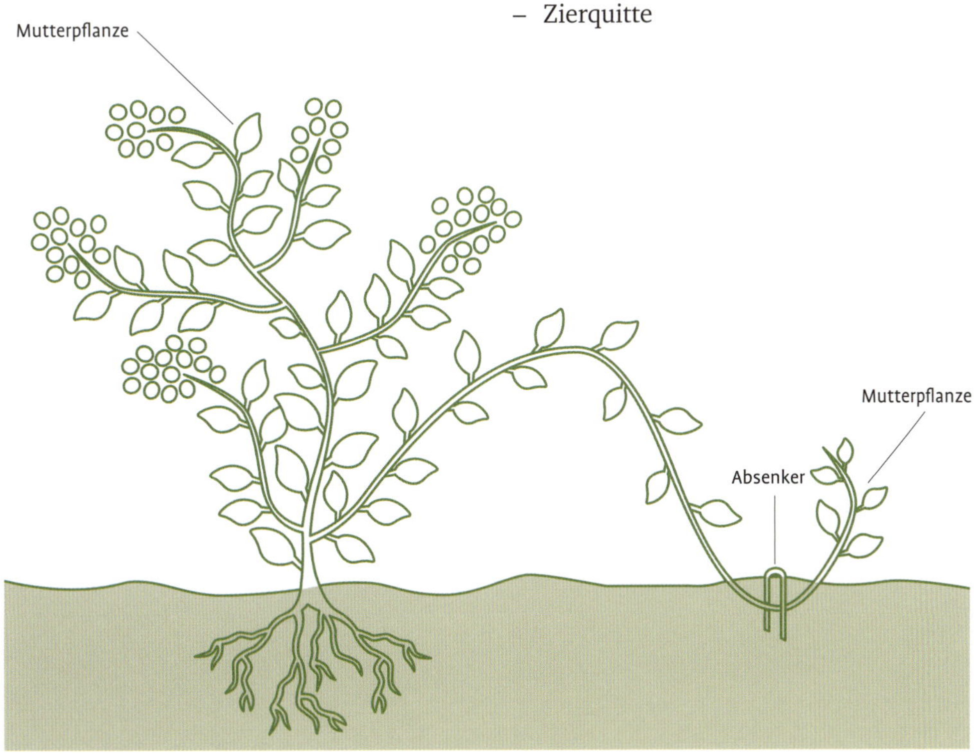

SCHRITT FÜR SCHRITT

WURZEL- UND BLATTSTECKLINGE NEHMEN

Wurzel- und Blattstecklinge sind zwei einfache Methoden, um Ihre Lieblingspflanzen für den Garten zu vermehren. Verwenden Sie Anzuchterde, die mit reichlich Feinsplitt oder Sand gemischt ist, damit sie gut durchlässig ist. Alternativ können Sie der Mischung 25 % Vermiculit oder Perlit beifügen. Halten Sie das Wurzelwerk feucht, und innerhalb weniger Monate werden Sie viele brandneue Pflanzen haben, die Sie Freunden schenken oder zu Ihrer bestehenden Pflanzensammlung hinzufügen können.

Wurzelstecklinge

Die beste Zeit für Wurzelstecklinge liegt zwischen Spätherbst und Spätwinter. Die meisten Bäume und Sträucher, die auf natürliche Weise austreiben, wie *Aronia, Sarcococca* und Wildrosenarten, sind geeignet. Weitere Kandidaten sind Sträucher wie *Aralia, Chaenomeles* und *Syringa*, Kletterpflanzen wie *Campsis*, *Passiflora* und *Solanum* sowie Stauden wie *Echinops*, *Phlox* und *Papaver orientale*. Wie man einen Wurzelsteckling nimmt, wird auf der gegenüberliegenden Seite ausführlich erklärt.

Sie benötigen

- Pflanze für die Vermehrung
- Gartenschere
- Topf, Anzuchtschale oder Multi-Topfplatten
- Anzuchterde, gemischt mit Sand oder Feinsplitt, oder einen Bodenzusatz wie Perlit oder Vermiculit

Blattstecklinge

Von einigen Pflanzen kann man Blattstecklinge nehmen. Hierfür gibt es zahlreiche Techniken. Bei einigen wird ein ganzes Blatt verwendet, während bei anderen Pflanzen ein halbes Blatt oder ein Abschnitt benötigt wird. Aus Teilen des Blattes bilden sich Pflänzchen, die dann vorsichtig entfernt und einzeln eingetopft werden können.

Blattstecklinge von einigen Zimmerpflanzen sind einfach zu nehmen und belohnen Sie mit vielen weiteren Pflanzen.

1. Heben Sie die Pflanze, die Sie vermehren möchten, aus dem Boden oder nehmen Sie sie aus ihrem Topf. Bei sehr großen Pflanzen, bei denen dies nicht möglich ist, kann ein Teil des Wurzelballens an einer Seite freigelegt werden, die Pflanze bleibt an Ort und Stelle.

2. Entfernen Sie mit einer Gartenschere einen Teil der Wurzeln für die Stecklinge von der Pflanze. Die Stecklinge sollten 5–10 cm lang sein und nahe an der Wurzelkrone der Pflanze geschnitten werden, da dieses Ende des Stecklings Wurzeln bildet. Die Länge sollte zur Größe der vorgesehenen Gefäße passen.

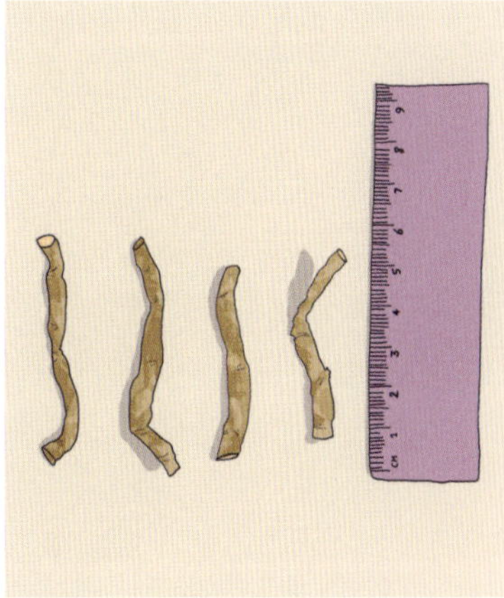

3. Es ist wichtig zu wissen, welches Ende der ursprünglichen Pflanze am nächsten war. Legen Sie daher die Stecklinge vorsichtig auf einen Tisch und stellen Sie sicher, dass Sie wissen, welches Ende welches ist.

4. Füllen Sie Töpfe, eine Multi-Topfplatte oder Anzuchtschale mit gut durchlässiger Anzuchterde. Setzen Sie die Stecklinge richtig herum ein und achten Sie darauf, dass die Spitzen mit der Erde bündig sind (verwenden Sie tiefere Töpfe für längere Stecklinge). Setzen Sie die Stecklinge mit einem Abstand von 3 cm in eine Anzuchtschale oder stecken Sie je einen Abschnitt pro Topf oder Modul.

5. Stellen Sie die Töpfe, die Anzuchtschale oder die Multi-Topfplatte an einen warmen Ort, z. B. auf eine Fensterbank im Haus oder in ein Gewächshaus oder Frühbeet.

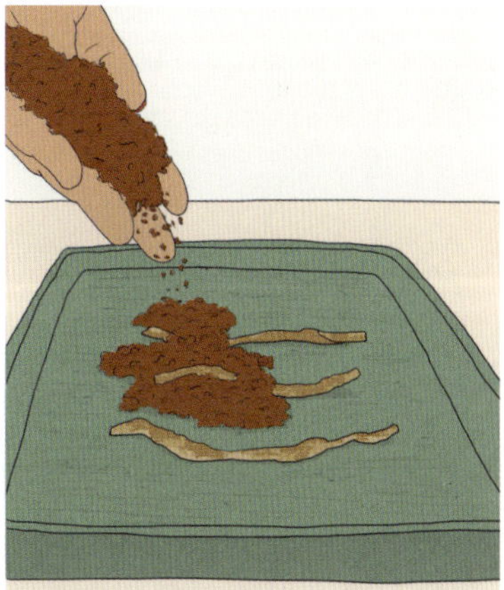

6. Es ist manchmal schwierig, dünne Wurzeln wie die von Phlox vertikal in die Erde zu stecken. Nehmen Sie stattdessen längere Stecklinge, etwa 12 cm lang, legen Sie sie waagerecht in eine Anzuchtschale und bedecken Sie sie mit Anzuchterde.

KAPITEL 12

SCHÄDLINGE UND KRANKHEITEN BEKÄMPFEN

Irgendwann auf dem Weg zu Ihrem Gartenparadies werden Sie mit Sicherheit in der einen oder anderen Form mit Pflanzenschädlingen oder Krankheiten konfrontiert. Egal, ob es sich um ein angeknabbertes Blatt, eine verfaulte Frucht oder einen verkrümmten Stängel handelt, es besteht kein Grund zur Panik, denn in den meisten Fällen werden diese Probleme Ihre Pflanze nicht umbringen, und die Natur kennt oft schon eine natürliche Lösung für ihre Bekämpfung.

Wer jedoch ein paar einfache Richtlinien befolgt, kann die Wahrscheinlichkeit verringern, dass die Pflanzen von Krankheiten oder Schädlingen befallen werden. In diesem Kapitel finden Sie einige Tipps, wie Sie ein gesundes und ausgewogenes Ökosystem im Garten aufrechterhalten können und wie Sie die Natur und die Tierwelt dazu bringen können, zur Bewältigung von Problemen oder Ungleichgewichten im Garten beizutragen.

Sie finden auch eine Liste der lästigsten oder häufigsten Schädlinge und Krankheiten mit Ratschlägen, wie man sie in Schach halten könnte, damit sie nicht die Ernte schmälern und die Pflanzen unansehnlich und krank aussehen lassen.

Umgang mit Schädlingen und Krankheiten

Einer der Schlüssel zum Erfolg bei der Gartenarbeit ist es, ein wachsames Auge auf Schädlinge und Krankheiten zu haben. Wenn Sie Ihre Pflanzen regelmäßig genau betrachten, können Sie das Problem im Keim ersticken. Andererseits sollten Sie nicht in Panik geraten, wenn Sie Schädlinge oder Krankheiten entdecken. In vielen Fällen wird die Natur mit diesen Problemen fertig, wenn es im Garten eine große Vielfalt an Pflanzen gibt und Sie die Tierwelt in Ihrem Garten gefördert haben.

Probleme mit Schädlingen und Krankheiten reduzieren

- Vorbeugen ist immer erfolgreicher als heilen. Eine gute Pflanzenpflege sollte dazu beitragen, dass Probleme gar nicht erst auftreten.
- Wenn Sie Pflanzen in einem Gartencenter kaufen, überprüfen Sie sie zunächst auf Schädlinge und Krankheiten. Einige Pflanzen, wie z. B. Kartoffelknollen, sollten als virenfrei zertifiziert sein; kaufen Sie daher keine, bei denen dies nicht der Fall ist. Seien Sie auch vorsichtig, wenn Sie Setzlinge, Stecklinge oder Samen aus dem Garten eines Freundes mitnehmen, und überprüfen Sie die Pflanzen auf Krankheiten, bevor Sie sie mit nach Hause nehmen. Aber nicht nur oberirdisch müssen Sie nachsehen. Viele Infektionen wie die durch den Goldgelben Hallimasch (*Armillaria mellea*) und der Plötzliche Eichentod, verursacht durch den Eipilz *Phytophthora ramorum*, können über den Boden übertragen werden, während Schädlinge wie der Dickmaulrüssler über die Wurzeln der Pflanzen eingeschleppt werden können.
- Eine schwache Pflanze ist viel anfälliger für Probleme als eine gesunde Pflanze. Stellen Sie also sicher, dass die Pflanzen keinen Nährstoffmangel haben, indem Sie sie düngen und bewässern. Mulchen Sie den Boden um die Pflan-

zen, um Unkraut zu unterdrücken und die Wurzeln feucht zu halten. Wenn eine Pflanze unter Trockenheit oder Nährstoffmangel leidet, kommen leicht andere Probleme hinzu. Vergewissern Sie sich jedoch, dass der Mulch aus einer zuverlässigen Quelle stammt, da auch Mulch Schädlinge und Krankheiten in den Boden einschleppen kann.

- Halten Sie die Umgebung unkrautfrei. Es entzieht den Pflanzen Feuchtigkeit und Nährstoffe, die diese zum Überleben von Schädlings- und Krankheitsbefall benötigen.
- Ein ausgewogener Garten mit großer Artenvielfalt. Bei idealen Bedingungen für Wildtiere und einer Vielzahl von Pflanzenarten können sich Schädlinge und Krankheiten nicht festsetzen. Zum Beispiel lassen sich kleine Schädlinge durch Vögel, Igel und Fledermäuse bekämpfen.
- Viele Pilzkrankheiten wie Grauschimmel (eine durch *Botrytis cinerea* verursachte Krankheit) und Mehltau können durch eine gute Luftzirkulation um die Pflanzen herum bekämpft werden. Schneiden Sie Sträucher und Bäume mit einem zu dichten Blätterdach zurück. Auslichten kann verhindern, dass die Pflanzen Probleme bekommen.
- Wählen Sie nach Möglichkeit schädlings- und krankheitsresistente Sorten wie gegen Mehltau resistente Stachelbeersorten oder gegen die Möhrenfliege resistente Karotten.

Barrieren Wenn Sie Vögel von Ihren Sämlingen oder die Kohlweißlinge von Ihren Kohlpflanzen fernhalten wollen, verwenden Sie gröbere oder feinere Netze.

Biologische Kontrolle Es ist möglich, Schädlinge zu bekämpfen, indem man natürliche Fressfeinde einsetzt, um ihre Zahl zu verringern. Das Einsetzen von Marienkäferlarven (diese können online erworben werden), hilft bei Blattlausbefall.

Gegenüber links: Mulchen hilft, die Feuchtigkeit zu speichern.
Gegenüber rechts: Entfernen Sie Unkraut, um die Verfügbarkeit von Nährstoffenfür die Pflanzen zu erhöhen.
Rechts: Marienkäferlarven helfen dabei, den Blattlausbefall zu reduzieren.

Häufige Schädlinge und Krankheiten

Pflanzen sind anfällig für Tausende von Schädlingen und Krankheiten, auch wenn einige von ihnen hinsichtlich der Pflanzen, die sie befallen, und der Orte, an denen sie auftreten, sehr spezialisiert sind. Einige der am häufigsten vorkommenden Schädlinge werden hier aufgelistet. Es sollte möglich sein, diese Schädlinge und Krankheiten zu bekämpfen, ohne auf Chemikalien zurückzugreifen. Das Wichtigste ist Wachsamkeit und eine gute Pflege, damit Ihre Pflanzen kampfbereit bleiben.

Nacktschnecken

Sie sind eindeutig der Hauptfeind des Gärtners, doch gibt es verschiedene Möglichkeiten, ihre Zahl zu verringern.

Geißzeitpunkt Gießen Sie frühmorgens statt abends, denn ansonsten haben die Schnecken die ganze Nacht Zeit, die frischen Salatsetzlinge zu verspeisen.

Nematoden Das sind mikroskopisch kleine, runde Würmer, die Schnecken befallen. Man kann sie abgepackt kaufen, in einer Gießkanne mit Wasser vermischen und dann auf die Pflanzen und den Boden gießen, wo es ein Problem gibt.

Barrieren Legen Sie Kupferbänder um die Beete, da Nacktschnecken sie nicht gerne überqueren. Sie können auch sehr dornige Zweige als Barriere legen. Dies hat zwar nur eine begrenzte Wirkung, schreckt aber einige Schnecken ab.

Absammeln Um die Anzahl zu reduzieren, gehen Sie abends mit einer Taschenlampe nach draußen, wenn die Tiere am aktivsten sind. Entfernen Sie sie mit Handschuhen von den Pflanzen.

Wussten Sie? Der Tigerschnegel (*Limax maximus*) z. B. frisst andere Schnecken und hilft so, den Befall einzudämmen. Er ernährt sich auch von sich zersetzenden Pflanzen und hilft Ihnen, Gartenabfälle zu recyceln und in organisches Material umzuwandeln.

Vögel

Die wirksamste Methode ist sicherlich ein Netz. Oder man kann CDs oder Folienstreifen aufhängen, um sie zu verscheuchen.

Blattläuse

Sie können vor allem bei starkem Befall eine echte Plage sein und ernähren sich im Allgemeinen von neuen Trieben und Blättern. Man bekämpft sie von Hand (verwenden Sie einen Handschuh, da es eine Sauerei geben wird), indem Sie sie von den Pflanzen abreiben. Oder man kann sie mit einem Gartenschlauch abspritzen. In einigen Fällen, z. B. an der Spitze einer Dicken Bohne, ist es am wirksamsten, die Spitze zu entfernen, um eine buschigere, blattlausfreie Pflanze zu erhalten.

Dickmaulrüssler

Ausgewachsene Dickmaulrüssler verursachen buchtige Fraßspuren an den Blatträndern, aber ihre Larven (Engerlinge) sind weitaus problematischer. Diese weißen, etwa 1,5 cm langen Larven fressen gerne an den Wurzeln von Pflanzen, insbesondere von solchen, die in Kübeln gezogen werden. Die wirksamste Methode zur Bekämpfung der Larven besteht darin, den Boden um die Pflanze mit mikroskopisch kleinen Nematoden zu besprühen, die sich von ihnen ernähren. Ohne Bekämpfung vermehren sich Dickmaulrüssler schnell und ruinieren ganze Pflanzen.

Gegenüber: Umgeben Sie Pflanzen mit Kupferbändern, um Schnecken abzuschrecken.
Rechts: Baumelnde CDs halten Vögel von den reifenden Früchten fern.

Mehltau

Er tritt auf, wenn es zu trocken ist. Entfernen Sie befallenes Laub und halten Sie die Pflanzen gut gewässert und ihre Wurzeln gemulcht. Wählen Sie resistente Pflanzensorten.

Kartoffel- und Tomatenfäule

Die Kraut- und Knollenfäule (bei Kartoffeln) oder Kraut- und Braunfäule (bei Tomaten) färbt das Laub braun und lässt Knollen oder Früchte verfaulen. Wählen Sie resistente Sorten und vernichten Sie befallenes Material.

Kohlhernie

Diese tritt bei vielen Kreuzblütlern wie z. B. Kohlarten auf und verursacht verdickte Wurzeln und verkümmertes Wachstum. Fügen Sie dem Boden Kalk hinzu, um den pH-Wert zu erhöhen und wählen Sie resistente Sorten.

Glossar

Abhärten Bevor die Pflanzen ins Freie gesetzt werden, werden sie für einige Tage draußen an einen geschützten Ort gestellt, um sich an die im Vergleich zu den ursprünglichen Anbaubedingungen kälteren Temperaturen zu gewöhnen.

Ausputzen Entfernen von Verblühtem, um die neuerliche Blütenbildung zu einem späteren Zeitpunkt der Saison zu fördern. Wenn man eine Pflanze sich aussäen lässt, kann sie aufhören, Blüten zu bilden.

Belüftung Ein Verfahren, bei dem der Boden mit Luftlöchern versorgt wird, z. B. bei der Rasenpflege. Man sticht dafür immer wieder eine Gabel in den Boden und erzeugt so kleine Löcher, um zu gewährleisten, dass die Wurzeln mehr Sauerstoff erhalten und die Gräser besser wachsen können.

Biologische Schädlingsbekämpfung Einsatz eines natürlichen Fressfeindes, um die Zahl der Schädlinge im Garten zu reduzieren, z. B. Marienkäferlarven zur Bekämpfung von Blattlausbefall.

Bodengare Wenn die Oberfläche des Bodens in eine krümelige Struktur zerfällt, die sich ideal für die Aussaat oder das Einpflanzen eignet.

Direktsaat Aussaat von Samen direkt in den Boden, anstatt sie zuerst in Töpfe zu säen.

Dormanz, Winterruhe Wenn eine Pflanze nicht aktiv wächst. Dies geschieht normalerweise im Winter, wenn es für viele Pflanzen zu kalt ist, um zu wachsen.

Echte Blätter Dies ist der „richtige" Satz von Blättern, der nach den Keimblättern erscheint.

Einjährige Eine Pflanze, die innerhalb eines Jahres wächst, blüht und wieder abstirbt.

Frostkeimer Manche Samen benötigen in der Natur einen Kältereiz, um ihre Keimruhe zu durchbrechen. Dies kann künstlich nachgeahmt werden, indem die Samen in den Kühlschrank gelegt werden.

Frühbeet Ein kleines Treib- oder Gewächshaus, das in der Regel aus Glas besteht, um junge Pflanzen vor Kälte zu schützen und eine frühere Ernte zu ermöglichen.

Gartenvlies (Frostschutzvlies) Ein Material, das zum Abdecken von Pflanzen verwendet wird, um sie vor Frost und Kälte zu schützen.

Immergrüne Pflanze Eine Pflanze, die das ganze Jahr über ihr Laub behält. Die Blätter müssen nicht unbedingt grün sein. Sie können auch bunt, weiß, rot usw. sein. Die meisten Koniferen sind immergrün.

Kies Kleine runde Steine, die als Mulch oder als Bodenbelag auf Wegen eingesetzt werden.

Keimblätter Dies sind die ersten Blätter, die ein Samenkorn hervorbringt, sie werden nicht als „echte" Blätter betrachtet.

Keimung Wenn ein Samenkorn die Keimruhe durchbricht und seinen ersten Trieb und Wurzeln aussendet.

Lage Gibt die Himmelsrichtung an, in die ein Garten zeigt, z. B. nach Norden oder Süden.

Laubabwerfende Pflanze Ein Baum oder Strauch, der seine Blätter verliert, wenn die Temperatur sinkt und die Pflanze in die Ruhephase geht.

Mehrjährige bzw. Staude Eine ausdauernde Pflanze, die länger als zwei Jahre lebt.

Moorbeeterde Wird als Substrat für die Anpflanzung von Pflanzen verwendet, die saure Böden lieben.

Moorbeetpflanze Eine Pflanze, die sauren Boden (mit niedrigem pH-Wert) bevorzugt. Dazu gehören die meisten Heidekräuter, Kamelien, Rhododendren, Azaleen, Heidelbeeren, Prachtglocken und die meisten Magnolien.

Mulch Wird zur Abdeckung des nackten Bodens verwendet, um das Keimen von Unkraut zu verhindern und die Feuchtigkeit für die Wurzeln der Pflanzen zu speichern. In der Regel handelt es sich um organisches Material wie Gartenkompost oder Holzhäcksel, aber auch Kieselsteine, Schiefer, Muscheln usw. können verwendet werden.

Oberboden (Mutterboden) Die oberste Schicht des Bodens in einem Garten oder auf einem Feld. Wenn der Boden von schlechter Qualität ist, wird manchmal frischer Mutterboden (von Bauarbeiten, Aushub) in den vorhandenen Boden eingearbeitet.

Perlit Weiße, winzige und leichte Stückchen, die aus vulkanischem Glas (Obsidian) hergestellt werden. Sie sehen aus wie kleine Styroporkügelchen und werden in Blumenerden verwendet, um die Dränage zu verbessern und der Mischung Luft zuzuführen.

Rasenfilz Abgestorbenes organisches Material, das sich an der Basis der Grashalme befindet. In der Regel handelt es sich um eine Anhäufung von abgestorbenem Gras, Laub von umliegenden Bäumen und anderen natürlichen Ablagerungen, die sich zwischen den Halmen angesammelt haben.

Rhododendronerde Substrat für Pflanzen, die saure Böden lieben.

Sämling Eine junge Pflanze, bevor sie die Reife erreicht.

Schießen Wenn eine Pflanze vorzeitig blüht und Samen ausbildet. Oft verursacht durch Stress, wie z. B. mangelnde Bewässerung. Es gibt resistente Sorten.

Splitt Kleine, kantige Steine, die der Blumenerde hinzugefügt werden, um die Dränage zu verbessern. Besonders nützlich für den Anbau von Kakteen und Sukkulenten.

Tonscherben Kleine Teile von zerbrochenen Töpfe, die über Entwässerungslöcher gelegt werden, um zu verhindern, dass die Erde das Loch verstopft. Es können auch Steine, Schiefer oder sogar recycelte Styroporstücke zum Abdecken der Löcher verwendet werden.

Topdressing-Mix Eine Mischung Sand und Pflanzerde oder Dünger, die auf die Oberfläche eines Rasens aufgebracht und eingebürstet wird, um die Bodenqualität zu verbessern.

Unterboden Die humusarme Bodenschicht unter dem Mutterboden. Normalerweise verdichtet und schwer zu kultivieren.

Vermiculit Wird in Blumenerden verwendet, um die Feuchtigkeitsspeicherung zu verbessern, insbesondere bei der Vermehrung von Pflanzen. Dieses feine, flockige Mineral wird entweder in die Erde gemischt oder auf die Oberfläche gestreut, um die Feuchtigkeit zu speichern.

Vertikutieren Ein Verfahren, das bei der Rasenpflege eingesetzt wird, um das abgestorbene Material (Rasenfilz) an der Basis der Grashalme zu entfernen und ein gesundes neues Wachstum zu fördern.

Winterharte Pflanze Eine Pflanze, die kalte Temperaturen und Fröste überstehen kann, ohne Schaden zu nehmen.

Unterlage Einige Pflanzen werden auf einem fremden Wurzelsystem, der sogenannten Unterlage, gezogen. Dies geschieht, um die Größe einer Pflanze zu begrenzen, wie z. B. bei Apfelbäumen, oder um sie gegen einen bestimmten Schädling oder eine Krankheit resistent zu machen, wie z. B. bei Weinreben und Reblaus.

Zweijährige Pflanze Eine Pflanze, die innerhalb von zwei Jahren wächst, Blüten und Früchte bildet und dann abstirbt.

Register

Bildnachweis

Alamy Stock Photo: Anne Gilbert 167, a-plus image bank 156, ArchivalSurvival 164, Bailey-Cooper Photography 170, Chris Clark 32, Clare Gainey 92, David & Micha Sheldon/Mauritius 144, David Hunter 203, Deborah Vernon 64, 200, 205, Diane Randell 124, Enterline Design 138, fotoshoot 168, Jacky Parker 55or, Jenny Lilly 59, John Glover 137, Kathy deWitt 17, 73, Linda Cooke 157, Maggie Sully 171, Matthew Noble Horticultural 47, Matthew Taylor 150, mediasculp 123, Pollen Photos 182, SJ Images 98, Steve Taylor ARPS 76, Thomas Smith 97l, Tim Gainey 114, Volodymyr Nadtochii 147r; **Claire Takacs**: 31, 42, 68; **© Clive Nichols**: 180; **Dreamstime.com**: Aga7ta 72, Alexmak72427 75, Catalina Zaharescu Tiensuu 13ol, Elena Luria 13 ml, Graham Corney 105, Lijuan Guo 116, Maximilian Feszler 67, Mirekova 38, Paul Maguire 13ul, Rbiedermann 95u, Schlegelfotos 61l, Volodymyr Muliar 81, Yana Tatevosian 22, Yurporada 151; **GAP Photos**: 58, 109, 110, 125, 141, 172, 183r, 185, Abigail Rex 13ur, 52, 189, Anna Omiotek-Tott 28, Anna Omiotek-Tott – Designer Matt Keightley 4, BBC Magazines Ltd. 206, Carole Drake 136, Christa Brand – Weihenstephaner Gärten 84, Claire Higgins 145, Clive Nichols – Design Angel Collins 188, Designer Luke Heydon, Sponsor Thetford Unternehmen und Einwohner 66, Elke Borkowski 11, 45, 55ol, 194, 215, Friedrich Strauss 129, 143, 173, Gary Smith 10, 153, Hanneke Reijbroek – Design Esther de Graaf – Escape Tuinarchitectuur 122, Heather Edwards 85, Howard Rice – Rhadegund House 55ur, 82, Howard Rice – RHS Gardens, Hyde Hall 61r, J S Sira – Design Philippa Pearson 6ur, Jonathan Buckley 102, 108, Jonathan Buckley – Demonstrated by Carol Klein 208, Jonathan Buckley – Design Alan Titchmarsh 86, Jonathan Buckley – Design John Massey 70, Juliette Wade 174, 178, Lynn Keddie 57, Mark Bolton 35, Mark Bolton – Roy Barker und Christopher Stock 6l, Martin Hughes-Jones 106, 204, Matt Anker 214, Michael Howes 96, Modeste Herwig 16, Nicola Stocken 29, 49, 60, 120, 154, 181, 195, Paul Debois 37, Paul Debois – Designer Caro Garden Design 48, Rachel Warne 30, Ray Cox – Garden Lynbrook 46, Rebecca Bernstein – Design Gordon Beale 142, Richard Bloom – Adrian's Wood, Bressingham Gardens 77, Robert Mabic 53, Sarah Cuttle 107l, Stephen Studd 158, Tim Gainey 183l, Visions 146, Zara Napier 187; **Getty Images**: Betsie Van Der Meer 78; **Giulia Hetherington**: 62; **iStock:** aloha_17 112, Anneliese Gruenwald-Maerkl 88, Artur Henryk Bialosiewicz 25, Bouillante 197, brytta 74, Daisy-Daisy 8, Diane Labombarbe 155, DLeonis 163l, Hana Richterova 95o, kororokerokero 213, L Feddes 80, Liudmila Chernetska 161, lucentius 212r, MarkoDzeletovic 186, MichelR45 71o, mtreasure 148, Nosyrevy 169, Obradovic 23, Orest Lyzhechka 140, RiverNorth-Photography 126, Rossella De Berti 6or, Sarawutnam 163r, SbytovaMN 97r, svehlik 101, 162, Volokhatiuk 176, vvvita 55ul, whitemay 104, YuriyS 152, ZAKmac 149; **Jason Ingram**: 6ol, 26, 202, RHS 132; **The Noun Project**: Icon Buchrücken; **Sadolin:** Superdec in Mid Green, www. sadolin.co.uk. Fotograf Max Attenborough 130, **Shutterstock**: Anastasiia Murko 210, Cia Marsh 71u, Cora Mueller 33, Dean Clarke 13 mr, Debu55y 36, Dmitry Naumov 118, gaga.vastard Titelbild, iMarzi 24, jmb 69, Johan Kusuma 107r, Jon Rehg 212l, Keith 316 160, M. Schuppich 147l, Nadia Nice 166, Serhii Brovko 13or, Sever180 94; **Simon Akeroyd**: 131; **The Garden Collection**: FP/Garten Fräulein 50, FP/Jürgen Becker 192.

Dank

Danken möchte ich Alison Starling, Sybella Stephens und Juliette Norsworthy von Octopus Publishing für ihre Hilfe und Unterstützung beim Schreiben dieses Buches. Mein Dank gilt auch Rachel Cross, Claire Rollet und Claire Huntley für die Gestaltung und die schönen Illustrationen, Giulia Hetherington und Jennifer Veall für die Bildrecherche sowie Lucy Carter und Nic Jones für die Produktion. Ein großer Dank geht auch an Caroline West für ihr talentiertes Lektorat und ihr beeindruckendes Gartenwissen. Vielen Dank auch an Simon Maughan von der RHS für seine gärtnerischen Ratschläge und Kommentare.